第四辑

青春足迹

钱文韬 主编

上海交通大学出版社
SHANGHAI JIAO TONG UNIVERSITY PRESS

内容提要

在机遇与挑战并存的时代浪潮中，我们众志成城携手同行，一同唱响青春弦歌。在祖国发展的重要节点上，我们继往开来守正创新，与祖国发展同向同行。交大莘莘学子秉持"饮水思源，爱国荣校"的校训，用追逐理想的热血和问道天下的胸怀砥砺品行，革新学术。新时期的交大学子，或潜心科研，探索科学真理；或热心公益，传递大爱真情；或投身实践，问道国计民生；或创业筑行，勇立时代潮头。本书以"青春足迹"为名，通过传递交大学子的鲜活经历，集中展现新时代交大人的精神风貌，弘扬新时代青年的榜样力量。

图书在版编目（CIP）数据

青春足迹.第四辑 / 钱文韬主编.—上海：上海
交通大学出版社，2021
ISBN 978-7-313-24033-0

Ⅰ.①青…　Ⅱ.①钱…　Ⅲ.①上海交通大学-校友-
生平事迹　Ⅳ.①K820.7

中国版本图书馆CIP数据核字（2021）第041638号

青春足迹（第四辑）
QINGCHUN ZUJI (DISIJI)

主　　编：钱文韬
出版发行：上海交通大学出版社　　　　　　　　地　　址：上海市番禺路951号
邮政编码：200030　　　　　　　　　　　　　　电　　话：021-64071208
印　　制：常熟市文化印刷有限公司　　　　　　经　　销：全国新华书店
开　　本：710mm×1000mm　1/16　　　　　　印　　张：24.25
字　　数：330千字
版　　次：2021年5月第1版　　　　　　　　　　印　　次：2021年5月第1次印刷
书　　号：ISBN 978-7-313-24033-0
定　　价：58.00元

本书由"教育部高校思想政治工作创新发展中心（上海交通大学）专著出版资助计划"支持出版

教育部高校思想政治工作创新发展中心（上海交通大学）系列专著·简介

为不断提高大学生思想政治教育工作的针对性和实效性，落实立德树人根本任务，鼓励思政工作者聚焦工作中的难点和前沿问题开展研究工作，总结新时代思想政治工作和大学生成长规律，特推出教育部高校思想政治工作创新发展中心（上海交通大学）系列专著。

专著通过对理论创新、工作案例、特色经验等方面的成果梳理，凝练大学生思想政治教育工作中的经验和体会，促进理论和实践成果的转化应用，切实提升大学生思政工作科学化水平。

编 委 会

序

　　过去的一年，我们共同经历前所未有的挑战，走过不平凡的 2020 年，我们不懈奋斗、团结共进，全民抗疫成效显著、脱贫攻坚取得全面胜利、"十三五"规划圆满收官。继往开来，2021 年我们共同迎来中国共产党百年华诞，共同迎来交通大学建校 125 周年。新的发展阶段，变的是更高远的目标、更宏远的规划，不变的是坚定的信念、传承的精神。

　　忆往昔峥嵘岁月，从先辈们在中华民族危难之际秉持"自强首在储才，储才必先兴学"的理念一手创办南洋公学开始，交大精神的内核便由此发源，感染着每一个交大人。从建校之初的"储才强国"梦，到 20 世纪 30 年代的"实业救国"梦，从改革开放初期的"科教兴国"梦，到当前全校师生员工为之拼搏的"世界一流"梦，上海交通大学因图强而生，因改革而兴，因人才而盛。历经两个甲子的峥嵘岁月，交大始终与国家的发展、与民族的振兴同向同行，在一流大学建设和人才培养的道路上奋力前行。

　　作为一所历史悠久、享有盛誉的高等学府，上海交通大学始终围绕立德树人的根本使命，紧扣不同阶段的时代主题，培养了一大批为民族独立、国家富强和社会进步作出重大贡献的杰出人才。在我国革命、建设、改革的各个历史阶段，交大人始终与祖国同呼吸，共命运，在国家治理、国防工业、实业发展、科技创新、医疗健康、文化传承等各领域创造了不胜枚举的辉煌成就，这是学校"起点高、基础厚、要求严、重实践、求创新"办学传统的生动写照，更是交大精神文化的深厚积淀。

　　在交大，青春的面孔年年更迭，追逐理想的信念传承不变。新时期的交大学子，或潜心科研，探索科学真理；或热心公益，传递大爱真情；或投身实践，问道国计民生；或创业筑行，勇立时代潮头。"挑战杯"中硕果累累，双创浪潮崭露头角；远赴西部三支一扶，献身国防参军报国……疫情期间，交大人更是把个人价值、祖国需要和时代召唤紧密相连，将个人成长汇入祖国发展的江海，体现着交大人的责任担当。

从 2011 年起，学校通过《益友报》推出"青春足迹"栏目，旨在通过校园里一个个鲜活的学子故事，充分展示价值引领、学术科研、志愿公益、创新创业、校园文化等方面表现突出的当代交大青年的良好风貌，他们身上所体现的交大人求真务实、努力拼搏、敢为人先的精神品格，对传承和弘扬交大精神发挥了积极作用。"青春足迹"系列报道推出以来，受到师生校友热情关注，获得社会各界广泛好评，成为树立校园典型、弘扬青春正能量的重要载体。

相信这套《青春足迹》丛书的编辑出版，会成为交大学子望风而慕的生动教材和津津乐道的榜样力量，激励更多交大学子胸怀家国、志存高远，做高尚、自信、辩证、大气的交大人！

祖国终将选择那些选择了祖国的人。期待一代代青年学子以交大精神为指引，热爱祖国和人民，砥砺一等品行；夯实学业基础，勤奋专注，惜时如金；找准自身定位，勇担责任使命，把青春足迹融进祖国的大好河山，始终保持艰苦奋斗的前进姿态，在实现中华民族伟大复兴中国梦的新长征路上奋勇搏击！

杨振斌

上海交通大学党委书记

2021 年 4 月

目 录 Contents

抗疫榜样

志愿公益

创新创业

校园文化

理想信念

李晓芬：
凡心所向，素履以往

人物白描

　　李晓芬，上海交通大学安泰经济与管理学院 2016 级硕士研究生。在交大的七年，是她不断成长的七年，从一个稚嫩懵懂的高中毕业生，走向成长与成熟。她精勤学术，也热衷实践，无所畏，有所为，曾获"上海市优秀毕业生""研究生国家奖学金""本科国家奖学金""上海交通大学优秀党员""上海交通大学三好学生"等荣誉。"乐观做人，认真做事"是身边朋友对她的评价。

认真是一种态度

　　从粤东地区小城镇上的一所普通初中，到初升高自主招生考试跨市考入广东省重点中学汕头市金山中学，再到 2012 年从 69.2 万广东省高考考生的竞争中脱颖而出，考进上海交通大学安泰经济与管理学院攻读金融学专业，又到 2016 年夏天从本院直研继续攻读应用经济学专业的硕士，李晓芬从小便习惯了不甘服输，追求优秀。进入交大，面对身边许多能力超群的同学，她也曾自卑迷茫，但她深信"天道酬勤"。"认真生活"成为她的人生准则，"只问耕耘，莫问前程"是她的人生态度。

　　课堂上，李晓芬是教室前排的"常客"。她仔细倾听教授们深入浅出的讲解，在经典模型与理论中领略着经济学的美妙；她勤于思考，善于总结，乐于分享，她的课堂笔记经常在同学间被传阅，自习室里经常可以见到她与同学探讨学术问题的身影。踏实认真的学习态度使她的学习成绩处在应用经济学专业前列，即便是"三高"（高级宏观经济学、高级微观经济学和高级计量经济学）这种"难啃的骨头"，她依然取得了全 A 的成绩，荣获 2017 年上海交通大学研究生优秀奖学金与 2018 年研究生国家奖学金。

李晓芬用温暖的心做好每一件温暖的小事。本科的她担任班级生活委员，班费管理井井有条，班级信箱信件、节日加餐券、礼品每次都及时送到达每位同学手中。研究生的她担任班级党支部宣传委员，尽职尽责：对外宣传党支部活动的开展，展现党支部的昂扬精神风貌；对内进行先进思想的宣传，提高支部党员的思想境界，与支部书记、组织委员良好配合，井然有序地开展支部生活。她还在安泰经管学院教务办公室担任助管。"靠谱"是老师与同学对她的评价中的高频字眼。在认真对待每一件小事的过程中，她也真真切切地获得了锻炼。

李晓芬积极参与学校、学院组织的相关活动，也热衷参加志愿者活动。交大 120 周年校庆、安泰 100 周年院庆等大型活动中少不了她作为志愿者的身影。她还在"中国改革开放四十周年经济学研究前沿青年学者论坛"以及"第十一届（2018 年）中国金融评论国际研讨会"等学术论坛中担任志愿者，在会议服务工作中认真负责，作出积极贡献。

努力是一种坚持

研究生入学以来，李晓芬积极参与师门的定期组会与各类高水平学术讲座和报告，学术大咖们的知识广度与思想高度令其深受启发。她跟随导师开展课题研究，作为主要成员之一参与导师主持的"亚太知识竞争力指数（APKCI）报告"、地区产业发展策略研究、文化创意产业发展策略研究、产学研合作对创新绩效的影响研究等多项国家和省部级课题，在课题研究中不断锤炼自己，学会运用所学的应用经济学知识分析和解决经济现实问题。遇到时间紧迫的任务时，熬夜在所难免，但看到自己的进步，她便觉得那些付出都是值得的。她十分感恩自己有一位科研严谨求实、工作勤勉不辍、关心学生发展的导师罗守贵教授，和一个友爱团结、学术氛围优良的师门。

学术方面，李晓芬在感兴趣的人口老龄化与区域经济发展领域深入学习。她广泛阅读国内外期刊文章，并从图书馆借阅相关图书，了解前人的研究成果，同时明确自己的研究方向。她写作的论文《全面二孩政策下上海城镇职工养老金财政压力测算及对策研究》在投稿阶段并不太顺利，短短的一两个月内就被多家期刊接连退稿。尽管备受打击，但她没有因此气馁。她重新审视自己的文章，并请教导师和师兄师姐的意见，对论文进行了大幅度的修改。在不断地完善之后，她再次投稿论文。功夫不负有心人，终于在 2018 年的夏天，她的文章收到了由国家财政部主管与中国财政学会主办的 CSSCI 核心期刊《财政研究》的录用通知。尽管学术研究并不是她在毕业以后的选择，但曾经学术研究中积累的习惯以及在此过程中培养的锲而不舍的精神，在潜移默化中为她未来的工作打下了扎实的基础。

课程学习和学术研究之余，研究生阶段的她先后在天风证券研究所、富国基金以及中证指数公司实习。扎实的专业知识、谦虚的学习态度、良好的学习能力使她不论是在卖方、买方还是指数公司，都能出色地完成相关工作，得到实习单位的充分肯定。通过在不同单位、不同岗位的深入实习，她也逐步明确了自己的职业规划，决定以中证指数公司作为职业的启航点，希望未来能够在服务资本市场、推动金融创新的进程中贡献自己的一份小小的力量。

乐观是一种精神

李晓芬是个天生的"乐天派"。不论在学习、工作还是生活中遇到了不顺心的事，她总是一副乐呵呵的模样。她爱开玩笑，经常给身边的同学带来欢声笑语。她常常爱拿"不努力一下怎么知道什么叫绝望"等"毒鸡汤"来打趣。她认同"人生有些事情本来就是徒劳无功的"，却更坚信努力的过程比结果更美丽，坚信明知有些事也许无能为力，但也要尽力争取。她喜欢不断努力与尝试，认真走好脚下的每一小步。

凡心所向，素履以往。回望自己在交大、在安泰度过的这段最美好的时光，李晓芬坦言："感谢交大、感谢安泰能够给予我在这在如诗般美丽的校园里学习的机会，给予我广阔的平台和视野。感谢老师们春风化雨的教诲与关怀，让我实现成长和蜕变。"未来的她，将带着交大给予的责任与热爱，铭记交大"饮水思源，爱国荣校"的校训和安泰"经世济民安天下，管国理财泰中华"的教诲，继续保持认真、努力与乐观的精神，带着一颗赤诚之心，砥砺前行。

供稿：安泰经济与管理学院

王 杉：
青云有路终须上，人生能有几回搏

人物白描

  王杉，安泰经济与管理学院 2015 级博士生。她在博士期间发表 SSCI 论文三篇，其中包括管理学顶级期刊 *Management Science*。曾赴哥伦比亚大学、波士顿学院联合培养，荣获 "上海市优秀毕业生"、"上海交通大学优博论文"、上海交通大学研究生 "学术之星"、"安泰经济与管理学院高水平论文奖学金一等奖"，并斩获 "POMS-HK 最佳学生论文第一名" 等 6 项国际学术奖项。

勤学苦练，潜心研究

  2013 年，王杉以优异的成绩从南开大学保研到上海交通大学安泰经管学院进行硕博，专业是管理科学与工程专业，师从万国华教授。从入学的第一天起，导师就告诉她，课程一定要好好上，只有把基础打牢靠，多学东西，将来才有可能做好研究。对于导师这番话，她一开始并没有太多的体会，只是想着按照老师的要求去好好听课。于是在每一堂课上，她都认真思考，踊跃发言，课后主动与授课老师讨论，并积极参与学术讲座。因为自己对学习十分主动认真，许多授课老师都给了她积极的反馈。比如，来自美国南加州大学的 Leon Yang Chu 教授曾这样评价她："她（指王杉）应该说是课上和课后表现最好的学生。"老师们的赞许与鼓励促使她更加用心地学习课业，使她对接下来的学业充满了信心。

  第二年，导师开始拿一个小问题让王杉尝试着去研究，不到半年她就完成了，研究的成果得到了导师的赞许，论文得以顺利发表并被 SSCI 收录。这一过程中，平时靠认真上课、听讲座所积累的知识起到了关键的作用，这让她真正感受到了多学习多听课的重要性。此后，凡是有新课，她都会去旁听，即使甚至要去交大闵行校区、复旦大学、上海财经大学。2015 年初，曹希仁老师在退休前开的最后一门课，她也去上了，并且十分认真地完成了期末论文，不仅课程成绩得了 A+，期末作为课程作业撰写的论文经过两年的修改，也得到发表并被 SSCI 收录。

不惧艰辛，收获梦想

2015 年，王杉去广州参加 POMS-HK 年会，这是她第一次在国际会议上作口头报告。在会上，她与海内外学者们交流、探讨，第一次感受到了学术圈里的乐趣。同年下半年，她在国家留学基金委的资助下，赴哥伦比亚大学公共卫生学院医疗政策与管理系联合培养，导师为 Nan Liu 教授。在纽约的这一学年，她旁听了哥大生物统计系开授的"分类数据分析"（Categorical Data Analysis）以及纽约大学商学院开授的"应用游戏理论"（Applied Game Theory）两门课程，并每周前往主校区参加学术讲座。这些课程和讲座都是由知名学者讲授，十分精彩，因此她特别珍惜这样的旁听机会，不论刮风下雨，都会坐着地铁前去参加。在这期间，她还积极与 Nan Liu 教授进行课题研究，并在纳什维尔举办的 INFORMS 年会以及在奥兰多举办的 POMS 年会上汇报了研究成果。

在参加了一两次国际学术会议后，王杉意识到自己与海外名校博士生的差距，抛开科研实力不说，做学术报告时的自信、用英文交流时的从容，她都差了别人一大截。为了缩小这些差距，她更为积极地参加各种会议，主动与同行进行交流，与世界顶尖商学院的博士生、教师们一同竞争学术奖项。最终，她收获了 POMS-HK 最佳学生论文第一名、INFORMS IBM 服务科学最佳学生论文第一名、POMS 医疗运营管理分会最佳论文第一名、POMS 新兴经济体博士生奖等。她打败的竞争者包括麻省理工学院、哥伦比亚大学等名校的学生与老师，其中多项荣誉都是首次被中国大陆高校斩获。

2018 年下半年，王杉加入到了找工作的大部队中，她希望能在一所一流的商学院中找到一份教职工作，在继续进行学术研究的同时，教书育人。对于科研业务，她其实并不担心，但却为自己的英文授课能力捏了一把汗，毕竟除了做助教之外，她还没有教学经历。为了提升自己的实力，她努力练习口语，并争取到了在一门英文课程上授课的机会。经过准备讲义、练习讲解、课后反思等等，她感受到了自己的进步，变得更加自信。功夫不负有心人，经过漫长的求职过程，她最终收获了理想工作——一所 985 商学院的助理教授职位。

不断探索，不忘初心

一开始，王杉对研究课题的选择并没有太多的想法，但当导师抛给她"医疗系统运作管理"这一题目时，她却立马有了共鸣：作为医生的女儿，她深知医疗服务对国民的重要性，也目睹了国内医疗体制不完善、医疗机构运营效率低下的问题。于是，她一头扎进了医疗管理这一领域，主攻门诊预约管理、手术室调度等实际运营问题。

为了能与当下的医疗实践紧密结合，王杉多次走访上海市第一人民医院、纽约 Heritage Health Center 等医疗机构，从实际数据出发，并运用严谨的数学建模方法，力争研究成果既有理论价值又有实践意义。科研路上，有过挫折、有过迷茫，但她始终提醒着自己：不要害怕困难，这些研究一旦做出来了，就会带给社会十分有价值的成果。

入学第一天起，导师就告诉王杉，上课一定要好好上，讲座一定要多去听，只有把基础打牢靠，多积累东西，将来才能做好研究。她一直将这句话奉为金科玉律。在学业最后两年，虽然学分早已修满，但新开的课程她一定会去旁听；每周都去参加学术讲座，主动与演讲嘉宾交流。对她来说，虽然这些讲座和课程跟自己的研究领域并没有那么相关，但她还是愿意花费时间和精力去了解和学习。青云有路终须上，只有用尽全力去拼搏，才不会辜负自己的初心——做出对社会有意义的研究，做对社会有价值的学者。

供稿：安泰经济与管理学院

詹　洋：
贫瘠土壤中也能开出艳丽的花朵

人物白描

　　詹洋，上海交通大学安泰经济与管理学院管理科学与工程专业 2014 级博士生（硕博连读）。来自偏远山村的她，即将成为村里的第一个博士，也是第一个留学美国的人。

独立自强，自己赚钱上大学

　　詹洋的独立自强是从小开始的。她出生于江西的一个偏远山村，家里除她之外，还有一个弟弟一个妹妹。父母两人都是大字不识的农民，加上腿脚不便，很少外出务工，分得的几亩田和地是他们唯一的收入来源。因此，三个孩子的上学和成长，压得他们喘不过气，常常要靠亲戚的接济才能维持下去。也许正因为如此，詹洋早早就懂事，在照顾弟弟妹妹的同时也帮父母分担家务农活。放牛，割稻，插秧，收油菜、花生、大豆，挑水浇菜，做菜烧饭等等都是她童年再熟悉不过的。生活的艰辛，让她更加珍惜读书机会的来之不易，分外努力。凭借优异的成绩，她跳过了六年级直接升入初中，而后在初三时又凭借竞赛成绩被保送至县里最好的高中。考上南昌大学后，她成了村里的第一个女大学生。面对相当于父母一年收入的学费和生活费，她有些自责和难过，怕给父母造成过重的负担。因此，在大学期间，她想办法通过各种机会勤工俭学。她做过家教，送过外卖，卖过报纸，在暑假时做过辅导班老师；不过，她没有丝毫懈怠自己的专业学习，绝大多数的学期，她的成绩都是班级第一。她拿到了包括国家奖学金、国家励志奖学金、校特等奖学金在内的各类奖学金。这些收入使得她几乎没有从家里拿钱就完成了大学四年的学习。此外，她还以专业第一的成绩被保送到上海交通大学硕博连读，成为系里第一个被保送到 985 高校读研的学生。

没有就业而选择继续求学，研究生阶段的她更没有理由让家里出钱支持。因此，在交大期间，早已习惯于独立自强的她，在别人学习时，更加倍努力学习，凭借优异的成绩获得学业奖学金；在别人休息时，她利用各种机会在校内外实习和兼职，赚取生活费保证自己的学业。就这样，她没有给家里造成任何经济负担就完成了本硕博的学业，甚至留有余力孝敬父母。

公费留学，见识更大的世界

在上大学前，詹洋在田间地头放牛时经常能看见天空中飞过的飞机，心里梦想着有朝一日能坐上一次飞机。对于要耗费巨资的出国留学，她从没有奢望过。来到交大后，当得知有机会公费留学，詹洋心中泛起了一丝希望，暗暗朝着这个目标努力。经过准备语言考试，积累科研经验，寻找科研课题等一系列努力后，在博士阶段学习期间，她顺利拿到了学院和国家的留学资助，先后前往美国明尼苏达大学双城分校、密歇根大学安娜堡分校各联合培养一年，与两位导师分别合作了一篇高水平论文。

在国外学习期间，她快速克服了语言和文化差异带来的困扰，积极地融入美国的学习和生活，与来自世界各地的留学生交流，了解世界各民族的灿烂文化，认识更广大的世界，也让别人了解自己民族的文化和历史。同时，她也抓住机会多次参加国际学术会议，向同行们展示自己的研究观点和成果，以做一流的研究为目标，向资深的教授学者们请教学习，逐步缩小自己与他们之间的差距。

坚持不懈，成就科研梦想

由于爷爷和外公因病早逝，詹洋从小就对医疗行业心生向往，希望能用技术去治疗疑难杂症，让穷人们看得起病。因此，本科时错过了以医学为专业的她，在读博时，选择了医疗运作管理为研究方向。一想到自己的研究成果或许能帮助国家解决看病贵、看病难的问题，她的内心就充满成就感。然而，一开始，她也遇到很多困难，刚接触课题时，四处碰壁，找不到合适的创新点；对计算机编程语言不熟，要从零开始学起；文章投稿屡屡被拒，不被审稿人认可等等。为了克服这些困难，她大量阅读文献，自学编程，有时为了某个想法废寝忘食，为了写出一篇严谨的论文，常常删改几十次。她相信，坚持不懈，终有所成。

最终，她作为主要参与人完成了国家杰出青年基金项目、国家重点国际合作项目等科研项目。她发表了 SCI、EI 论文各一篇，其中的 SCI 论文发表在专业领域的高水平期刊上，获得学院的高水平论文奖。她还有一篇论文正在专业的顶级期刊审稿中，并有三篇工作论文基本已完成，准备投稿。

心怀感恩，继续前行

即将博士毕业的詹洋，将成为村里第一个博士，第一个留学美国的人。说起这些"成就"，她说有很多人需要感谢，首先是父母，在那个重男轻女的小山村，女孩子早早就不上学，出去打工帮助家里是再正常不过的，但是詹洋的父母，即使要向亲戚借钱去交学费，也从来没有让她辍学的想法，当得知她要继续读博时，也没有说过"女孩子没必要读那么多书"之类的话。她说是父母的支持给了她前行的勇气。其次是所有的母校，是它们提供了公平竞争的机会，提供了凭借努力就可以实现梦想的平台。还要感谢老师们，特别是导师们，他们是詹洋学术路上的指路人和榜样。同时，也要感谢国家和这个时代，没有国家的资助和这个开放包容的时代，从小山村走出来到出国留学不知道会有多艰难。

但归根到底，是她一步步地挑战自己，实现了一个放牛娃曾经难以企及的梦想。贫瘠土壤中也能开出艳丽的花朵，希望更多的"放牛娃"不断激励自我，实现自己的梦想。

供稿：安泰经济与管理学院

张珺涵：
坚忍不拔，宁静致远

人物白描

张珺涵，上海交通大学安泰经济与管理学院 2014 级博士生。她致力于企业技术创新战略管理的研究，博士期间发表多篇 CSSCI 学术论文，作为骨干成员和主要文本负责人参与了国家级、省部级、校级和各种应用项目等 20 多项课题的研究工作。作为班级党支部书记，高质高量完成各项党务活动，曾获上海交通大学三好学生、优秀学生党员、上海市第十四届哲学社会科学优秀成果奖"决策咨询和社会服务一等奖"等荣誉。积极践行知行合一，在上海市人民政府发展研究中心等智库组织实习，得到领导和同事的认可。张珺涵 2014 年 9 月以综合成绩第一名考入上海交通大安泰经济与管理学院应用经济学专业，跟随上海软科学研究基地—知识竞争力与区域发展中心首席专家罗守贵教授学习，在罗老师的鼓励和支持下，广泛阅读文献，不断开拓视野，尝试寻找感兴趣并适合自己的研究方向，最终将自己的研究方向确定在开放式创新领域。张珺涵坚信："业精于勤荒于嬉，行成于思毁于随"，做好科研工作要求有很强的独立思维能力，孜孜不倦的敬业精神，高效的时间管理方法以及坚定的志向和谦逊的敬畏之心。

研精覃思，勤能补拙

人生最终的价值在于觉醒和思考的能力，而不只在于生存。作为一名跨专业的博士生，张珺涵在入学之初，深深地感到所学学科独立思考的艰巨性，专业课的学习格外艰辛，高宏、高微、高计、博弈论的轮番碾压，使得她需要没日没夜地学习才能赶上授课老师的进度，当别人都在享受悠闲时光时，她在"享受"孤独。她参加各种科研项目、研讨小组，逐渐形成了自己的思维模式。她意识到：做科研就像搭桥，我们要做的，就是搭好连接起点和终点的这座桥，而思考可以构成一座桥，让我们通向新知识。博士应是有独立思维能力的人，作为一名经济学专业的博士研究生，应该多思考现实经济问题中的"为什么"和"怎么办"的问题，应该找到一个真正能够对实体经济运行产生影响的着力点，然后研究这个着力点。张珺涵同学通过与导师和各位授课老师的交流、学习，依托课题的研究工作对实体经济情况的把握，思考，再思考，终于形成了适合自身学科的研究方法和思维模式，发现了思考的真谛，确定了自己的博士研究方向，并产出了自己的科研成果，找到了通往智慧殿堂的思考之"路"。

敬业乐群，追求卓越

张珺涵在科研路上的不断摸索，使她有了做事就要心无旁骛，要做就做到极致的参悟。如果想取得成功，就要把握当下，努力奋进，提高自身的技能，发挥勤奋的品质，具备尽职尽责的工作态度。这种敬业态度不是只在一时，而是贯穿一生，是一种精神，一种境界，一种对人生和事业的态度。学一行，精一行，更要爱一行，干工作不仅是满足我们衣食住行等生存的需要，更是实现我们自身价值和社会价值的途径。个人的职业生涯就是不断通过工作去发展自己的才能，并确立自我价值的过程。本着这种敬业精神，张珺涵在导师的带领下参与完成了国家社科重大课题、省部级重点课题等二十余个课题的研究工作，这一过程中经历了艰辛，但也收获了快乐、知识、经验和信心。

寸阴必珍，三余读书

"逝者如斯，不舍昼夜""明日复明日，明日何其多"，中国古代朴素的智慧让张珺涵从小就知道时间的宝贵，然而，博士期间的学习才让她真正领悟到时间的珍贵以及进行有效时间管理的重要性。时间作为一去不复返的存在，从经济学角度来说是一种稀缺的资源，而这种稀缺资源的利用势必需要集约化的管理，粗放式的放任自流并不利于价值最大化的实现。张珺涵发现在博士生涯中，很多事需要较长的完成期限，如果不对目标进行拆解，分成一个一个短期目标，那么就会遭遇温水煮青蛙式的惨败。就像写论文，开始她的目标总是完成一整篇文章，然后往往会陷入拖延症的困境，后来经过同学的指点，她开始制定一些短期目标，比如，几天写完文献综述，几天写完实证，把整体目标进行具体明确、能衡量、可达成、相互关联的分解，一个一个完成小目标，先有"一个亿"的小目标，才有后来的"百亿"大目标。就读博士期间，她也会经常碰到几个任务同时进行的情况，这时候就要分清轻重、缓急、难易，合理安排时间破解。她发现有效的时间管理辅助工具很重要，比如抽出时间列一个计划表、在日历上标注好工作清单都是有效的时间管理工具。

志存高远，心存敬畏

张珺涵坚信，志不强者则智不达。人没有志向，就像河流没有方向，最终只会四散泛滥，却无用处。而人生也是过了一坎又一坎，没有终点，只有中点，惟有目标明确，意志坚定，才能攻坚克难，长风破浪。而追求梦想之路，也需存敬畏之心，方能行有所止。只有心存敬畏，才能排除妄念，行稳致远，才能在纷繁复杂的社会里，不分心，不浮躁，不被私心杂念所扰，不为个人名利所累，安之若泰，谦逊平和，淡视云卷舒。

供稿：安泰经济与管理学院

刘昱彤：
做幸福而优秀的人

人物白描

刘昱彤，上海交大—巴黎高科卓越工程师学院能源与动力工程专业2017级硕士研究生。中共党员，曾获上海市优秀毕业生、上海交通大学优秀毕业生。2013年进入上海交大—巴黎高科卓越工程师学院能源与动力工程专业就读，2017年赴巴黎综合理工学校（École Polytechnique）交流。曾任学院团委副书记、学生会副主席，荣获"上海交通大学优秀团干部""上海交通大学三好学生""上海交通大学优秀团员""上海交通大学研究生学业一等奖学金"等荣誉。

博观而约取　厚积而薄发

作为一名数学竞赛保送生，刘昱彤有幸被中国科技大学、浙江大学、上海交通大学先后录取。最终，以工科闻名的上海交通大学的宣传册中"上海交大—巴黎高科卓越工程师学院"的法国工程师精英教育模式及纯法语、英语教学的多元文化培养计划，引起了她的极大兴趣。

在刘昱彤六年半充实的学习生涯中，数十名来自法国高等工程师院校的法国教授，以及有过留法学习经验的中国教师的授课，使她充分感受了法国工程师的教育文化与我国传统工科教育模式结合的优越之处。数学、物理、化学、信息、经济学、欧盟历史、法国文化等在内的各个领域的知识，为她的专业学习和研究打下了较为坚实的基础，同时也帮助自己了解发展了兴趣。本科阶段，近乎每日早八晚六的课程，每周进行的不同科目的口试，每个月的阶段性考试，不定时的大作业，培养了她精益求精、追求卓越的品格。第五届国际大学生物理竞赛铜牌、上海交通大学校级奖学金以及学院学业奖学金是对她努力与汗水的嘉奖。

"上士闻道，勤而行之"。大四及研究生阶段，在能源专业负责人魏光华老师及上海交大燃料电池所所长章俊良教授的指导下，刘昱彤发挥所长、学以致用，投身于氢燃料电池及锂电池的研究。她的论文获评巴黎高科学院优秀毕业论文，硕士阶段的研究成果也以国家发明专利的形式发表。

工程师实习阶段，刘昱彤在圣戈班上海研发中心的工作充分展现了其优越的创新及实践能力。实习过程中与实际工业产业界的近距离接触，让她在初尝研发乐趣的同时，意识到了赴法读博的重要性。作为一名青年党员，她始终明白，走出去是为了更好地回来。刘昱彤立志归国后，为民族复兴伟大事业贡献自己的全部力量。

"成为发动机，影响其他人发光，你自然就是核心"

阳光开朗的性格、出色的组织领导能力、卓越的时间管理水平，让刘昱彤在学生工作中找到了属于自己的一片天地，结交了许多志同道合的挚友，也切身体会到"整体大于局部之和"的深刻含义。

大二，她担任学院学生会副主席兼组织部部长，与主席团成员带领巴院学生会进行了大胆的尝试，寻找一条适合自身发展的道路，获得了宝贵的经验，为下一届的发展打下了良好基础。作为组织部部长，带领学院组织部在校团委联建大平台评选中获一等奖，并被评为优秀组织部。大三，在兼顾学业的同时，她没有放弃对于学生工作的热忱。她担任学院团委副书记，指导组织部、宣传部、科创中心、实践部稳步发展，为同学做了更多实事，也在过程中收获了友谊、信任与经验。其间，她获评上海交通大学校级优秀团干部、三好学生、优秀团员等荣誉称号，并于本科毕业时被评为上海市优秀毕业生。

研究生阶段，她成为学院物理组助教，将所学所想回馈学弟学妹。认真负责的工作态度和极高的工作效率，使她获得各位老师的好评。

学生工作使她清楚明白大学时代激情与理想的宝贵，也理解了日后走向社会、选择坚守、选择信仰、选择倾听内心呼唤，才能肩负好时代发展赋予的重任。

诗酒趁年华

大学不仅仅有学海无涯，更有诗和远方。梁文道在《悦己》中说：读一些无用的书，做一些无用的事，花一些无用的时间，都是为了在一切已知之外，保留一个超越自己的机会。人生中一些很了不起的变化，就是来自这种时刻。她深信不疑。在学习或是工作能满足基本要求之后，每周起码有一天或者几个小时，她会去做自己喜欢的事情。

刘昱彤利用课余时间自学宏微观经济学、管理学、期货证券等相关知识；参加 Lighting 上海交通大学校园歌手大赛，在 500 多名选手中成功晋级 30强，获评人气选手，并在菁菁堂决赛中与陈小熊学姐合唱诸多流行歌曲，为大家送去冬天的片刻温情；参演校园原创音乐集《沙发红了》第五季中歌曲《好人卡》的 MV；成为院女篮队成员，活跃在"新生杯"的赛场上；担任校园学生乐队的主唱，参加"绿洲"，结交了许多爱音乐的志同道合的朋友；用脚步丈量世界，背上相机走过瑞士的马特洪峰、德国的新天鹅古堡、意大利的万神殿、西班牙的阿尔罕布拉宫、葡萄牙的大航海纪念碑、英国的大本钟、美国的加州海岸、捷克的布拉格广场、梵蒂冈的圣彼得大教堂、摩洛哥的马拉喀什老城……

大学阶段，刘昱彤学会了给予而非索取，懂得了分享与原谅，选择自己的路，学会幸福而优秀地生活。

供稿：上海交大—巴黎高科卓越工程师学院

王佳栋：
做风雨中的大人，阳光下的孩子

人物白描

王佳栋，上海交通大学—巴黎高科卓越工程师学院机械工程专业 2017 级硕士生。2016 年 2 月至 2018 年 8 月赴巴黎综合理工学校攻读双学位。曾担任学院学生会副主席，荣获"上海交通大学三好学生""上海交通大学 B 等奖学金""上海交通大学巴黎高科学院（下文简称"巴院"）优秀学业奖学金一等奖"等荣誉。在 6 个月工程师实习中，他凭借突出的贡献被实习企业评为"商汤科技年度未来之星"。毕业后进入商汤科技工作。

数理能奋武，儒雅更知文

巴院基础阶段对应的是法国工程师教育的预科阶段，也是法国本土学生付出最多精力、竞争最为激烈的阶段。大一大二的时候，为了出色地完成学业，王佳栋坚持每天自习到晚上 11 点才回寝室休息。功夫不负有心人，他的成绩始终保持在年级前列，并且收获了上海交通大学三好学生、上海交通大学 B 等奖学金、上海交通大学巴黎高科学院优秀学业奖学金一等奖等荣誉。在大三上学期，他顺利地通过双学位选拔考试，获得前往巴黎综合理工学院的交换机会。

巴院不仅重视数理基础学科教学，还非常注重人文社科领域的培养。除了定期邀请不同领域的企业管理层和研发专家来访并开设讲座，还赋予学生能够根据个人兴趣和职业发展规划自主选择课程的权利。在法国交换阶段，他曾经选修过设计、油画、企业和社会规则等课程，这些课程有助于他从不同角度了解社会和工业界的环境，对他的人格养成和情操陶冶也大有裨益。

经过中法联合培养，王佳栋既吸收了法国工程师教育注重数理基础和通识教育的精华，又接受了上海交大研究生阶段强调学术研究的历练，他感到自己的综合能力变得更为全面了。多元化课程的学习使王佳栋在跨学科交流中游刃有余，国际化的培养模式和国外求学的经历让他在步入职场时拥有更多选择的机会。

团结青春力量，弘扬中国旋律

学生工作也是大学生活中非常重要的板块。带着对大学生活的向往和对结交朋友的渴望，王佳栋在大一、大二积极参加校科创协会、校青志队、院学生会等学生社团，并在一年后开始担任学院学生会组织部副部长，随后担任学院学生会副主席；在法国巴黎综合理工学校交换期间，他曾作为中国学生代表担任中国国旗旗手，并参加 X-China 中国社团，宣传中国文化；此外，王佳栋也曾作为学生代表出席巴黎综合理工学院召开的记者会，分享学习生活和留学心得。

职场表现出类拔萃，获得企业界好评

王佳栋在本硕期间，利用学院国际化平台提供的机会，先后参加了三次实习，积累了丰富的工作经验。在巴黎综合理工学校学位交换期间，他先后在法雷奥公司（Valeo）和法国电力公司（EDF）分别进行了为期三个月的工程师实习和六个月的研究实习。在法雷奥实习阶段，他也曾作为优秀国际实习生接受采访。在返回交大的最后半年时间里，他在商汤科技（SenseTime）自动驾驶部门进行了六个月的实习，因为实习过程中的贡献，他被评为"商汤科技年度未来之星"。这三段实习的内容与他的专业和职业规划紧密相关，帮助他体验公司的工作氛围，积累相关领域的经验并锻炼团队合作能力；他决定毕业后在商汤科技开始自己的职业生涯，继续为自动驾驶的宏伟大业添砖加瓦。

供稿：上海交大—巴黎高科卓越工程师学院

薛 蕤：
博观而约取，厚积而薄发

人物白描

薛蕤，上海交大—巴黎高科卓越工程师学院动力工程专业2017级硕士生。曾获上海市优秀毕业生。2013年进入上海交大巴黎高科卓越工程师学院就读动力工程专业。2017年赴法国巴黎高科国立高等矿业学校（Mines Paristech）交流。研究生阶段发表4篇SCI论文。擅长美术设计，为巴黎高科学院各类活动设计过宣传海报和手册。就业单位为中国商飞上海飞机设计研究院。

在学海中探寻真知

在交大的六年半间，她在课业和科研的高压负重下不断调整心态和学习方法，寻找适合自己的大学节奏。初入巴院，英才济济，大学生活的新鲜感也很快被焦虑和压力取代。但学习生活的过程也是成长的过程，学会和压力共处是她最大的收获。从学习吃力到拿到上海交大C类奖学金和研究生一等学业奖学金，她找到了属于自己的步调，也发现了求索和求知的趣味。研究生阶段，在机动学院蒋峰景副研究员的指导下，她在液流电池储能领域开始了科研探索，并有幸参与发表了四篇SCI论文。从明确研究方向到获得成果，她体会到了科研探索的艰辛和妙趣所在。

在实践中拓展认知

天下之事，闻者不如见者知之为详，见者不如居者知之为尽。在巴院学习生活期间，她也深知实践的必要性，它可以为她提供拓宽视野、发掘需求、完善自我的平台。在 2013 年，她加入了巴院学生会外联部、2014 年担任外联部部长，参与策划、承办了多次校园活动和晚会，为同学们展示自我、交流生活提供了平台和机会；她还作为志愿者参与了 2014 年上海马拉松赛、到阳光之家与残障孩子们进行交流活动；2018 年，她代表巴黎高科学院在上海交通大学学联常委会担任常委。

在这些实践工作中，她与形形色色的人有了交集，与他们的交流让她对自己与社会的关系、对是非的认知有了进一步的理解，是她的心智从少年走向成熟的开端。除此之外，她还积极为学院各类活动设计宣传海报或手册，她的爱好也因此得以绽放光彩。

在新冠肺炎疫情暴发的这一特殊时期，心系祖国的她运用自己的绘画才能，通过"罩顾"这一手绘作品，呼吁社会关注疫情中老年人群的防护。

在奋斗中尽其所知

巴黎高科学院不仅为同学们开拓国际视野、锻炼学习能力，也致力于爱国精神和家国情怀的培养。"各出所学，各尽所知，使国家富强不受外侮，足以自立于地球之上"是她认为对爱国最好的诠释。于是，她选择中国商飞上海飞机设计研究院作为实现自我价值的地方。

她对航空事业的憧憬始于一堂工程师文化课。工程师文化课是巴黎高科学院的特色课程，一些著名企业的从业人员受邀来此进行讲座。她曾有幸聆听了赛峰中国区副总裁 Jean-Luc Doublet 先生就航空科技领域的发展进行的演讲。2017 年，她去法国巴黎高科国立高等矿业学校交流，在那里她选修了飞机发动机流体力学计算的项目课，由赛峰公司的工程师 Tanto 和 Coat 老师教授。同修的法国同学们热忱且专业，他们对待发动机项目十分认真，在讨论的过程中她总能感到他们发自内心的骄傲，那是源于对法国在航空领域所取得成就的情感流露。那时候，我国 C919 大型客机首飞没过多久，她觉得中国不会在这场人类共同的逐梦活动中缺席，而她刚好赶上了时代的节点。回国后，她在上海飞机设计研究院进行了六个月的工程师实习，并最终决定投身祖国的航空事业。

供稿：上海交大—巴黎高科卓越工程师学院

任思儒：
选择交大，就选择了责任

人物白描

  任思儒，上海交通大学材料科学与工程学院 2017 级硕士研究生。上海交通大学三好学生标兵，上海市优秀毕业生。在交大的六年时光中，任思儒是校园文化的践行者与传播者，在组织与活动的台前幕后全情投入；是把青春融入祖国山河的大学生，在祖国西南边陲书写热爱与奉献；是深耕芯片集成制造技术的科研人，立志为祖国芯片产业的发展贡献力量。如果问是什么指引他不断突破自我，追求卓越？他的回答是："选择交大，就选择了责任。"

交融汇聚，用热爱丰富校园文化

  在广阔的校园中，让每一个角落绚烂多彩；在寒来暑往的四季，让每一天都充满阳光；在交大校园挥舞笔墨，着上色彩，让每一名交大人都能拥抱自己所期待的校园文化。怀着这样期许与承诺，大二结束时，任思儒在上海交通大学第二十九次学生代表大会上当选为校学联副主席，是主席团中最年轻的成员。两年的任期中，任思儒同学术中心的小伙伴一起，筹备 200 多场辩论赛，搭建交大学生唇枪舌战、思维碰撞的舞台，吸引 10 000 余名观众；开创首届"学在交大"系列活动，包括"名师面对面""学霸讲堂"等 20 余场活动，吸引超过 5 000 名学生的参与，推动了校园学风建设；担任"中秋露演"，"新愿"跨年晚会、"国际大学生文化艺术节"等一系列活动的导演，为同学们奉献出一场场精彩纷呈的视听盛筵，丰富了校园生活。任思儒始终致力于为交大学生校园文化的建设工作添砖加瓦。

"饮水思源，爱国荣校"的校训，深深扎根于任思儒的心中。自 2016 年起，任思儒先后担任 120 周年校庆大会、开学典礼、毕业典礼等 7 场校级大型典礼的学生导演。他组建导演团队，协调部门配合，规划典礼流程。一场场零失误的典礼背后，是任思儒和导演团队在前一晚通宵达旦的筹备，是他们对每个环节精确到每一秒钟的精益求精。

知行合一，把青春融入祖国山河

任思儒把"行万里路，知中国情"看作一名大学生应主动承担的责任。大一暑假，他加入了全国大学生暑期社会实践重点团队——"追寻焦裕禄足迹，践行社会主义核心价值观"实践团，并成立了全国首个"焦裕禄事迹大学生宣讲团"。在河南兰考，他从焦裕禄纪念馆副主任手中接过了宣讲团团旗，也接过了弘扬焦裕禄精神的接力棒。任思儒组织宣讲团队先后在淄博一中、兰考一中宣讲，用"迎难而上，无私奉献"的焦裕禄精神鼓励当地学生，相关事迹被"人民网""中国新闻网"等 100 多家媒体报道。

他非常清楚地记得，一次宣讲后，宣讲的听众——当地的学生们纷纷围了上来，与宣讲团成员交流了很久，问了很多问题。他们非常愿意把在生活上、学习中遇到的问题与宣讲团的大哥哥大姐姐们分享，宣讲团也努力地、积极地回应每一个同学。当地学生的信任，宣讲团在当地引起的反响，使任思儒第一次认识到一名普通的大学生，也可以在社会中，在祖国需要的地方凭自己的力量，影响一些人，为他们带去一些改变。

"交融汇通，博学笃行。"任思儒也是跨文化交流的参与者、中华民族传统文化的传播者。2016 年暑假，任思儒加入由上海市海外交流协会举办的"丝路中国行"优秀华裔大学生微电影参访团。参访团由 6 名中国大学生和 40 余名华裔大学生组成。在 20 多天的活动中，他积极同华裔大学生交流沟通。华裔大学生尽管有着黑眼睛、黑头发、黄皮肤，但是对中国文化了解甚少，很多华裔大学生甚至是第一次来到中国。任思儒主动向他们介绍中华民族的历史、文化、风俗，并抓住一切机会，向他们介绍中国的发展成果，比如繁华的陆家嘴金融中心、快速舒适的中国高铁等。20多天中，华裔大学生们对中国的态度逐渐发生转变，实现了从陌生到了解，从疏远到热爱。任思儒同小组内的其他华裔大学生合作，完成了主题为 A Place We All Call Home《一个我们叫做家的地方》的 MV 视频短片，在腾讯视频获得了超过 2 万次的播放量。

大四暑假，任思儒参加了"台湾艾森豪奖金协会"组织的"2017 年两岸青年领袖研习营"。他参与并完成了研习营的各项课程及训练，深入了解中国台湾经济、社会、人文、艺术各领域，为两岸青年的交流学习与未来合作树立了典范。在研习营过程中，任思儒担任研习项目的组长，与其他研习营成员一同完成了主题为《两岸高校学生会组织架构与规章制度的异同》的研习报告，并代表所有营员，在结营仪式上进行汇报。

"到西部去，到祖国需要的地方去。"本科毕业后，任思儒选择加入团中央研究生支教团，并担任上海交通大学云南支教团团长，到云南省大理白族自治州洱源县宁湖二小支教一年。仍在施工的学校没有宿舍、没有床、没有餐厅和厨房。种种艰苦的物质条件使初来乍到的任思儒面临着一些挑战。其中最大的挑战是就餐问题。任思儒在走廊放置了一张桌子、一口电磁炉、一口锅。在繁忙的授课之余，任思儒需要自己骑自行车去菜市场买菜，然后自己洗菜做饭。一周七天，一日三餐，如此往复。

在师资力量匮乏的宁湖二小，任思儒主动承担起五年级学生的语文教学和全校学生的英语教学。一年中，他每周上课 20 多个课时，共准备 1 000 多份教案，批改作业 40 000 多份。繁重的授课压力下，他没有放松对自己的要求。课要上得多，更要上得精彩。引起学生兴趣，是提升授课效果的关键。作为学校历史上第一位英语老师，任思儒发现所有学生都没有英语基础，更严重的是，学生们都没有"学英语很重要"的意识；面对这种现状，他每堂课都会通过英语动画片、英语歌曲等向同学们普及英语文化；五、六年级等高年级学生没有英语基础，不能直接从六年级教材学起，三年级教材对它们来说又过于简单；每堂课前任思儒都会为这些学生准备一份专用教材，以确保对每个年级的学生"因材施教"。在宁湖二小，任思儒平均每天要上超过4节课，由于三、四年级分别有两个班，只有一个英语老师，所以要到大阶梯教室同时给一个年级的学生上课。常常一天下来，嗓子都说哑了，疼得说不出话，润喉片便成了随身"零食"。但学生们逐渐意识到了学英语的重要性，喜欢上了这门课，五年级的语文成绩较之前相比也有了明显的提高，任思儒觉得这些付出都是值得的。

言传身教，身体力行。在学生心中种下"爱学习"的种子，帮助他们树立"考大学，考好大学"的理想，是任思儒在支教开始就给自己制定的目标。他主动融入学生中，参加运动会，带学生郊游，主持班会。任思儒常常结合自己的成长经历，与学生们分享"知识改变命运"的观念。春风化雨，润物无声。一年中，学生们从最开始的不爱学习，觉得学习是为了父母，到后来主动问他怎么学习，怎么考大学。一次春游后，五年级学生为任思儒制作了一幅黑板报，他们在黑板中间写下了任老师最常说的那六个字："知识改变命运"。任思儒很自豪学生们记住了这份嘱托，也深感幸运，自己用一年时间，做了一件终生难忘的事。

砥砺前行，用理想指引青春远航

硕士期间，任思儒的研究方向是"电子芯片三维集成制造的稳定性与可靠性的研究"。2018年美国制裁中兴的事件给还在支教的任思儒带来了很大的触动：在信息化时代，电子产品的核心部件——芯片的生产、设计，仍然是中国的"卡脖子"技术。从那时起，他立志投身于芯片制造领域的研究，并在支教结束后，加入了电子材料与技术研究所。

由于本科期间的研究经历并不是电子材料方向，支教结束后、加入电子材料研究所的初期，他面临很多的困难，比如需要从头学习无尘实验室的实验操作与规范，从零开始学习电子封装领域的基础知识。除了要应对科研上的挑战，任思儒还需要完成研究生的课程。研究生期间，任思儒专注于电子芯片三维集成制造互联技术，对微米级互联铜柱凸点的失效机理进行了系统深入的研究，首次提出了解释小尺寸铜柱凸点中侧壁金属间化合物生成的机理模型。该模型对于提升三维集成制造的稳定性具有重要的意义。后续研究中，这一模型也被用于解释小尺寸铜柱凸点中锡须的生成机理。此外，任思儒还提出了一种通过插入中间层金属间化合物，抑制 Cu/Sn 体系中金属间化合物进一步生成的方法。该方法具有简单、经济等优势，可以在工业生产中大规模应用。在研二期间，任思儒在电子材料领域发表 5 篇 SCI 论文，获评研究生国家奖学金、唐立新奖学金。研二暑假，任思儒申请到了帝国理工大学的交换项目，参加了为期 3 个月的暑期科研。在帝国理工学院电子与电气工程学院光学与半导体器件实验室，面对需要跨学科研究的挑战，在短短 3 个月，任思儒恶补了电工电路学、数字信号处理、密度泛函理论等全新的理论，学习操作了教授自主设计搭建的激光—超声封装机器，制备了数十个封装样品，最终成功地对低温超声封装过程中材料内部不同区域动态再结晶过程有了系统的了解。暑研的经历让任思儒对自己的人生理想，有了更清晰的规划。

未来，任思儒立志深耕芯片集成制造技术，凭借自己所学，为中国芯片制造业的产业变革、技术突破，作出点滴贡献。

供稿：材料科学与工程学院

韩 啸：
小楼栖身处，诗眼阅天涯

人物白描

韩啸，上海交通大学国际与公共事务学院2016级博士研究生。"2018年度国家奖学金""唐立新奖学金"获得者，2008年参加汶川地震救灾获得"抗震救灾优秀大学生"称号。

勤学善思，扎根实务，用问题增知识

进入博士生涯后，面对应该如何安排时间、如何分配精力等问题，韩啸在入学伊始心中就有了答案。通过对比国内外名校培养方案，了解当前学科主流的知识结构，结合自己的研究兴趣与学校资源，韩啸与导师一同制定出博士学习阶段的计划。有了目标，剩下的空隙，就要用行动去填充。两年来，韩啸从图书馆借阅的专业著作超过1 000本，他平均每天阅读一本专业著作，并坚持每天撰写科研笔记。含泪播种的人一定会含笑收获，坚持如一的耕耘，让韩啸获得了一些肯定，这其中值得称道的不是综合排名专业第一，也不是获得国家奖学金、唐立新奖学金等荣誉，而是在面对困难、失败时能不忘来路。一路上坚持初心，因为只有走最苦的路，才能看到最好的风景。

为了丰富对研究领域的认识，同时锻炼自己的能力，韩啸多次深入政府部门进行实践，对电子政务规划和实施、政府门户网站建设与运营维护等内容有了更深刻的理解。在社会实践中，韩啸学会了"产品思维"，即如何将理论知识与政府需求、公众服务以及电子政务的特点相结合，做出让政府、公众都满意的政务服务产品。但是，韩啸也渐渐感觉到既有理论与中国现实情况的差距。在"追赶模式"下，不论实务界还是学界都以欧美发达国家的电子政务发展模式与基础理论为蓝本，忽视具体国情，照搬国外经验与理论。这样的模式无法触及电子政务发展的核心，因此要在基础理论上有所突破。于是韩啸通过引入新方法对研究样本重新进行分析，对西方经典理论进行修正，为后续电子政务应用研究提供了扎实的经验证据，并在此基础上，成功申报成都市哲学社会科学规划项目，也是当年度立项项目负责人中唯一一名在读学生。

博众取长，分享集智，"跨界"做研究

"一滴水只有融入大海才不会干涸"，在导师的影响下，韩啸深知国际化思维对做学问的重要性。在学期间，为了获得更多的学术资源和更广的研究视野，韩啸积极参加学术会议。在会议上，韩啸认识了来自各个学校的博士生、青年教师。相互之间的交流与讨论，不仅让他开拓了研究眼界，也认识到了自己能力的短板。根据巴斯德象限，理论与方法在现代研究中有着同样重要的地位。但一个人的知识与精力是有限的，如何才能突破理论"丛林"、方法"铁笼"，快速找到一条通过往巴别塔的大道？"众人拾柴火焰高"，韩啸思考着，应该通过"分享"实现"集智"。经过倡议和努力，一群有着共同兴趣、不同学科背景的研究生、青年教师与实务工作者，组成了一个"跨界"的科研小队，大家定期针对不同主题进行交流、讨论。在这里，"学理与实践相互激荡、理论与方法彼此对话"，不同学科的思想汇集在一起产生思想上的碰撞，通过碰撞产生知识的"火花"。韩啸就这样在教室、图书馆之间穿梭着、忙碌着，通过引入心理学、传播学等相邻学科理论，开展跨界研究，韩啸与研究团队收获了丰富的成果，近期一篇论文被 Q1 区的 SSCI 期刊录用。

饮水思源，爱国荣校，用理想立责任

偶有闲暇，"爱吃"的韩啸常与同学们一同外出寻觅美食，把对家乡的思念寄托在筷勺翻滚间，与来自天南地北的同学们在一起畅叙情怀。在这个过程中，给韩啸感触最大的就是大家对于自己家乡的那份难以割舍的情感。当踏上求学他乡之路，故乡从此只有冬夏，再无春秋。正是心中对那一寸山河、一抔故土的惦念，韩啸打算在毕业后返回家乡工作，期盼通过努力工作为美丽家乡的建设添砖加瓦。

入校伊始，韩啸就将"选择了交大，就选择了责任"这句话记在了心中。这是最好的时代，需要我们勇立潮头；这也是最难的时代，需要我们勇挑重担。身处这个大时代，需要胸怀大局、心有大我，把自身的前途命运同国家和民族的前途命运紧紧联系在一起。用行动践行理想，用理想树立责任。"繁霜尽是心头血，洒向千峰秋叶丹。"韩啸坚信通过不断的努力，自身的小价值也能撬动社会的大发展，相信不久的将来他一定会迸发出更大的"火花"。

供稿：国际与公共事务学院

卢少云：
用心探索学术，力行感恩奉献

人物白描

卢少云，上海交通大学国际与公共事务学院 2014 级博士生，贵州省选调生。在辞去澳门银行工作后投身博士生涯。攻读博士学位期间，卢少云先后担任学院博士生联合党支部书记、学院学生党建辅导员，先后荣获上海交大 2017—2018 学年"优秀学生党员标兵"（全校共 10 名）、上海交大"三好学生"以及 2019 年"上海市优秀毕业生"等荣誉。毕业后选择赴贵州担任选调生，目前在贵阳市府办工作。

珍惜良好学习环境，脚踏实地钻研学术

一进交大，卢少云就深切感受到了浓厚的国家责任感，众多优秀的交大学长学姐积极投身国家事业，甘愿奋斗一生的英雄事迹催人奋进。开学典礼上那条"选择了交大，就选择了责任"的横幅，早已成为校友们介绍母校的标签。他觉得自己很幸运能成为交大的一分子，得以在崇高的精神氛围下学习。这里拥有一流的师资力量、丰富的学习资源、众多的学术交流及优秀刻苦的学子，这一切使他倍加珍惜交大提供的良好学习环境。他坚持每周自觉上自习，不虚度青春年华。几年下来，在老师们的倾心指导下，他养成了阅读经典文献的习惯和探求真理的实证治学风格，懂得了按照学术研究思维来透视公共问题，在公共管理书海中聚焦政府治理行为主题，改变了以往悬浮的学术心态，脚踏实地钻研学术。

加强研究方法训练，练就科学研究本领

"工欲善其事，必先利其器。"在公共管理学的中国化路径上，实证研究方法正日益成为新趋势。幸运的是，交大国务学院十分重视社会科学研究方法训练。学院为同学们开设"社会科学研究方法""多元统计分析""社会科学定性研究方法"等课程，每年暑期定期举办"社会科学研究方法培训班"，邀请公共管理学界知名专家学者来院传播前沿知识和实证研究方法应用……在学院实证研究发展的背景下，他深受影响，下定决心从薄弱的基础开始，加强社会科学研究方法训练。承蒙众多良师益友与他分享数据库、公共事件案例并指导他跨越学习方法道路上的障碍，在近三年的训练下，他练就了科学研究的本领，较顺利地完成了小论文的发表任务和应用于大论文的科研写作，达到了博士毕业的科研要求。

不负老师同学信任，扎实推进学生党建

感恩于交大的培养，也因为平时热心公益，他自愿参加了学院的学生工作。但更因为老师和同学们的信任，他立志扎实推进学生党建。四年来，他与支委伙伴们齐心协力打造国务学院学习型博士生联合党支部，构筑了国际与公事沙龙平台，致力于提升博士生的论文写作发表能力和分享出国交流经验。他还组织开展了"两学一做"学习教育活动和"江爱传承·忘年交"沙龙交流活动等，提升党员思想政治素质。又在党支书退任后兼职学院学生党建和2016级研究生班的辅导员，期间悉心指导学生党支部工作，推进党员发展和支委会工作规范化，构建党建文宣工作机制并夯实党员活动基地建设。他尽他自己所能，帮助研究生班的学弟学妹们消解学习生活上的疑难。他付出这些努力，只希望不辜负老师和同学们的信任。

深入基层社会实践，投身西部干事创业

"读万卷书，行万里路"。学习之余，他渴望到基层社会去实践，了解基层社情民意，对照所学知识，体验生动鲜活的社会场景。曾经，正是怀着一腔热情，他才毫无畏缩地带着本院学弟学妹们到浙江绍兴开展中国城乡治理调查，与来自交大不同学院的同学前往重庆、云南开展暑期精准扶贫社会调研，参与博士生领袖精英训练营之"江西湖南选调行"活动等。这些体验让他深深地感受到来自基层社会的需要和国家建设的需要。作为国务学院的一分子，他身上自然流淌着"为天地立心，为生民立命"的热血，有责任继续探索和践行公共事务的治理之道。感恩于母校和母院的无私培养，在毕业之际，坚定选择"到祖国最需要的地方去"，扎根西部基层，服务人民，做一名敢于担当的党员和公民。

即将离开母校奔赴社会，此时此刻的校园，一草一木皆深情。他将牢记并践行交大"饮水思源，爱国荣校"的校训和"为民族立生命，为万世开太平"的院旨，以奉献自我来感恩母校和母院的培养。

供稿：国际与公共事务学院

杨树飞：
力学笃行，行稳致远

人物白描

杨树飞，上海交通大学国际与公共事务学院 2017 级硕士生。曾获得第十五届"挑战杯"全国大学生课外学术科技作品竞赛二等奖、上海市特等奖，"朗基—交大全球英才奖学金""上海交通大学光华奖学金"等荣誉，曾获得"上海交通大学学生党员标兵"、"辅导员标兵"、"优秀学生党员"、"优秀学生干部"等荣誉称号。如今，他迎来了在交大的第六个年头，在过去的时间里，他感受着前辈榜样的力量，见贤思齐，不断努力，书写着自己的青春故事。

用坚定信仰引领人生方向

受惠于党和国家的民族政策，杨树飞从祖国西南前往首都的中央民族大学附属中学求学。在这所培养了中国第一批少数民族共产党员、建立了第一个少数民族党支部的学校，他逐渐明确了自己的信仰。而进入大学后，上海交通大学爱国的光荣传统和积极的思想氛围也让他进一步坚定自己的信念，于是他郑重提交了入党申请书，并且在思想、行动等各方面不断向党组织靠拢，最终在大学二年级成为一名共产党员。

在加入党组织之后，杨树飞也没有放松对自己的要求，他不断加强理论学习，以理论知识武装头脑，不断增强"四个意识"，坚定"四个自信"，自觉做到"两个维护"，努力做到明辨是非，严守纪律，坚定不移跟党走。他坚持定期进行理论学习并认真记录思考，他也曾作为交大学生党员代表前往北京参加教育部全国大学生新党员培训示范班。

用学科视角读懂中国

杨树飞特别珍惜在校的宝贵时光，砥砺品行，增长才干。他认真学习专业课知识，三次获得光华奖学金，也曾获得朗基—交大全球英才奖学金。他积极在导师指导下开展各项研究，他参加的"基层政府与社会组织的互动机制研究——以闵行区江川街道为例"入选大学生创新实践计划项目（S130IAP8186）。他参与编写的《中国城市居民环保态度蓝皮书（2018）》由上海人民出版社出版发行。他也参与了"新时代中国城乡治理价值观"调研，用学科视角增进对社会的认识与了解。

杨树飞充分发挥主观能动性，积极参加课外学术科创活动。他参与的"为梦独行：城市'空巢青年'现象全景扫描"获第十五届"挑战杯"上海市特等奖、第十五届"挑战杯"全国二等奖，是当年度交大唯一入围全国决赛的社科作品，助力交大连续第四次捧得挑战杯，主要研究成果也被《中国青年报》整版报道。他参与的"政府再造创新社会治理——闵行区析出街道的调查"获第四届上海交通大学"钱学森杯"科创竞赛特等奖。

在服务奉献中收获成长

杨树飞坚信，学生工作既需要全身心的投入让工作目标顺利完成，也需要科学的工作方法实现学业、工作双肩挑，更需要有强烈的情怀让自己享受在奉献中成长的过程。他从入校开始便积极参与学生工作，曾担任校团委组织部常务副部长，其间协助组织全校100余个团支部共开展328项团改金、主题团日等活动，协助组织"五四红旗（特色）团委"等评审会议。自2016年起，杨树飞担任学指委思政室辅导员，协助开展学生党建、青马学校等工作，参与组织了青马学校预备党员、积极分子等各类培训班、纪念建党95周年暨两优一先表彰大会等活动，累计服务发展对象、预备党员学员 3 000 余人，开展主题活动 190 余次，对于学生党建的认识也不断地加深。

自 2017 年 6 月起，杨树飞开始担任国务学院学生党建辅导员和 2017 级本科生班主任。变化的是工作岗位，不变的是工作态度。他在学院老师指导和支持下，以加强支部建设规范化为基础，创新支部活动形式和内涵，加强支部活动的实效性。他也在老师指导下立足学科特色，动员师生支部开展理论学习、文章创作，让更多的党员学理论、懂理论、爱理论。在此过程中，学院党建文宣工作室获得学校学生党建工作创新奖一等奖并入选教育部及上海市教委 2018 年"高校思政工作精品项目"，国务学院本科生联合党支部作为交大唯一本科生支部入选教育部"全国高校党建工作样板支部"。

在知行合一中坚定志向

作为国务学院的一名学生党员，杨树飞立志毕业后在公共部门发挥专业所长，积极运用所学参与公共治理实践。为此他也注意积累经验做好准备，在暑期前往人力资源和社会保障部农村社会保险司挂职实习，近距离感受国家机关的工作和风采，践行着干好每一件小事的脚踏实地，更感受到了心怀家国天下的责任担当。他也曾担任上海市政协委员履职助手，协助撰写提交了关于网约车的提案草案。他在寒暑假期间累计参与社会实践 5 次，担任团长 2 次，团队获二等奖 2 项，其中担任团长的项目"追寻文化的足迹"获全国大学生文化素质教育基地支持。

杨树飞立志成为具有"中国情怀、世界眼光"的新时代青年，他曾作为中方青年代表参加在首尔举办的首届中日韩全球公民青年教育论坛，与各国青年代表共同制订青年职业教育计划并得到实施；长期担任各类国际组织志愿者，作为科技教育交流协会（TECC）志愿者与各个高校志愿者共同前往四川汶川开展民族文化传承保护项目；作为世界自然基金会（WWF）的注册志愿者，积极参与相关活动；协助开展全球城市论坛子活动之全球城市治理案例挑战赛等学院重点工作等。

在杨树飞过去六年的交大岁月中，是无数的交大榜样为他指引方向，是交大人的责任与使命激励他不断前行。未来，他也会不忘初心，砥砺前行，向交大榜样学习，从向往一种人，到努力成为一种人，更好地书写自己的诗篇。

供稿：国际与公共事务学院

作者：李锦红

蒙　泽：
追风于海天之间

人物白描

　　蒙泽，上海交通大学海洋学院物理海洋学 2019 级博士生，方向为海气相互作用，主要研究季风季节内振荡中海洋与大气的强迫响应机制。两次受邀参加美国地球物理学会（AGU）并在大会上作口头报告，展示科研成果；获首届上海交通大学博士生学术英语演讲比赛一等奖。

寻风：从大气到海洋

　　蒙泽自幼生活在江浙，对南方夏天常常出现暴雨等极端天气的现象司空见惯。暴雨带来的强降水往往造成城市内涝，积水更是夏季"包邮区"的家常便饭。善于观察的蒙泽自幼便对这些极端天气印象深刻，也对这些现象形成的原理有着浓厚的兴趣。因此，上大学时，蒙泽报考了兰州大学大气科学专业。经过四年的本科学习，他积累了扎实的气象学基础。大四的时候，蒙泽决定攻读海洋学硕士，深入研究海洋。

　　"南方的夏季暴雨虽然有多方面原因，但其产生的源头都指向海洋。无论是夏季盛行的西南季风还是台风，都只是将热带洋面的水汽和能量输送至陆地的搬运工，而海洋与大气之间的相互作用则是它们的关键过程。"

　　也是在那时，他遇到了自己科研的领路人——周磊。蒙泽回忆起考研复试的时候，和周磊老师聊天的场景："周老师谈到海洋大气现象与背后的机制原理时，整个人好像在发光。"这种对科研的热情和踏实的态度深深地打动了蒙泽。正因如此，蒙泽决定跟随周磊老师研究海洋与大气之间的相互作用机制。

海气作用的研究不仅需要大气科学的知识，还需要对海洋有深入的了解。"海洋和大气都是地球流体，本身具有很多共性，但是由于海洋被大陆分割，所以海洋又具有很多大气不具有的特点，各个大洋之间的差异性也十分明显，在学习时需要特别留心。"蒙泽深知基础学习的重要性，因此他狠下功夫，恶补海洋学知识，在攻读硕士期间，他两次获学业奖学金。

在周磊老师的指导下，蒙泽主要探索了季风季节内振荡中大气与海洋的相互作用机制。他研究发现，季风期间印度洋上大气中季节内信号在向北输运水汽和动量的同时，也会在海洋中引起海洋环流的变化。海洋环流异常在海面体现为向西传播的温度异常信号，在海洋的不同深度则对应着海洋波动和海流的异常信号。这些海洋现象是由大气驱动并产生的，是大气与海洋之间紧密耦合关系的体现。耦合机制的发现有助于改进现有海气耦合模式，而这将有助于提高对季风降水预报的准确率。目前，蒙泽正朝着改进模式预报的方向努力，为提高夏季极端气象灾害的预报能力贡献出自己的一份力。

迎风：脚踏实地，收获满满

凭借对季风期间海气相互作用的研究，蒙泽已发表论文两篇，在投 SCI 论文一篇。这些文章汇集了近两年蒙泽从数据评估到海气机制研究的主要进展。他还两次受邀参加美国地球物理学会会议（AGU）。美国地球物理学会是地球科学领域的顶级会议，每年举办一次，其中 AGU 海洋科学会议更是海洋科学界的盛会，参会者往往是各国海洋研究领域的佼佼者。在 2019 年的会议上，蒙泽口头报告了跟导师周磊合作研究的对大气季节内振荡（MJO）在海洋性大陆绕流的最新成果，同时还用海报展示了他在季风期间的最新研究，获得了参会专家的一致认可。此外，蒙泽还赴新加坡参加亚洲大洋洲地球学会会议（AOGS），并作了口头报告。这些丰富的参会经历，给予蒙泽与领域内的国际学者近距离交流的机会，拓展了他的科研视野，也碰撞出很多科研想法。

科研之余，蒙泽参加了首届上海交通大学博士生学术英语演讲比赛。这是一个向大家科普海洋知识的舞台，蒙泽想抓住这次机会，让大家感受海洋科学的魅力，向大家展示海洋人的热情。虽然具有丰富的英语比赛经验，但他在比赛前还是会紧张，"以往的比赛都在英语发音语调上使力，但这次的比赛除了要把英语本身讲好，还要想着怎么向普通同学做最易懂的海洋科普。"

比赛前，蒙泽在选择话题上犹豫了很久。最终他选择讲述台风，这个在沿海地区经常出现的、破坏力超强的天气现象。比赛中，蒙泽向现场的评委和同学介绍了热带洋面上台风的生成与维持机制，讲述了美国在20世纪60年代通过改善台风热力结构从而削弱台风的故事，以及一代又一代海洋和气象学家研究台风、与台风作战的丰富经验。因为发音标准、叙述流畅、内容丰富，最终，蒙泽获得了第一名的好成绩。"我从专业知识的角度丰富了在场同学们对台风的认识与了解，在座的同学们不仅对台风现象产生浓厚了兴趣，还对未知的海洋领域有了更多的向往，这是我参加这次比赛最想收获的。"

追风：等风来，不如追风去

地球表面的百分之七十都被海水覆盖，人们生活的地方实际上就是一个海洋的星球。尽管，海洋就在身边，千百年来人类不停地努力尝试着去认知海洋，但是人们对于海洋的了解始终还是冰山一角。曾有人说，人类对火星的了解程度远超人类对海洋的了解，探索海洋比探索太空还要难得多。也正因如此，在面对台风、季风等极端灾害时，人类仍然会恐惧，仍然会受到伤害。

　　难道这样就要放弃探索海洋，停下前进的脚步吗？在蒙泽看来，只有更多的研究，才能帮助人类对这些身边的"大家伙"有更深入的认识。他也希望能为此贡献自己的力量。

　　如今，蒙泽申请了国家留学基金委的资助，希望明年可以前往美国哥伦比亚大学地球科学研究所（Lamont）访问交流。Lamont 是世界一流的海洋科学实验室，不仅聚集众多海洋学资深老教授和科研前辈，还在全球性海洋大气相互作用机制与预报领域有重要贡献。比如，厄尔尼诺与南方涛动（ENSO）事件的预报研究进展，就是由海洋学院陈大可院士团队多年前在 Lamont 研究所的众多科研成果之一。蒙泽希望能借助这次宝贵的机会，深入国际前沿，开拓自己的视野，在季风预报领域更进一步。

　　等风来，不如追风去。怀揣梦想，勇往直前！

供稿：海洋学院
作者：谢安琪

张睿妍：
心向大海，不负青春与热爱

人物白描

　　张睿妍，自然资源部第二海洋研究所、上海交通大学海洋学院联合培养海洋生物专业2019级博士生。她本科英语专业，研究生阶段跨学科转向海洋生物学。她是出海科考达人，2018年3月，她第一次跟随大洋一号科考船进行远洋科考。2020年，她再一次跟随大洋一号科考船进行远洋科考，在船上，她立刻适应了海上工作，采水、拖网、分样……她认真勤劳的工作态度也受到了航次首席科学家和老师们的一致肯定，对辛苦带回来的样品，她更坚定地投入鉴定工作中。同时她也是科研先锋，她对出海带回样品的认真分析帮助她发现了深海海星新物种并以第一作者发表SCI论文4篇，最快的一篇文章仅用20多天就被接受，并且她以共同作者合作发表论文5篇。科研之余，她担任自然资源部第二海洋研究所科学展厅的义务讲解员，为前来参观的公众讲解海洋生物知识，为海洋生物的科普与海洋生物的保护贡献属于自己的力量。

一路"保送"的人生，是奋斗来的

　　高考保送、硕士推免、博士申请考核，听起来仿佛是学霸"开挂"的一路，但对张睿妍来说，这一路走来既有幸运，更有艰辛。

　　张睿妍高中就读于外国语学校，因成绩优秀获得了外语类保送的机会，对未来懵懂的她选择了华中科技大学英语系。但随着入学后对未来人生的规划，她意识到自己并不想从事与英语相关的职业，未来很长，选择奋斗终生的事业应当是自己真正热爱的。

　　张睿妍从小就对海洋充满兴趣，生物更是她最擅长的学科，翻着当年还在流行的人人网，她发现自己高中时就转发过这样一条状态："如果不受分数所限，也无需为谋生所虑，你想读什么专业呢？"她的回答是"海洋生物学"。于是，仿佛豁然开朗一般，应着自己的"预言"，她毅然决定跨专业读研，从英语转到海洋生物学，投身于自己倾心已久的海洋。

从文科到理科的"大跨度"转专业的过程，必然充满着困难与阻碍，张睿妍早就做好了准备。为了补足自己生物基础知识的欠缺，她开始固定去学校生命科学学院蹭课，在保证本专业学习的基础上，完成了多门生物专业课程；为了获取更多的实践经验，她加入学校生物创新团队 iGEM（国际基因工程机器大赛）HUST-China，参与了整个项目设计与实验过程，最终所在团队获得金奖；在课业及实验外的空余时间，她选择泡在图书馆里，学习海洋生物学的相关课程，为跨专业考研做准备。

也许是幸运总是垂青有准备的人，在张睿妍努力备战考研期间，2015 年保研新政策的实施，使得她跨专业保研成为可能。听闻这个消息，张睿妍立刻与自己的意向导师——自然资源部海洋二所的海洋生物方向的王春生研究员进行了联系。经过多次邮件与电话交流后，王老师对张睿妍的生物专业知识与积极热情的科研态度非常认可。随后，她也顺利通过了专家复试考核，如愿成为一名海洋生物学研究生。三年后，张睿妍以优秀毕业生的身份离开海洋二所，并通过博士申请考核成为上海交通大学最年轻的学院——海洋学院的一名博士研究生。

从英语专业本科生到海洋生物专业博士研究生，张睿妍这一路走来看似顺畅，好像完美避开了所有的大型升学考试，但求学路上的艰辛只有她自己能体会。尽管如此，她始终认为，为了热爱一切都值得。

从无到有，突破自我

从读研的第一天起，张睿妍就全身心投入到她热爱的科研中，以积极和敢于挑战的态度在科研路上稳步前进。在导师的建议下，张睿妍参加了课题组，从事的深海生物分类学与生物多样性研究，本就对分类与进化感兴趣的她对这一研究方向充满好奇与热情。一进实验室，映入眼帘的是琳琅满目、形态各异的深海生物标本，这些标本大多采集于 1 000～8 000 米的深海中，既珍贵又罕见。然而，由于分类学研究人员的缺乏，很多标本得不到及时的鉴定与记录，只能堆放于实验室与标本馆中。

在众多的深海生物类群中，张睿妍选择的研究对象是海星。分类学是一门既需要大量的基础知识，又需要实践经验的学科。而在深海海星分类学领域，世界范围内的研究人员都比较稀少，国内在该领域更是空白，张睿妍只能从文献中学习理论知识。在入门初期陷入困境时，她主动联系了国外海星分类学专家寻求帮助，并得到了指导与鼓励。巧合的是，她第一篇投稿文章的审稿人正好是这位海星专家，文章仅用了 20 多天就被接收了，创下了她所在课题组投稿接收的最快速度记录。

2018 年 3 月，张睿妍第一次跟随大洋一号科考船进行远洋科考。从未到达离陆地那么远的大海之上，她发现原来海水是如此湛蓝清澈，海上的夜晚是如此群星璀璨。就像是天选之子一样，第一次参加大洋科考的张睿妍居然毫不晕船，她立刻适应了海上工作，繁忙且时常昼夜颠倒的工作让她感受到了出海的辛苦，更让她明白样品的来之不易。回到实验室之后，她也更坚定地投入到样品鉴定工作中，希望通过自己的努力让每一件样品都展现出它们独特的价值。回顾进入海洋生物学研究的四年，迎接着一个又一个挑战与困难，张睿妍顺利融入了这一科研领域，也证明了自己的能力与潜力。研二时，已发表两篇 SCI 论文的她破格获得了国家奖学金，并受到评审专家的高度评价，成为当年唯一一位获奖的低年级学生；在课题组协办的国际研讨会上，记者会的现场翻译没有及时到位，她作为会务人员，凭借着扎实的口译技巧和流畅的英语表达，临阵上场进行口译，使记者会顺利进行，并获得了国际海底管理局官员的称赞。随着研究的深入，国内的样品数量不足以支持系统性的分类学研究，她积极与国内外各个科研单位进行联系，借用样品与数据，成功与多家单位达成了合作意向。如今，张睿妍已发现并报道了 4 个深海海星新物种，以第一作者发表 SCI 论文 4 篇，另有共同作者论文 5 篇。课题组同门戏称她是海星分类学的"小专家"，但她深知，目前只能算是顺利入门，离"精通"还有很长的路要走。

不忘初心，热心公益

谈起对海洋生物学的热忱，张睿妍印象最深的就是曾在纪录片中看到的一位从事鲨鱼保护研究的海洋生物学家说过的话："I want to see them，before they are gone。"（我想亲眼看看它们，在它们消失之前。）短短几个字，却一直在她内心回响。也许数年之后，我们再也无法在鲨鱼曾经聚集的海域看到它们的身影，但至少它们曾经为人所知过。而在深海中，更多的生物从未出现在人们的视野里，却由于人类活动带来的环境变化与破坏，在地球上永远地消失了。

为了让人们看到更多的海洋生物，学习更多海洋知识，张睿妍担任了海洋二所科学展厅的义务讲解员，为前来参观的公众讲解海洋生物知识。这些科普工作的经历也让她感受到，作为未来的科学家，除了埋头科研以外，还应当开阔视野，了解公众的需求、国家的战略乃至利益的博弈。

科学不是一个洁白无瑕的梦，不可能摆脱社会经济的诉求独自发展，我们能做的，就是不要让科学研究成为空中楼阁，或者一小部分人的派对。让更多的人像自己一样受科学启发，让更多的海洋生物真正被认识、被保护，让这些神奇的生物们能够继续活跃在地球的各个角落里，在张睿妍心里，这是她作为一名海洋生物研究者身上担负的责任，也是她最初选择海洋生物作为研究对象的初心以及为之奋斗一生的目标。

供稿：海洋学院

作者：谢安琪

高　娇：
以平和而乐观的心态风雨兼程

人物白描

高娇，上海交通大学机械与动力工程学院2017级博士生，2020届上海市优秀毕业生。高娇师从王丽伟教授，潜心科研，取得骄人成绩。回顾在交大的学习时光，她感叹："交大五年的时光就像一页一页的幻灯片出现在我的眼前，仿佛一人一个行李箱刚踏进校园，就即将调转方向离开。"

初入交大，于忧患中成长

上海交大是高娇高中时期的梦想，高考未能如愿，她意外地进入了华中科技大学。本科期间她担任过团支书、班长等职务，从写活动策划、动员班上同学做宣传、借活动场地到路演再到答辩，整个过程让高中充满自信的她不止一次感到挫败。因为课程的压力，班级同学的积极性都不高。因此，她不止一次抽出课余时间跟同学沟通。同时，也开始了第一次做PPT，第一次在超过百人面前答辩……她开始渐渐明白，优秀并不只是会解题。

对高娇来说，四年的本科生活充实而美好，她也顺利拿到了推免的名额。为了弥补高考的遗憾，她填报了交大。幸运的是，交大也对她敞开了大门。回忆起刚入交大的那段时光，她流露出些许担忧："刚入学时我对自己并没有什么信心，因为我相信那些在高考中取胜的同学们一定比我优秀。选择以硕博连读生的身份进入交大也是因为不确定自己是否可以胜任博士生的科研工作。第一次参加课题组的组会完全听不懂导师和师兄师姐们所讨论的内容，因此，我对自己研究生阶段的学习和科研工作充满了担忧。"

参加"挑战杯"，在科创中起航

"挑战杯"对高娇而言是研究生阶段的转折点。起初，她抱着"学习"与"锻炼"的态度参加了这项大赛，早期出乎意料的顺利渐渐地让她慢慢找到信心。回忆起当初参加"挑战杯"的时光，她回忆道："随着比赛的推进，项目的进度成了最大的压力，从研一下学期开始，包括研二一整年，超长的比赛周期，一次次的筛选与答辩，再加上并不顺利的科研任务，让我的压力值逼近极点。系统总是不断出现新的问题，决赛的前一天，用于展示的冷藏车却无法正常运行。我和队友连夜调试，更换零部件。因为受场地限制，车辆不能在决赛现场行驶，晚上等所有队伍走后，我和队友们拿着手电用'电加热模拟发动机尾气'作为驱动热源继续调试。做完这些工作回到酒店已经是晚上10时，又开始讨论修改展板的细节，熟悉讲稿以及重要的实验数据，每天只有2到3小时的睡眠。但也正是在这个过程中我的承压能力得到了极大的提升。"

对高娇来说，交大是一个理想的"学术天地"——不论是知识渊博的师长还是各种奖项拿到手软的同学，都给了她学术上的帮助与启发，也让她决定以博士的身份继续在交大学习与探索。回忆起自己的得奖经历，她说："'挑战杯'特等奖的荣誉是对努力与汗水的肯定，回首时我惊喜地发现自己不再担忧未来，已经有充足的信心迎接未来的一切。"

不断摸索，从研究中沉淀

接下来的科研生活相对比较单调，设计、搭建试验台，做实验，找漏洞，写论文……

据她回忆："第一个试验台是在苏州的一家工厂加工的，刚开始跟着师兄师姐一起还挺开心，有不懂的地方也可以及时向师兄师姐们请教，到后来师兄要忙毕业论文，师姐的试验台也加工完成，我就只能一个人在苏州做实验。有时候试验台出现泄露自己又拧不动阀门或螺丝，只好向车间的师傅们求助，刚开始不好意思开口，后来也慢慢跟师傅们熟络起来。吃过晚饭会在酒店旁边的水果店买点水果，一边吃水果一边处理实验数据，有时也会看看电影，因为"过于紧绷的弦会有断裂的风险，过于禁锢的心灵则会太过阴暗"。

高娇参加了若干个科研项目，到第二个试验台的设计、加工以及调试时，终于完全由她自己独立负责。这次的加工地点在宝山的一家工厂，从试验台开始加工，高娇就开始了每天早上感受 5 号线和 1 号线的早高峰生活。高娇打趣地说："每次往返工厂的路上都会羡慕可以在学校做实验的同学们，不用每天花 4 个小时在路上。"相较于之前的项目，高娇认为，第一个试验台加工完成并运行起来后她的感受是欣喜和神奇；而第二个试验台加工完成后，她更多的感受是欣慰。

对高娇来说，研究生期间的另一个重要收获是表达能力的提升。经过几次大赛的洗礼，一次次的登台展示与答辩，她在公开场合演讲时不会再"发怵"。后来她也懂得了应该把晦涩的内容讲得通俗易懂，减少细节描述，使整个报告有清晰的逻辑线。

投身国防，不负青春与众望

作为一名非典型的博士研究生，高娇对自己的选择有过担忧，几次大赛花费了她很多的时间，而这期间，她在论文发表方面并没有取得很亮眼的成绩。2018 年在导师的建议下，高娇报名了"学术之星"的评选。不幸的是，她在院内评选阶段落选了。对于这段经历，她说："这其实也是我意料之中的事情，因为严格来讲科创比赛并不算学术活动，在学术成果方面，学院有很多优秀的博士生都比我突出。"

在导师的鼓励下，高娇 2019 年再次报名了"学术之星"的评选，有了上一次的经历，对这次的评选她抱着"重在参与"的心态，却意外进入了学校的终评。她回忆道："其实我当时的心态非常平静，不论是否能得到评委老师们的肯定，这是我自己选择的成长路径，我都不后悔。"故事有时就是这样，释然反倒有惊喜。最终，她顺利评选上"学术之星"。

谈到自己未来的选择，她说："一棵大树俯身而卧的地方，正在长出一片森林，作为一名共产党员，我希望自己能够为这片森林增添一份绿。学校一直在号召'青春与祖国同行'，在 2020 年的秋招中特地安排了国防科技招聘周、中国工程物理研究院（以下简称"中物院"）的招聘宣讲会则作为秋季校园招聘的开幕。宣传册上'铸国防基石，做民族脊梁'几个大字让我感触很深，无论是工作性质还是工作地点，中物院都是我最佳的选择，我想这也是我作为学校的学生党员标兵代表交大学生做出的正确选择。"在学校和学院的帮助下，高娇顺利通过了中物院的面试，即将成为一名国防事业建设者。这是她崇高志向所在，希望她在未来的道路上，不负青春与众望。

供稿：机械与动力工程学院

作者：王淏辰

李福气：
心有北斗，长风破浪

人物白描

李福气，上海交通大学机械与动力工程学院 2016 级硕士生，2020 届上海市优秀毕业生，研究方向为汽轮机部件复杂结构的流动共轭传热数值研究与实验测量。硕士期间曾发表 SCI 论文两篇，其中一篇为一作。他曾获得第十五届"挑战杯"全国大学生课外学术科技作品竞赛特等奖；曾获国家奖学金、中美"百人会"英才学者奖、学业优秀奖学金、唐立新奖学金等十余项国市校级奖学金；获得全国"践行社会主义核心价值观"先进个人标兵、校优秀辅导员、2020 届上海市优秀毕业生等二十余项荣誉；硕士期间曾任机动学院辅导员、学生创业工作负责人、青年志愿者服务大队（以下简称"青志队"）指导教师、上海交通大学学生科协主席团成员等。

科研：勤学以骋志　苦研以报国

科研是李福气硕士生涯的核心。2016 年 9 月，李福气通过保研直升，并联系了叶轮机械研究所的刘应征教授，提前拉开了硕士生涯的序幕。

硕士期间，李福气主要研究超临界汽轮机阀门冷启动暖机过程的流动传热数值计算和实验测量。该课题从电站汽轮机的实际运行中亟待解决的热问题为出发点，通过先进的计算流体力学方法，首次在汽轮机阀门上的冷启动暖机过程实现了高精度的数值计算，分别通过热态的模化实验和现场运行数据进行了验证，并对其流动传热特性进行了系统性的分析，最终在其专业知名期刊发表了两篇 SCI 论文。

在导师和师兄的指导下，李福气从一个不知从何入手的"实验室小白"，逐渐成长为独自前往甲方进行项目的总结汇报也得心应手的"科研大佬"。他说，硕士期间真正意义上的科研收获，远远不是论文和课题的量化成果能够表征的。让他科研志趣、科研能力逐步提升的是刘应征老师课题组严谨的学术氛围以及成员之间的研讨互助。

李福气表示，进入大学以来，"科研兴国、人才强国"的理想始终鞭策着他严格要求自己，力求成为国家科研事业的栋梁！

学业：历身心之考验　品奋斗之价值

学业是李福气日常的重心。为了在硕士期间做更多的科研研究，李福气将大部分课程安排在了第一学期进行修读。该学期正是挑战杯决赛的时期，而他又同时担任着学院的辅导员、青志队指导教师等，科研任务也十分繁忙，"四线程"的高压生活占据了他绝大部分的时间和休息时间，而这段时间也是他最忙碌，却也最高效的日子。但过度的透支也让他付出了巨大的代价。

11月底，期末复习和考试接踵而至，长时间的熬夜终于让他"病下阵来"，在考试周开始的第一天发起了几年不遇的高烧。为此他在医院输液一周多的时间。"边打点滴边学习"，好在大部分课程都在学期间打下了较好的基础，专业课程也由于科研的相关结合取得了优秀的成绩。

事实证明，他经受住了这份考验。在第二年的国家奖学金评选中，他凭借全院第二名的综合成绩获评了研究生国家奖学金；学业成绩最终也压线评了学业优秀奖学金；在2019年度中美"百人会"英才学者奖的评选中，他通过了层层评审最终入选，加入了又一个人才济济的团体。

"挑战杯"：攻坚克难　助力卫冕

参加"挑战杯"竞赛是李福气硕士期间最为浓墨重彩的一笔。2017年年底，李福气参与科研项目"发动机尾气余热驱动的冷藏车吸附式制冷系统"。历经一年多的长期筹备以及重重挑战，李福气的作品从全国1 200多所高校数万件作品中脱颖而出，最终夺得第十五届挑战杯全国大学生课外科技作品竞赛特等奖，也助力母校再次捧杯，勇夺四连冠。

李福气加入冷藏车项目有两个原因。一是与自身的专业比较贴近，二是他作为学院的辅导员负责学院的创业工作和部分科创工作，同时以前也有过创业方面的经历，对于挑战杯的工作比较了解。他负责项目的市场推广、技术研讨、手续审批及宣传材料联系及制作等。团队不断地精益求精，"求索斟酌去残芜，精炼百次铁成钢"，这种全心的投入是最终成功的关键。

最令李福气印象深刻的是决赛的那几天，不论住宿还是餐饮都很艰苦。他回忆说，挑战杯的比赛是一场"长跑"也是一场"噩梦"，其间经历的汗水和泪水，真正让他体会到了"无奋斗，不青春"的意义。几十轮严苛的评审答辩，几场胜负攸关的项目设计展览，团队不忘初心，牢记使命。一次次奋战的背后，是熊熊燃烧的雄心，是求实、创新、协作、牺牲、自律的精神。

学生工作：践行服务精神　做第一等人才

进入人学以来，李福气也积累了丰富的学生工作经验。本科时期他曾担任班长；在2015级学生军训中，他作为军训团十连副指导员。保研直升后，他主动报名并通过学校大评委面试，成为交大辅导员群体中的一员，并担任机械与动力工程学院团委副书记，负责学院学生创业工作的开展并协助学院学生科创工作的开展。对点培养、重点扶持、完善团队和带队参加各类培训与赛事成了他工作的日常。此外，他还负责担任学院青志队指导教师，组织开展各类大小型志愿者活动。院青志队年服务时长超过2 000小时，连续五年获评校十佳公益组织。

李福气认为，身为新时代青年，应该始终坚持在实践中践行真理的原则，身怀家国梦想，将青春融入祖国的山河。从丝绸之路的青藏高原到改革开放的珠三角，他与团队探索着新时代下丝绸之路经济带区域发展与产业创新及工业发展现状，完成了对"一带一路"倡议更为全面的认知，寻求大学和社会需求有机融合，致力于服务国家战略，李福气也因此获评校十佳团队、先进个人和优秀指导教师等。

在李福气心中，争做第一等人才，要做到的不仅是自我勉励的厚积薄发，更要砥砺品行，以身作则，树立榜样，更要在自己心中树立为人民服务的思想标杆，践行新时代青年所应有的责任感和使命感。

全面发展：心有北斗　长风破浪

从国家奖学金到 SCI 论文一作，从"挑战杯"特等奖成员到"创青春"国赛带队人，从青志队指导教师到优秀辅导员，从上海市优秀本科毕业生到上海市优秀硕士毕业生，李福气始终坚持全面发展，矢志不渝地培养个人品质与综合技能。潜心学术，争当起早贪黑的交大学子；投身工作，当为满怀责任的良师益友；走出校门，要做用脚步丈量祖国山河的当代青年；回归生活，他还是院足球队的阳光少年。一个人不可能做到真正意义上的"全面发展"，但对他来说，这是始终坚持的目标和上下求索的动力。每一次荣誉，是一段征程的结束，也是一切再一次的归零与开始。

李福气的经历验证了这么一句话："越努力，越幸运。"路上会有挫折，会有彷徨，此时对自己人生的审视，就是为自己的人生之路寻找指航灯的过程。心有北斗，必当长风破浪！

供稿：机械与动力工程学院

作者：王淏辰

李汶柏：
刚柔并济，百折不回

人物白描

李汶柏，上海交通大学机械与动力工程学院 2015 级博士生（硕博连读）。他致力于软体机器人智能柔性驱动器动力学设计方法与控制技术研究，博士期间在 *IEEE/ASME Trans Mechatronics*，*Smart Mater Struct* 等国际权威期刊上发表 SCI 期刊论文 14 篇（AB 档 13 篇），其中第一作者 4 篇（A 档），第二作者 2 篇（A 档），会议论文 6 篇；申请国家发明专利 15 项（第一发明人 9 项），已获授权 5 项；作为主要完成人参与国家杰出青年科学基金、国家自然科学基金重大研究计划、航天基础预研等科研项目。曾获博士研究生国家奖学金、新松机器人奖学金特别奖，机械与动力工程学院第二届"学术之星"，机械与动力工程学院砺远学术论坛一等奖等荣誉。

修学储能，践行第一

2013 年 9 月，李汶柏以笔试第一名考入上海交通大学机械与动力工程学院，是机械与动力工程学院新百年第一批硕博连读生，是振动、冲击与噪声研究所张文明教授的第一批硕博连读生，也是课题组第一批开展实验研究、第一个做智能软活性材料器件、第一个做软体机器人的学生。

在张老师的鼓励和支持下，李汶柏得以在学术上自由探索，挑战前沿新兴的研究领域，并尝试走出导师的"光环"，开创自己的学术道路。他广泛阅读文献，不断开阔视野，并尝试寻找感兴趣并且适合自己的研究方向，最终在转入博士阶段后确定投身"智能柔性驱动器力学设计、分析与控制"研究。

李汶柏的座右铭是"Stay hungry, stay foolish——求知若饥，虚心若愚"，即在学术道路上修学储能，先博后渊；寻得目标后敢为人先，践行第一。科研的道路并不平坦，但他不断用行动实现着自己的学术抱负和追求。

坚忍不拔，逆旅亦行

初入交大，李汶柏也经历过一段坎坷的"黑暗期"。他怀揣着要争创一流、做一些突破性贡献的决心开始了自己的研究生生涯，但他面临的是一个全新的方向和未知的领域，课题组也没有相关背景和积累，研究方向的毫无头绪给他泼了一盆冷水。加上英语基础薄弱，阅读文献速度慢以及没有积极地和老师交流反馈，他感到有些力不从心。站在要不要读博士的十字路口，他也曾十分犹豫。

虽然这些迷茫和痛苦时不时会浮现，但他始终坚信人生绝不是轻松到只要随便想想就可以应付，也绝不是沉重到要我们日日苦不堪言；他坚信，只有明确自己的兴趣和梦想，然后义无反顾地去努力，才会"找到自己"，继而"世界就会找到你"。转博之后，思想上有了压力，而压力让他更加专心科研。

李汶柏在博士一年级临近结束时才发表了自己的第一篇文章，比同年级的人晚很多，但在这之后他开始迸发出很多的新想法，从最初的跟踪模仿，到初窥门径，再到后来的小有心得，一旦打开了任督二脉，便有了源源不断的灵感和动力。

潜心钻研，主动探索

李汶柏的研究方向是多学科交叉的，涵盖材料、力学、机械控制和电子等多个学科，需要学习更多的专业知识。在这之前，实验室没有人做过类似的实验，也没有实验场地，所以他不断调研摸索，学习材料的制备工艺，不断阅读文献，从中汲取灵感。

有了想法，他便开始"疯狂地"做实验。他的研究以实验为主，理论分析、模型建立得再好，实验效果做不出来也不行。没有实验场地，他就在自己的工作台上调试设备。他说做科研就是这样，不可能一帆风顺，没有条件时要想办法创造条件。

李汶柏清楚地记得，有半个月到一个月的时间他都是从早上8点忙到晚上12点。软体机器人以手工制作为主，没有较为系统的设计和分析方法，主要还是以试错的方式来做，可能做三次器件，只有一个能用。但他还是坚持做下去了，目前为止他做的实验自己也数不清了。

李汶柏始终坚信，在追求学术的道路上必须具备坚忍不拔的品质，要不惧艰险，迎难而上。他也经常调侃自己说："有时候不逼自己一把，你根本不知道自己有多优秀。"

心怀感恩，见贤思齐

李汶柏十分感恩自己有一个特别关心学生学术发展的导师和一个有着优良学术氛围和争优创先精神的课题组。张老师常以唐文治老先生之志来要求他们："求一等学问，为一等人才，砥砺第一等品行。"

他的三个师兄胡开明、邹鸿翔、闫寒，分别获得过第一届校学术之星，第二届校学术之星提名奖和第一届院学术之星，且每个人的研究方向都不同。身处这样一个星光璀璨的环境，他感到压力，但更多的是满满的动力和责任感。

回想自己的参评道路，李汶柏感到最紧张的还是学院学术之星的答辩。他说，在学院答辩时，竞争的都是同一专业的同学，评委也是同领域的专家，竞争十分激烈。进入学校答辩后，他的心态就比较放松了。他告诉自己，这更多的是一次锻炼的机会，尽力而为就行。在准备的过程中，PPT前后做了六版，最后的呈现已经与最初完全不同。一路走来，他非常感谢导师的悉心指导，"人只有经历一些特定的事情，跳出舒适圈，做出一些改变才能更好地成长。"

软体机器人由于具有良好的灵活性、环境适应性和安全性等优点，在工业生产、环境勘测、医疗康复、军事侦察等领域有着广阔的应用前景，成为目前机器人领域最前沿的研究热点。他认为做人也应该如软体机器人一样，既能顺应环境而改变自己，又能变刚度拥有较强的力量和承受力，能屈能伸，有刚有柔，刚柔相济，才能发挥巨大作用。

"坚者如磐石，虽岁月交替而不移。忍者如柔练，虽困苦艰辛而不摧。坚忍者，刚柔并济，百折不回，持之以恒也。"思源致远，砥砺前行，李汶柏的学术之路，刚刚起航。

供稿：机械与动力工程学院

作者：刘鲁楠　党嘉强

诸麟榆：
胸怀孺子牛之心，肩负交大人之责

人物白描

诸麟榆，上海交通大学机械与动力工程学院2016级本科生，2020届上海市本科优秀毕业生。诸麟榆来自浙江宁波。四年前，高考省1 000名的成绩让他乘上进入交大的末班车。而在交大求学四年的过程中，他不断成长蜕变，从一个懵懂新生，到成为维持专业第一成绩的优秀学生，成长为有家国情怀、有责任担当的优秀交大人。没有过人的天赋，没有傲人的基础，更没有骄傲的资本，但有梦想、有坚持、有信心。走到今天，他的成绩当之无愧、有目共睹。"胸怀孺子牛之心，肩负交大人之责"是他对自己交大四年求学经历的总结。

坚持中学时代的优秀品质

初入交大的诸麟榆方方面面都还稍显稚嫩。此时的他选择坚持中学时代的"优秀品质"：晚上熬夜不会超过12点；上课前提早去教室坐在前排座位；当天布置的作业会争取当天完成；临近期中、期末考试依然还会神经紧绷，不断复习巩固。此时的他一直相信，每到一个新环境，最重要的就是第一年。这一年里，他努力找到并尽可能拔高自己的定位，为后续的学习生活确定更高的平台，奠定更高层面的基调。

这样的品质延续到诸麟榆的各种课程，他印象最深的是选修课"数学的天空"。课程有一个小组展示，他选了最简单却也可能是最枯燥、最难讲好的"中国剩余定理"作为题目。十九版PPT，数次集体讨论加彩排合练，最终收获最好的表现，也收获了老师好评："这是我听过的讲中国剩余定理讲得最通俗易懂、最好的一组。"虽然这仅仅只是一门普通的选修通识课程，体现出的却是他对事物严谨认真、追求极致的态度。这门课带来的对逻辑思维能力的提升也一直伴随他之后的学习生活。

变化最大，成长最快的一年

大二的诸麟榆做了多种尝试，但他坦言一开始有些"兵荒马乱"。当班长，参与数学建模大赛，甚至一度还受疾病侵扰，这些几乎耗尽了他当时的精力。但他并没有因此降低对工作的热情。除了解答综合测评的疑问外，他还额外帮同学仔细检查了综合测评的表单，避免遗漏应得的加分项。

事情永远不是一帆风顺的。当班长有时候会与班里的同学出现摩擦，工作上的分配安排也总会存在考虑不周的问题；有时候往往越想多做一点，就越容易出现意想不到的岔子；有时候尽全力去做的事情，最终却得不到支持或是认可。但这段经历带给他很多宝贵的经验：如何与人沟通交流，如何组织安排工作，乃至如何管理自己的工作与私人时间。这些都是课本里面学不来的。在做班长的过程中他对身边的人有了更深入的了解，也收获了值得信任的朋友，他第一次无比深切地感受到单枪匹马与并肩作战的差距。

后来，从班长到副部长，再到主席；从智能医疗项目到时间飞行质谱仪的开发；从加入致远篮球队到参与体总杯……诸麟榆不断地跳出舒适圈，体验未曾感知的事物，扩大能力范围，寻找值得深入的方向。他说，这是自己变化最大的一年，应该也是成长最快的一年。

一门课程，一个身份，一个领域

大三的诸麟榆不再涉足各个领域，转而专攻一个方向。

一门课程："设计与制造 II"。小组项目是制造一台能临摹书法作品的机器，设计思路源自 3D 打印机的工作原理。最开始的机械结构问题百出，到第十二周时，他才发现设计中存在一个致命的错误。因此，到了考试周的凌晨两点，他还在进行着整机的调试。最终，诸麟榆如愿拿下了项目展的一等奖。在课程项目开展的过程中，他对书上的知识点有了更深刻的体会。每门课程结束，他都感觉到自己解决问题的能力上升了一个台阶，这是普通课堂教学中难以收获的。他认为只有一步步地摸着石子过了河，才能真正学到技术与经验。

一个身份：学神学霸俱乐部主席。这里汇集了学院一众优秀学子，对外彰显学院的学风建设，对内为成员提供互相学习的交流平台。在任期间，诸麟榆组织筹备了五场学风建设系列讲座，两场主题分享沙龙，策划了俱乐部全新的系列活动——"经验传承"。他希望用好俱乐部这张关系网，搭建更好的交流平台。大学期间的学生工作，让诸麟榆得到了很大的锻炼，从一个只关心读书的"书呆子"，成长为善于沟通交际、策划方案、改革创新、把控全局的领袖，为未来步入社会、成长为业界精英提供了有力保障。

一个领域：城市固体废弃物（MSW，下简称"固废"）的高效热处理。从最开始对质谱原理与结构的文献调研学习，到之后负责质谱电源及控制程序的开发与改进，再到对塑料类固废热解转化的相关文献进行调研，最后到结合质谱检测开展相关实验……一步一个脚印，循序渐进，稳步提升。回忆起当初选择这个方向的原因，诸麟榆说，这并非是出于兴趣，更多是看着累积成山的垃圾、日益恶化的环境以及慢慢枯竭的能源，觉得需要有人为之努力，"不妨从我做起"。一路走来，他非常感激班主任的引导，带领他见识到未曾了解的领域，并一步步将其纳入未来的规划。实验室师兄师姐给他提供的帮助，以及实验室浓厚的学术氛围和融洽的人际关系，让他最终决定留校直博。

再苦再累，对自己再狠一点

大四的诸麟榆已经确定保研，没有升学就业的困扰，但承受的压力却超过他的预期。

这一年里，诸麟榆提前体验了比"996"有过之而无不及的实验室生活，经常一待就一个下午加晚上。后来，他协助师兄开展课题研究、修改论文，第一次体验论文投稿的完整流程，也拥有了第一篇 SCI 论文（二作）。科研之余，他接受了不少经验分享的邀请，从一个坐在台下仰望演讲者的听众，转变为一个自信分享成长经历的受邀嘉宾。虽然学习、科研诸事缠身，精力受限、分身乏术，他还是仔细确认了每一次分享中的细节，力保达到最佳的分享效果。"再苦再累，对自己再狠一点。"对他人的关心帮助，对事务的用心负责，是绝不能打折扣的。这是他的处事原则，"追求完美，保持优秀，冲击卓越"更是他一直以来的人生信条。

2020 年的毕业季很特殊，受疫情影响，诸麟榆迟迟无法返校。而在家的 4 个多月时光中，他也一点没有松懈。他对他的毕业设计——本科阶段最后一次的团队项目非常上心。尽管在解决企业交代的工程问题时，他常常有些力不从心，在遇到了真实工程问题时碰到了不少困难阻碍，但最终都努力克服了。"与其说是在为毕业奋斗，倒不如说是为未来打基础、攒经验。"诸麟榆相信，经过这毕业之前最后的洗礼，自己会变得更加强大。

胸怀孺子牛之心，肩负交大人之责

本科四年转瞬即逝，还记得高考完填报志愿时，诸麟榆对兴趣所在还十分模糊，是冲着交大机械工程专业全国第一的招牌，填入了第一档的志愿。如今完整读完四年的本科，他并不后悔当时做出的选择。也许有不少人会眼红金融专业的毕业薪水，抑或是计算机专业毕业生的炙手可热，他依然认为这个专业为未来的人生打下了相当坚实的基础。

从专业基础的机械设计原理到与人工智能接轨的机器人学，从基础学科的数理知识到实践中的技术经验，从科研中的解决问题的能力到工作中的沟通、策划、改革等等技巧……这一切的一切让他有信心去面对未来的各种挑战。"选择交大，就选择了责任"，新生第一课的教诲至今依然铭记于心，他希望在将来担起一个受过高等教育的人应有的责任，对得起自己交大人的身份。

供稿：机械与动力工程学院

作者：石海量

马鸿宇：
肩负使命，负重前行

人物白描

马鸿宇，上海交通大学机械与动力工程学院 2016 级硕士生。师从著名的流体力学领域专家刘应征教授。马鸿宇主攻的科研方向是复杂管路流致振动和流声耦合问题研究，发表 SCI 检索论文 4 篇（第一作者 1 篇），研究生期间曾获得光华奖学金、翁史烈奖学金、"三好学生"等荣誉。毕业后将前往中国舰船研究设计中心工作，将自己的青春融入我国科技研发进程。

精进不止的求索者

硕士期间，马鸿宇的研究方向是流致振动噪声问题。在导师刘应征教授的指导下，他积极参与校企合作的科研项目，全身心投入到重工业领域的科学研究中去。

从研究生一年级开始，马鸿宇先后参与了上海电气—上海交通大学校企合作的"超超临界机组高压补汽阀流动可视化实验研究""新型联合阀声振耦合分析和声模态结构优化"和"泰州电厂二次再热中压阀门流激振动机理研究和分析"三个课题。从一开始接受师兄手把手的指导，到成为"泰州"课题负责人，在项目终期汇报中进行结题答辩；从毛手毛脚的项目新手，到能够独自承担科研任务的科研人员，他一步步成长，也在科研项目中感受着工程的独特魅力。

回忆漫漫科研路，马鸿宇眼前浮现的是他在五金市场里选购实验配件的身影，是他带着防护耳罩测量数据的身影，是他与甲方洽谈项目需求的身影，当然还有他身着工装、安全帽，登上泰州电厂高达上百米的汽轮机组台架的身影。

马鸿宇近距离感受和接触工程问题的难点和特点，并运用自身的专业技能解决企业工程课题中的相关问题，通过这样的研究模式，他总结积累了宝贵的经验。苦心人，天不负，他的这些研究通过整理获得了喜人的科研成果。通过对项目数据的深挖和整理，马鸿宇发表了 SCI 检索论文 4 篇（其中第一作者 1 篇）。

力学笃行的工程师

马鸿宇的父亲是一名普通工程师。或许是受父亲潜移默化的影响，他的心中从小就种下了一颗工程研究的种子，并在知识与汗水的灌溉下逐渐萌发。

谈及第一次与导师刘应征教授的会面，马鸿宇对刘老师抛来的问题记忆犹新："你以后想成为一个什么样的人，或者你说出你心中羡慕的一种人，是想成为一个四处奔波的商人？还是成为一个政府机关为人民服务的公务人员？抑或是成为一个潜心技术的工程师？"在和刘老师深入交流后，马鸿宇更加坚定了自己的想法。他要去探索有趣的流动现象背后到底隐藏的科学机理，不断求索，步步为营。

2017 年暑期，马鸿宇参加了学院组织的"翼计划"与祖国同行系列实践活动，走访了位于武汉的中国舰船研究设计中心（701 总部）以及航天科工第四研究院两家单位。701 所的徐青学长作为老一代交大人的讲话让他铭记在心："贪求荣华富贵就不要来这里了！"想起入学时开学典礼上校长的寄语"选择了交大，就选择了责任"，马鸿宇认为，生在这个时代就是被这个时代所选择的人，交大学子作为这个时代中的佼佼者，更应该将个人的命运和国家的命运紧密结合。

扬鞭策马的新青年

为了磨砺自己，提升思想觉悟，在硕士期间，马鸿宇申请加入中国共产党，并经过为期一年半的积极分子考核成功成为预备党员。其间他学习了习近平系列重要讲话精神、毛泽东选集和十九大研讨等系列党课，走访了中共一大二大会址、四行仓库、红岩白公馆等革命旧址，参加了数次志愿公益，在上海南站和龙华地铁做义务导览，在爱心屋做志愿搬运工……

怀揣这份责任与使命感，在 2018 年秋季就业季来临之时，马鸿宇没有手忙脚乱地海投简历，也没有产生宣讲会轰炸下的焦虑。在选择工作时，他有着自己清醒的认识——致力于国家国防军工的装备制造业。在收到 701 研究所面试邀请后，他前往位于上海的 701 研究所分部，与专家面试团队进行了深入的交流，介绍了自己从事的流致噪声和涡声耦合相关的研究，达成了就业协议。毕业后，他将前往位于武汉的中国舰船研究设计中心（701 总部）工作，扎根中部，为我国的海洋装备制造业贡献自己的微薄之力。

在校院就业引导的大前提下，马鸿宇选择了长远发展的道路，到祖国最需要的地方去，祖国终将选择那些选择祖国的人。相信有了更多如马鸿宇般不忘初心，扎根工作岗位的有志青年，中国装备制造业定会翻开新的篇章。

供稿：机械与动力工程学院

作者：陈逸捷

刘运凯：
正心明志，以行践言

人物白描

刘运凯，上海交通大学航空航天学院航空宇航科学与技术 2017 级硕士生。"仰不愧于天、俯不怍于人"，坦坦荡荡，热情细心，这是刘运凯展现在大家眼前最真实的形象，也是他坚持的处世准则。在攻读研究生的两年时光里，他获评上海交通大学优秀团员和校优秀学生干部等多项荣誉。"光与热辐射众人，而他心满意足矣"，他仍将以梦为马、不负韶华。

仗剑空天，圆国家梦

刘运凯本科就读于山东大学信息科学与工程学院通信工程专业，主要学习的是通信方向的专业知识和移动通信的关键技术，航空航天领域对他而言，可以说是陌生又遥远的。但在大三暑假参加了交大航空航天学院夏令营之后，他便与航空航天结下了未解的情缘。

也许是因为执着，也许是胸怀对航空航天领域的向往和追求，他最终选择来到上海交通大学航空航天学院读研深造。他清楚地记得，在学院开学典礼上，林忠钦校长曾对同学们说过，是情怀让你们选择了航空航天学院。正是在这样的激励下，他决心要为科技强国和空天强国的伟大目标和中国梦的早日实现贡献自己的一份力量。

戮力学研，图民族强

"选择了交大，就选择了责任"这句话一直作为刘运凯在交大学习、科研、生活的座右铭，始终鞭策着他不断努力和奋斗。他心里很清楚，研究生阶段与本科时期不一样，作为交大人应该有自己的担当和使命，因此，他立志要为国家的科研项目出一份力。

硕士研究生虽然只有短短的两年半时光，但从入学起，他就规划好了自己的时间，做到不辜负自己、不辜负导师、不辜负学院和学校对自己的培养。进入交大近一年半的时间里，刘运凯在导师的悉心指导下，科研攻关的能力有了显著的提高。他全程参与了"机场跑道异物监测系统"项目的科研工作，作为主要算法设计负责人与合作企业进行洽谈协商；与南京大学微电子学院合作，针对"深度学习的相关检测算法的硬件化实现"这一课题进行了交流与合作，作为主要负责人和对方进行技术对接和咨询工作等。

在科研上他踏实肯干，对甲方所提的技术指标和项目要求精益求精；他勤奋努力，对导师下达的任务无条件保质保量地完成；深度学习在航空航天领域的科研应用，为人工智能和大数据分析在航空航天的发展贡献他的绵薄之力，共计发表英文论文录用一篇、英文期刊在投一篇。献身科研，他毫无保留；投入学术，他革故鼎新。他心无旁骛只望做航空航天器上的一枚螺丝钉，用自己之所学所长所能，为祖国的航空航天事业添砖加瓦。

耕耘研会，尽赤子心

在学生组织里，刘运凯也尽心尽力，贡献颇多。作为研究生会主席、党支部的组织委员、常规班班长，他组织策划了许多校园活动，让同学们在课余可以放松身心，收获不一样的成长。他很清楚地知道自己是一名以学习为主要任务的大学生，因此，在参与学生工作的过程中，他合理调配时间，做到了学业和学生工作并重，在不耽误学业的情况下，出色完成了许多任务。

作为身在一线的学生干部，刘运凯有着为同学服务的强烈意识，不管是班级破冰聚餐、班会、团日活动，还是主持研会的各项学术和文体活动，他都坚持亲力亲为，事无巨细，力争样样做到最好。但在组织策划中难免会有纰漏，比如一些难以料想的意外事件和后期的宣传、总结方面的问题都会摆在他面前，他多次遇到此类麻烦，但从不急躁与泄气，而是静心沉思，在解决问题的历练中慢慢地成长。

时光飞逝，白驹过隙，刘运凯的研究生生涯即将过半。相信他一定能仰望星空，脚踏实地，选择远方，风雨兼程，以交大人的执着和勤奋，带给航空航天事业新的活力。

供稿：航空航天学院

作者：汪璟琳

秦苏洋：
扎根空天，有所作为

人物白描

秦苏洋，上海交通大学航空航天学院力学专业 2016 级博士研究生。他是航空航天学院独立招收的第一届本科生，从本科到博士，扎根空天 9 年有余，只因心中那一份对航空航天事业的热爱与坚持。研究生期间，他以第一作者身份发表 SCI 论文三篇，EI 论文一篇，申请发明专利三项，多次参加国内外会议并宣读文章，曾获"硕士研究生国家奖学金""罗麦科技航天奖学金""唐尤淑圻奖学金"，并获"上海市优秀毕业生"荣誉称号。

志识论道，矢志不渝

那年自主招生填报志愿，秦苏洋在机械与动力工程学院和航空航天学院之间反复徘徊，最后他出人意料地选择了新成立的航空航天学院，只因他觉得航空航天领域的工程难度更高，挑战更大，能给予自己更多的历练。进入大学以后，和许多人一样，他对未来想做什么，也是摸不着头脑。但相比于其他学院，航空航天学院所赋予每一位同学"航空报国"的使命感更加强烈。在新生入学教育大会上，老师们给他们介绍中国航空航天事业的重要意义和发展历程，讲述交通大学航空系对国家的贡献，这让他对航空事业多了一份自豪和敬畏。大一，他有幸聆听了交大校友、歼 8 总设计师顾诵芬院士的报告，看到了老一辈航空人"不忘初心来时路，一生无悔报国志"的航空梦想，由此更坚定了对航空航天专业的选择。在实践活动中，他采访了前 NASA 宇航员，在深入交流中，他感受到了航空航天事业的国家使命以及浩瀚星空所带来的无穷魅力。这些经历，在他心中埋下了一颗种子，他立志要为祖国的航空事业贡献出自己的一份力量。

在大二那年，他进入了气动课题组。万事开头难，科研工作刚起步，每天面对少则十几页，多则几十页的英文论文，面对一个个从没见过的专业词汇，他每天晚上都要抽出 2～3 个小时仔细钻研，然后在组会上与导师认真讨论。从此，流体力学以及空气动力学中涡动力学的基础问题成了他科研攻关的主战场。

博学审问，多元发展

他喜欢跳出舒适圈，去挑战一些新鲜的或是看似不可能完成的事情，在科研上亦是如此。在涡动力学的研究中，他跳出了以往对于单个涡生长的研究范畴，着重研究涡系间相互作用对于流动结构的影响，发现了很多独有的现象及机理，取得了重要突破和进展。不仅是对基础学科的深入研究，他还基于对最基本涡动力学问题的认知，将眼光投向水母推进、昆虫及鸟类飞行中的高效能量捕获原理，希望通过对于生物运动的高效和节能原理的理解和探究，进一步指导航空飞行器以及飞行模式的设计。

在硕博阶段，秦苏洋参与了国家重点基础研究发展计划"大型客机减阻机理和方法研究"，他将涡系相互作用中的重要突破成功应用于大型客机后体以及翼尖的减阻设计，为我国的大型客机减阻设计提供了一个新的理念。不仅如此，他从一年多前将精力投入超声速燃烧的速率耦合理论中去，从原理研究到工程实现，希望可以在超燃冲压发动机和高超飞机设计中实现一点突破，为我国的国防事业贡献出自己的一份力量。

以点带面，基于涡系相互作用原理，他的研究对象从生物运动到大型客机减阻，再到超燃冲压发动机，他希望自己像那些航空航天领域的前辈一样，作出卓越的贡献。速度范围有多宽，他所做的研究就有多广，也许天空才是他的极限。

追求卓越，精益求精

他对自己的学术要求一点也不马虎，第一篇 SCI，一定要发最好的。对于"最好的"三个字的定义，他觉得要对相关领域的发展有所贡献，是自己立足于相关领域的开篇之作，因此他的第一篇 SCI 在手上反复修改了一年有余，最终投向了流体力学的顶尖期刊，但却被对方拒稿了。他没有选择放弃，在保持自己文章初衷的基础上，他根据审稿人的意见又反复斟酌修改了很久，再次挑战顶尖期刊，最后成功发表，而这篇 SCI 也成为他至今最满意的作品。经过这一次的磨炼，他的学术能力得到了极好的锻炼，学术品位也得到了极大的提升。

牛顿曾经说过，"我不知道在别人看来，我是什么样的人；但在我自己看来，我不过就像是一个在海滨玩耍的小孩，为不时发现比寻常更为光滑的一块卵石或比寻常更为美丽的一片贝壳而沾沾自喜，而对于展现在我面前的浩瀚的真理的海洋，却全然没有发现。"牛顿谦虚了，但他却道出了做学问的真谛。真正的学问不是知识，而是体悟。《道德经》中有"为学日益，为道日损"；王阳明告诉我们，学问的最后就只有体悟良知。经历了博士阶段，秦苏洋更多收获的是对科学的感悟，他也越来越能理解为什么所有博士在英文中被称为哲学博士。

空气动力学中还有许多未知需要去探索，我国的航空航天事业也正在蓬勃发展，在接下来的博士生涯以及以后的工作中，他将以"扎根空天，有所作为"的态度对待每一次挑战，冲击一座座学术和工程高峰，为祖国的航空航天事业尽自己的一份绵薄之力。

供稿：航空航天学院

作者：汪璟琳

李晓虹：
风吹到哪里，就在哪里生根发芽

人物白描

李晓虹，上海交通大学物理与天文学院2019级博士生。每个人都像一颗种子，风吹到哪里，就在哪里生根发芽。2015年，她因缘际会来到交大物理系（现物理与天文学院），四年后，她决定直博本院，在这里生根发芽。她不是天生的尖子生，但凭借勤勉钻研的精神逆流而上。在校期间，她曾获上海市大学生物理学术竞赛二等奖、国家奖学金、华为奖学金、网班奖学金一等奖，被评为校三好学生、优秀团员等。大四毕业时，她被授予物理、计算机双学位。她认为学习物理让她拥有更有趣的灵魂，未来将在物理学领域进一步深耕细作。

扬帆交大，逆流而上

四年前，李晓虹几乎没考虑过会来交大。老师家长都说以她的水平可以报考交大，叮当时她一门心思想做教师，这是中小学时期一直激励她努力学习的理想，因此她任性地连志愿表上提供的四个志愿选项都没填满，只填了三个师范院校，第一个还是与交大相邻的华东师范大学的汉语言文学专业。可因缘际会，那年上海市实行高考改革，李晓虹通过综合评价的机会，不负众人的期待，考入了上海交通大学物理与天文学院，从一个准文科生一跃成为地道的理科生。

大一时，李晓虹的成绩并不算好，在年级中只排中游。当时，她有些迷茫，但并不打算放弃。想做一名优秀的教师，就应该亲身体会迎头赶上的过程。凭着这份简单的信念，她着手调整自己的学习方式，从过去的被动接受变成了主动学习，在课上也克服羞怯，积极提问，与老师交流。李晓虹一直记得那天在包玉刚图书馆里，她花了整整一晚上，终于推导出公式，过程写了满满一张纸。那是她第一次感受到主动学习的快乐。世上无难事，只怕有心人。慢慢地，她体会到了学习物理的乐趣，学习成绩也渐入佳境，进入年级上游。

情系物理，快乐成长

让李晓虹真正情系物理的，是大一时参加大学生物理学术竞赛的经历。当时物理实验课程要求学生组队，完成自选实验。而自选实验的课题就来自大学生物理学术竞赛的赛题，做得好的小组有机会代表交大物理系参加上海市的竞赛。李晓虹所在的小组在实验过程中遇到了不少问题，连得到实验现象都十分困难。期末答辩时，她十分忐忑，甚至有些灰心。让她没想到的是，答辩报告结束后，实验老师李向亭老师眼神中居然有几分肯定和赞赏。李晓虹一直记得当时李老师对他们组说，科研实验中失败是在所难免的，但我很欣赏你们屡败屡战的韧劲，这在科研中是很重要的。在李老师的鼓励下，她也鼓起勇气报名参加了学术竞赛。

学术竞赛的两天中，李晓虹只睡了三个小时，而她说这其实是所有队员的常态。这是由于竞赛报告采用了特殊的辩论形式，加上比赛当天赛制临时变更，导致队员们必须马上学习掌握全新的课题内容，大家都在努力备战。李晓虹用"酣畅淋漓"这四个字形容了她对这次竞赛的印象。短短两天时间，她看到了选手间的激烈交锋，看到了新颖的实验手段，看到了妙趣横生的学术思辨，这场竞赛对物理学子来说无疑是一场盛宴。最终，她所在的队伍获得了团体二等奖的好成绩，颁奖那天她很高兴，也暗下决心，希望未来自己能够做到更好。

不忘初心，即刻起航

"我想做一个对社会有贡献的人！"高中参加面试时，李晓虹总会说这句话，但面试官们往往都不太在意。进入交大后，她感到这句话终于有成真的一天了，因为选择了交大，就是选择了责任，如校训所说，交大人的责任就是爱国荣校。

利用课余时间，李晓虹经常参加学生活动、社会实践，热心服务同学。她是学院学生会的宣传部长，参与了"High Five"五院迎新晚会、正能量晚会、毕业舞会等大型汇演活动的宣发工作。她是学院学生会公众号的运营者，为各个部门设立专栏，以公众号为媒介，搭建起学生会与学生之间交流的桥梁。她还是物理实验演示厅"快乐星球"的讲解员，为中小学生提供科普讲解。

"快乐星球"是李晓虹在交大最喜欢的地方之一，她第一次来是作为参观者，神奇的实验现象让她叹为观止。成为讲解员后，每当理解了一个仪器的实验原理，她就像交了一个新朋友。在这里她接待过充满想象力的小学生、多年后回母校的物理校友、即将毕业想最后留念的学长，甚至接待过曾经参与"快乐星球"搭建的研究生。

"未来我想把物理知识转化为有用的东西，让物理在国家、社会需要的地方发光发热。"现在的李晓虹课余会兼职家教，将曾经的理想作为自己的兴趣爱好，对于未来规划她也有了更多的想法。本科学习物理这四年让她看到了更有趣的世界，因此她选择留在交大物理与天文学院，继续书写属于她和物理的新故事、新篇章。

供稿：物理与天文学院

作者：梁　钦　胡　苏

徐　坤：
让星光照亮物理

人物白描

　　徐坤，上海交通大学物理与天文学院天文学 2019 级博士生。他热爱物理与天文学，本科四年内选修和旁听了几乎所有物理与天文学课程，任何新的知识和思想都会让他兴奋不已。

与物理结缘，渺小与伟大

　　在中学时，徐坤就对物理学很感兴趣，但由于缺乏足够的数理基础，只能在一些科普书籍上窥见前沿物理的一角。2015 年，他如愿考上了上海交通大学物理与天文学院，有了系统学习物理学的机会，并在这四年中逐渐完善物理思想。他觉得，物理最美的地方在于把整个世界融入几个简洁的数学公式和物理量中去。大学四年的学习中，有两件事深深震撼了他：第一件事是量子力学中的不确定性。高中时，他是决定论的忠实簇拥者，只要知道初始条件和物理规律，整个宇宙的前世今生便由一个粒子毫不偏移地决定了，对于人类来说这是如此美妙，他还为自己领悟这一美妙窃喜，殊不知这在百年前就已被证伪，量子力学的不确定性彻底改变了他的世界观，他深深认识到思维定势和感官缺陷对人类的约束，但人类一次次超越自己的科学史，未尝不是一篇更加美妙的史诗。第二件事则是物理学中的各种近似。他原来认为，像物理学这样的基础科学，应该是非常严谨的，可是自从接触到各种近似原理之后，这种想法被打破了。他认识到了人类能力和现代科学的局限，但也让他对人类的智慧之光深感敬佩。在与物理结缘的过程中，他深深地体会到了人类的渺小与伟大，也认识到物理学的探索空间无穷无尽。

读万卷书，向真理迈进

在大学刚开学的时候，徐坤就立志要读万卷书。四年下来，他已经读了四百多本，完成了定下的大学目标的百分之四。随着阅读的深入，他对于量的追求不再执着，反而觉得之前的目标有些功利和做作，觉得非专业的阅读应该不求甚解，在有感触和吸引自己的地方自然会思绪纷飞甚至深入了解。他认为，认识世界，追求真理，光精于一门科学是不够的，还应该对世界的其他方面有一定认识，科学都是逻辑推演和实证检验，又为何要在不同学科之间树立明确的界限呢？按理来说，世间的一切都可归于基本的物理学原理，那我们能不能从宏观科学的事实中窥见一丝朴素物理学原理的影子呢？这是一个让他着迷的问题。薛定谔在《生命是什么》一书中试图用统计力学解释生命本质的尝试令他记忆深刻，而普里高津打破物理学、化学和生物学壁垒的尝试与成果更是让他心怀敬佩和仰慕。也正因此，徐坤开始涉猎其他学科的入门书籍：哲学、生物学、人类学、历史学、心理学、经济学、政治学，希望它们能带给自己更多的思考与启发；他也开始通过文学名著和幻想文学的书籍来完善自己的人生观和世界观。尽管出于阅历和能力的限制，他还没法将所读所学所想融会贯通，但已经有些豁然开朗，也深深认识到学海的无涯和自己的无知。路漫漫其修远兮，吾将上下而求索。人总将归于尘土，而真理永存，通过追求真理，人也许能在永恒中留下痕迹，这是徐坤在跋涉书海的旅途中所获得的感悟与收获。

我们的征途是星辰大海

"我们都来自星辰。"当你真正理解科学的时候，你会发现它的神秘和浪漫是人类无法想象的。穿越黑洞，你的瞬息却是我的永恒，人类所有的神话和想象，在现实面前都会黯然失色。徐坤看过很多科幻小说，他曾按照雨果奖和星云奖的名单阅读，但是其中所有的点子，都不曾超过广义相对论带给他的震撼。人类的想象力，会受到感官和环境的限制，人类没办法想象完全不认识的事物，而真实的宇宙和其蕴含的真理是无限的，甚至是超越人类理解的。

徐坤认为，经历了 20 世纪粒子物理学的巨大成功，我们对于世界的认识已经有了巨大的飞跃，但是还要继续突破。我们头顶，就有着一个天然而又丰富的实验室，这就是宇宙。宇宙有着人类无法适应的极端环境，你永远不知道里面有什么惊喜，这也许就是下一个新物理的诞生地。

近年来，国家经济的发展使我国有了探索基础科学以及建设世界科学中心的物质基础，国家也对基础科学越来越重视：天眼 FAST 望远镜，LAMOST 望远镜，空间站 CSST 望远镜，"天琴"引力波探测计划，"悟空"号暗物质粒子探测卫星，"慧眼"硬 X 射线卫星等重大科学项目正在建设或即将建设。另外，物理与天文学院天文系也给学生提供了参与国际大型巡天项目如 DESI，PFS 的机会，以及天文学必需的计算资源。

在自身爱好与现实条件的引导下，徐坤决定学习天文学，在天文中探索物理。很幸运的是，他在 2015 年入学时就认识了景益鹏院士，景老师的教导让他受益匪浅。他踏实学习，认真科研，最终在大质量星系的恒星形成上取得了一些小小的成果，发表在天文学著名期刊 The Astrophysical Journal 上。这也许只是在人类广阔的知识海洋里多加了一滴小小的水珠，但是更加坚定了徐坤对天文和宇宙的热爱，尝试过的热爱才是真的热爱。未来，徐坤将继续披荆斩棘，希望能融入整个国家以及整个世界的科研工作者之中，向真理迈进那小小的一步。

供稿：物理与天文学院

作者：梁　钦　胡　苏

沈佳琪：
因为存在，所以幸福

人物白描

沈佳琪，上海交通大学致远学院 2014 级本科生，曾获 2016 年度上海交通大学三好学生标兵、凯原励志奖学金等荣誉。积极投身校园文化活动，担任学生会主席组织了数十次学生活动；专注科研，即将前往密西根大学攻读化学生物学博士学位；热爱文艺，曾经创作了致远的第一首原创歌曲《流缘》；热心公益，曾经带队和长三角另外三所学校的拔尖荣誉学院的学子们前往贵州山区支教；追求卓越，曾经在全国拔尖计划论坛上阐述对拔尖人才素养的理解。他一直追寻的幸福感，在这里展开。

选择化学，是为了追寻遥远的梦想

在选择致远荣誉计划化学方向时，沈佳琪没有丝毫的犹豫。他被问到为什么会做出这样的选择时，他说："化学是能够凭空创造价值的学科，它源于炼金术和炼丹术，终极目标是点石成金与长生不老，而现在的化学则能够给人类带来幸福的生活。"他很明确自己未来的方向，希望从事药学方面的研究，改变国人对于进口药物的依赖，做出中国品牌的好药，做出不富裕的人也能够买得起的好药，将祖国的医药行业推向世界一流。

在致远学院这个高手如云的环境里，沈佳琪把自己当作最平凡的人，认真地学习考试，认真地过着有条不紊的生活。在室友眼里，他总能有条不紊完成日常的所有作业，复习完考试内容，取得不错的成绩。但是比起学习课内的知识，他对于自学课外内容更感兴趣。在无机化学课的一次大作业中，他负责的题目是"Grubbs 催化剂的应用"，为此他自学了大量的金属有机化学知识，并以此为起点开始了他的科研学习。在大一的所有科目中，他最喜欢的就是"化学前沿"，在这门课上他不仅能够听到高质量的学术报告，更能畅所欲言提出自己对于科研问题的见解。那时候他们宿舍里每星期固定的活动是讨论那些科学前沿问题或是提出自己一闪而过的科学灵感，四个人围坐在方桌前一边嗑着瓜子一边认真地讨论学术问题，大家心底里对科学的热爱也深深感染着他。

兼顾到自己的专业以及兴趣，沈佳琪在大一时加入了张万斌教授课题组，从事金属有机不对称催化的研究，并在大二时以出色的科研成绩取得了凯原励志奖学金。大三时在密歇根大学约翰·沃尔夫（John Wolfe）教授课题组进行海外科研实习期间，和沃尔夫教授大量的交流让他看到了一名科研工作者对于科学纯粹的热爱。每周他最期盼的就是和教授见面约谈，教授不仅是他的导师，更像是一个一起合作的同事和一个年长的引路人。沈佳琪从中学到的不仅是如何解决手头的科研问题，还有领域内的相关知识甚至是未来的人生规划建议。每当他向教授提出一些问题时，教授总是十分热情地说："让我来告诉你完整的故事。"沃尔夫教授在学生们的眼里是一个可以让复杂的有机化学变得有趣的好老师，更是一个难以用言语形容的卓越教授。这半年的科研实习让沈佳琪看到了科研工作者身上的光芒，这在他心中留下了深刻的印记。

热爱生活，是为了寻求幸福的答案

沈佳琪是一个懂得享受和热爱生活的人。他喜欢在深夜调上一杯鸡尾酒，安静地练练字写写随笔，或者看看闲书听听音乐。同时，他把学生工作当作生活的一部分，把热情融入每一次活动。大一结束时，他加入了致远学院学生会，担任组织部副部长，凭借着在一系列活动中的出色表现和成绩，他为同学们所喜爱与依赖，成功当选致远学院学生会主席。他见证了致远学生会的一个又一个故事：毕业舞会、毕业典礼、迎新晚会、校运会方阵、长三角四校荣誉学院交流、四院联合支教……一天又一天，他直至深夜才完成自己的工作从致远离开，一次又一次，他见证了凌晨四点半的致远。他主张用心去做事，不以利害关系为评价标准，他以自己的行动向学生会成员展示他心目中的学生会。

为了制作出一段完完全全属于致远人的回忆，他和同伴们奋战一个月，创作出了致远的第一首原创歌曲《流缘》；他带领着八名组织部成员一起制作了运动会上令人眼前一亮的巨大致远凤凰，让观众们看到了行走的致远逐梦精神；他带队与浙江大学竺可桢学院、中国科学技术大学少年班学院和南京大学匡亚明学院的学生一起前往贵州山区支教，去关爱当地的孩子们，以自己的绵薄之力点亮孩子们心底里的一星火光。

这段经历让他的内心变得明亮起来，看到辛苦筹备的活动有所成果是幸福的，通过一次次挑战来锻炼自己是幸福的，和同伴们一起奋斗的时光是幸福的，从一场场活动中收获感悟是幸福的，用心去感受生命的价值体会自己的能量是幸福的，站在三好学生标兵评审的演讲台上分享自己的故事是幸福的。回首两年多的经历，他用这样一句话来描述他做学生工作的理念："我们不谋求规模宏大，也不妄求所谓成功，我们推崇热爱真理的科学精神、积极从容的生活态度以及奉献关怀的价值取向。"

让别人因为自己的存在而感到幸福

在沈佳琪的理解中，幸福远远不止于个人。他说，有些人和事给予了他更深刻的触动。

他第一次演讲是在学生会作为部长进行年终总结。当他站上台时，紧张、不安等情绪涌上他心头。这时台下的陈申元老师悄悄地对他说，"沈佳琪是今天最帅的一个。"在那一瞬间，他似乎充满了自信和力量。他说，"申元老师更像是我的一个大哥哥，一个知心的朋友和一个引路人。"通过与海燕老师和申元老师的一次次交流谈心，他慢慢地认识自己，在思考中逐渐成长。

有一次药学院的孙占奎老师主动联系了他，发送给他几篇论文说想和他探讨一些学术问题，听听他的想法。那次交谈中，老师给了他很多关于未来道路选择上的建议，他问老师为什么会想到找他来探讨这些。老师说，在上课的时候觉得他是一个优秀的学生，希望每一个优秀的学生都能有一个好的前程。他当时被感动了，也从此明白，自己可以通过付出收获幸福，还可以让别人因为自己的存在而感到幸福。

沈佳琪说，在致远做了一些事认识了一群人，这四年的丰富经历的确是他想要追寻的幸福。当时选择化学更多是因为自己喜欢，而现在却认为这是一份值得为之奋斗终身的幸福事业。有时他被父母问及为什么大学生活会过得那么累，他回答说自己一点都不觉得苦。岁月自有穿石之功，正如致远楼的那句话，"这是一份苦旅，也是一种幸运。"

供稿：致远学院

游宇榕：
深扎根，广生长，常思源

人物白描

　　游宇榕，上海交通大学致远学院 2014 级本科生，计算机科学方向。从致远 ACM 班中曾经编程零基础的"小菜鸟"，到成为别人眼中揽获廖凯原奖学金、唐立新奖学金、三好学生、校优秀毕业生的"学霸"，再到在计算机顶级会议上以第一作者发表论文，获得康奈尔大学、加州理工学院计算机科学博士全奖录取，游宇榕的致远四年中有迷茫有挫折，有眼泪也有欢笑，而始终不变的是他对自我与人工智能的孜孜探寻。

扎根："'墙'只是为了阻止那些不够渴望的人"

　　"你给我讲讲，什么叫真正的人工智能？"

　　这是游宇榕四年前致远学院入学面试时，梁阿磊教授问出的一个问题。游宇榕研究人工智能的理想来源于他高中时看过的一部纪录片《神秘的混沌理论》（*The Secret Life of Chaos*），在其中，他看到科学家们编写的程序能够在没有任何先验信息的情况下，独立学习控制和协调假人的关节力量使其自然地行走。当下人工智能这样强大的学习能力使他震惊，也让他意识到人工智能是可以被研究的。怀着这样的向往，他报考了致远学院计算机方向，而面试时这个问题一下把他问倒了。如同其他被哲学家们探寻了数百年的问题一样，这个问题看似简单，但如果要回答它，回答者要有对人类自身的认识和行为方式以及计算机科学有着清晰透彻的理解。这个问题让他意识到自己思维和认识的局限，也不断催促着他努力向深处探寻。

和致远学院 ACM 班里许多其他同学不同，大学之前的游宇榕没有任何编程经验。从零开始，他经历过程序设计课机考垫底，经历过在图书馆花费一个周末仅解决了一次计算机科学导论作业，也经历过冥思苦想一整周才彻底理解一个定理等种种不顺。但对他来说最具挑战性的，并不是学业上的困难，也不是致远学院大一大二每年资格考试的压力，而是逐渐滋长在心中的自我怀疑："我有什么能耐可以在 ACM 班生存？"他曾担心努力却仍难以追上同学的步伐，担心自己没有学计算机的天分，怀疑自己的梦想仅是空想。

调整心态不是易事，但因计算机科学独特的魅力和他对人工智能的向往，他不断成长，逐渐能够沉下心去享受每一门课，而在这一过程中自我怀疑也随之消失了。致远学院多年沉淀的培养计划精准、科学，大一大二的基础课深入浅出，计算机科学导论、数学分析、高等代数、抽象代数、算法设计等课程使他领略到计算机科学的精妙，培养了他缜密的逻辑，也使他掌握了扎实的数理基础；大三大四计算复杂性、自然语言处理等课程使他能够深入计算机科学诸多领域进行探索。四年来他始终以高标准来要求自己的学习，力求学得最扎实，思考最深刻。在这四年的学习中，他的优异成绩、学院丰富的奖学金给了他莫大的鼓舞；他也克服了于编程方面落后的问题，自己设计的贪吃蛇 AI、大二通过编译器课自主编写通过所有测试的 Mango 编译器使他对自己的编程能力有了极大的信心。致远的这段时光为他未来的科研道路打下了坚实的基础，也让他看到了一个更勇敢的自己，从而学会淡定地面对挑战。

生长："做热爱的事情让一生无怨无悔"

在大二大三时，两位图灵奖获得者——姚期智教授与约翰·霍普克罗夫特（John Hopcroft）教授对游宇榕产生了深远的影响。在 2016 年年初，姚期智先生应邀来到致远学院与同学们座谈。座谈中姚先生和同学们聊起了对学习的感受和对未来的计划，其中姚先生的一句话令他印象深刻。姚先生勉励同学们一定要保持一种警觉性，就是在这本科四年中不要功利地学习，而是要去发现自己的热诚所在。而在 2016 年年底致远学院为计算机方向首席教授霍普克罗夫特荣获 2016 年"中国政府友谊奖"举办的祝贺晚宴上，游宇榕问教授对于本科期间的学生有什么建议时，得到的回答竟然与姚期智教授惊人的一致："你只活这么一次，做你想做的。"

受到这样的勉励，游宇榕开始关注计算机各个方向的科研进展，发掘自己的兴趣。当有一天他看到一则新闻在介绍研究人员使用深度增强学习设计出能够独立学习玩雅利达游戏并达到人类水平的人工智能程序时，他瞬间回忆起了高中时看过的那个纪录片：这不就是自己想研究的东西吗？一种不需要太多刻意的设计，却可以自主学习新技能的系统！

带着这样的热情，游宇榕在大二暑假加入了卢策吾老师的实验室并开始了对计算机视觉和增强学习的研究，并在大三暑假赴斯坦福大学 AI 实验室，大四暑假赴康奈尔大学进行相关领域的科研实习。这一年多的科研经历使他成长——从一开始满怀着激情进入实验室，到处处碰壁找不到前进的方向，到理解科研本身就是寂寞之路，用平常心面对其中的苦与乐，再到得到导师与学长们的认可，以第一作者身份在国际一流学术期刊上发表论文，他逐渐体会到探寻未知的幸福。

除此之外，游宇榕也不断探寻着自己科研以外的志趣。他曾是致远学院辩论队的一员，辩论那对于问题本质的探求深深吸引着他，也促使他学习了休谟的怀疑论，罗尔斯的正义论等等哲学思想；从成年开始，他规律地进行无偿献血；他热爱长跑，大学期间完成了上海国际马拉松 10 千米、半程马拉松等长跑项目。这些活动令他看到一个不一样的世界和不一样的自己，让他对于生命的意义有了更深的探寻。

思源:"黑暗中很多人拉着手一起走的时候, 那是快乐,是勇往直前"

"黑暗中很多人拉着手一起走的时候,那是快乐,是勇往直前。"这是游宇榕在上第一节"学子讲坛"课程时,俞勇老师和同学们说的话。在致远的四年中,他的身边一直不乏关心支持他的人:家人支持和理解他毅然转入致远的决定;俞勇老师对班里五名零基础同学格外地关照,安排专门的助教为他们答疑,每学期与他们谈心,在学子讲坛上给他们"压力"与"动力";致远学院的思政老师在他迷茫的时候与他促膝长谈,用往届学长学姐的经历鼓励他;班里的同学们,对他有问必答,甚至专门抽出时间为他耐心讲解……他很感激交大和致远学院的培养,感谢四年来朋友、师长的关怀与帮助。交大"饮水思源,爱国荣校"的校训深深刻在他心中,他也在临毕业之时不遗余力地参加了数次经验分享活动,为低年级同学的学习、科研以及海外申请出谋划策,将自己的思考传递给更多的学弟学妹。

他说,其实游宇榕这个名字来得十分直接,只因他家中三代所住的宅子旁有一棵千尺高的参天榕树,故得名"有"宇榕。长大之后他才逐渐明白,这样简单的名字中蕴含着父辈们对他能够向下深扎根、向上广生长的殷切希望。现在,他获得了康奈尔大学以及加州理工学院的计算机科学博士项目的录取,并最终决定赴康奈尔大学继续人工智能的研究,相信他必将在今后的科研道路上继续乘风破浪,一往无前。

供稿:致远学院

电院基研会：
到基层去，到祖国最需要的地方去

组织白描

电院学生基层公共部门发展研究会是上海交通大学第一个引导学生扎根基层、"与祖国同向而行"的学生组织。电院学生基层公共部门发展研究会成立以来，通过不断努力，电院已形成良好的基层就业氛围和志存高远的就业文化，电院选调生数量大幅提升。据统计，2006—2016年仅有11名同学通过选调赴基层工作，而仅2017年一年就有9名同学赴基层工作，2019届毕业生签约选调生达到15人。

一种责任，他们是交大第一个引导学生到基层服务的学生组织

"宰相必起于州部，猛将必发于卒伍。"新时代中国特色社会主义的建设和发展，离不开基层经历丰富、胸怀建功立业梦想的治国英才。发达地区人才的过度饱和与欠发达地区人才的极度匮乏，正逐渐成为我国区域发展差距进一步扩大的深层次原因。

正是在这一时代命题下，电院学生基层公共部门发展研究会紧扣时代脉搏，秉承"到基层去，到祖国最需要的地方去"的理想信念，立足电院，辐射交大，鼓励交大学子"立一等志向，成一等人才"。

基层研究会通过服务体系建设和理论实践学习，就是要鼓励大家"选择一份事业而不是一份职业"，就是要形成"与祖国同向而行"的就业氛围。他们之中既有时刻关注时事热点经常互相讨论的同学，也有从小接受国家资助以后想要扎根基层回馈祖国的同学；既有学生工作经验丰富和怀抱远大理想的同学，也有勤工俭学却仍想为欠发达地区作更多贡献的同学。

正是这样一群人，他们用行动书写着"选择交大，就选择了责任"。

一种情怀，他们致力于带领同学读懂中国

对于志在投身基层的同学，基层研究会致力于为他们架起与基层之间的桥梁，建立起阅读中国的窗口，通过组织举办基层校友沙龙、挂职经验分享会、外出调研交流和集体理论学习等活动，帮助交大学子感受基层脉搏、探寻基层经验、体悟基层智慧。

基层校友沙龙：帮助交大学子深入了解基层工作

近年来，基层公共部门发展研究会邀请了包括中央办公厅、外交部等中央部委和上海、广西、四川等省区市的多位基层工作校友回校分享工作经验和感悟，帮助同学们了解当代中国的基本国情，尤其是交流在欠发达地区的工作感受、精准扶贫的第一手经验。

几次校友沙龙中，无论是王冰校友谈到的"平凡中放飞理想，执着中贡献青春"，还是叶芊校友谈到的"报国志，冲霄汉"，抑或是张宇臣校友谈到的"让青春绽放在祖国最需要的地方"，都极大地鼓舞了在场同学。

"知屋漏者在宇下"，越是走近基层，越是明白他们对发展的渴求；越是走进基层，越是坚定服务基层的信念；越是深入基层，越是无法割舍这样一份建设基层的情怀。通过建设这样的校友窗口，基层研究会帮助越来越多的同学树立远大理想，培养去基层服务的信念。

挂职经验分享会：帮助交大学子培养基层工作技能

基层研究会在挂职锻炼平台的基础上，依托赴政府部门挂职的同学，开展挂职经验交流。在刚刚结束的挂职经验分享会上，在四川省直机关工委挂职锻炼的李鹏程同学说："青春最大的幸运，莫过于个人目标与国家命运同向

而行。"作为基层研究会的骨干成员，李鹏程参与了四川省"逐梦计划"暑期挂职锻炼，挂职期间他协助举办了"走出大山看世界"的活动，组织了四十位彝族儿童到成都参观。他说："吃饭现在对于大家来说都不是问题，但是精神上的贫乏是我们需要注意的。"

扶贫先扶智，孩子们的教育很重要。"希望自己的一点努力，能帮上他们一点忙，让他们能走出大山看世界"，这是李鹏程最深的感受，也是他为参与分享会的同学们带来的最深刻的感触。

实践调研交流：帮助交大学子提升理论水平

基层研究会多次组织赴基层的学习调研活动，不仅以爱国主义教育基地为依托，通过爱国主义教育学习，培养交大学子的家国情怀。2019年基层研究会共组织60余名同学赴江苏、四川、重庆、云南等地学习，以校友所在地为调研学习对象，进行以选调生成长、地方人才政策与就业环境为主题的调研实习。

一位参与实践活动的同学这样感悟到，"大城市工作机遇更多，薪资待遇更好，无疑更加适合年轻人。但若是人人都选择了大城市的激流勇进，却鲜有人对落后的地区给予支援，只会让这些差距进一步放大。因此必须要有人挺身而出，为祖国欠发达地区的建设作出贡献。"

此次调研学习活动也坚定了他学有所成后建设家乡的决心，而这正是基层研究会成立的初心——"到基层和人民中去建功立业，让青春之花绽放在祖国最需要的地方。"

除此之外，基层研究会定期组织成员进行学习交流。以学习小组为单位，通过演讲分享的方式，进行国情研习，分享对时事热点的看法，并组织成员学习党的理论知识。其间还组织骨干成员赴清华大学等地调研，交流基层服务工作。

一种信仰，他们引导学生与祖国同向而行

针对不了解基层服务工作的同学们，基层研究会构建了完善的服务体系，包括选调生信息发布平台、挂职锻炼平台、基层公共部门工作校友信息库、学生生涯导师团等。

信息发布平台与学校、学院就业中心对接，由专门的骨干成员对选调生招录信息进行收集和整理分类，对招录和宣讲的关键信息进行标注，对同学们关心的问题进行解读，通过微信公众平台、选调生信息发布群、群邮件三位一体，党支部、实验室、班集体全面覆盖的多支点多层级信息发布平台推广招录信息。

校友信息库依托学院职业发展中心，收集整理了自 2006 年起电院赴基层公共部门和国家重点单位就职的毕业生信息。基层研究会的成员们对照信息库挨个联系，虽然许多联系方式已经遗失或无效，但他们仍想尽办法通过多种方式与基层工作校友建立了联系，代表学院定期看望走访校友，为毕业校友送去关怀，加强毕业生与学院的联系，并对基层工作校友进行线上采访，报道他们的真实工作情况。

学生生涯导师团是在校友信息库的基础上，邀请学院领导聘请校友为学生生涯导师。正是在生涯导师的帮助下，电院已有多位校友赴中央办公厅和广西、四川等地的基层单位工作。

未来，电院学生基层公共部门发展研究会将继续努力开展工作，让更多交大学子认识到选调生和基层工作的重要性，让更多交大学子敢去基层发展，想去基层发展，争去基层发展；基研会将继续密切联系我校选调生校友，积极组织选调生政策学习，培养成员基层工作思维和能力，架起学校和政府基层部门的桥梁，引导交大学子对选调生的就业选择。

新时代新征程，越来越多的基层研究会同学将会用实际行动担起历史交

给我们这一代青年的责任，不忘初心，秉承内心的家国情怀，脚踏实地，和更多交大人一起与祖国同向同行。

供稿：电子信息与电气工程学院

作者：肖　汉　顾晓然　季嘉舟

帕如克·阿力木：
让生命在故乡燃烧

人物白描

帕如克·阿力木，上海交通大学船舶海洋与建筑工程学院建筑学2014级硕士生，现已进入新疆公务员人才引进计划。手握一份对建筑学执着的热忱，他跨过万水千山，不远千里地从新疆来到上海求学。在这近八年的求学生涯中，他勤奋刻苦，日积月累，不断开阔自己的眼界，丰富自己的阅历。如今，学业有成的他选择回到家乡，用自己的所学，为新疆的蓬勃发展贡献一份力量，让生命燃烧在故乡的版图。

热爱，所以坚持

对建筑学的热爱与憧憬自幼便扎根在帕如克的心里。他从小爱好书法，并且偏爱建筑师题材的影视作品。兴趣是最好的老师。当谈及建筑学专业的学习经验时，他将热爱排在了首要位置。在进入交大学习建筑学之初，他的美术功底并不强，但持之以恒的努力和对建筑学执着的热爱，渐渐弥补了这一弱势。

本科期间，成绩优良的帕如克参加上海市袖珍广场设计竞赛并获二等奖。本科毕业时，因为考虑到自己对建筑学的研究尚且不够深入，所以他选择了保研继续深造，以此让自己对建筑学能有更加深层的认识。研究生期间，他参加了名为"泛太湖流域中国传统样式清真寺木作营造技艺研究"的科研项目，该项目充分结合了中国的传统建筑与民族特色，不仅获得了国家自然科学基金资助，帕如克还基于此项目发表了一篇中文核心期刊学术论文。通过研究该课题，帕如克对于民族文化、建筑特点以及地域环境之间的相互影响有了更加深入的理解，也愈发能够享受建筑学的乐趣。

七年的执着追求，只为修得正果；悄无声息的夜，是建筑人的日常。来自导师的鼓励和支持，同学之间的陪伴和勉励，使得帕如克脚下的路走得更为坚定。在建筑学本科期间的每个学期，他都有近乎三分之一的时间在通宵，同时又因为高频率的外出调研、模型制作、图片绘制以及与老师之间的探讨交流，他的课余休息时间变得少之又少。在研究生阶段，导师在关心课业之余也对其学生的工作给予了大力的支持。也因为自己对时间进行了合理的安排和高效的利用，帕如克有条不紊地度过了丰富而又充实的研究生生涯。他将压力化为动力，让劳累转为经验。

谈及建筑学专业的学习，他对同系的学弟学妹们提出了如下三点劝勉：一是合理安排时间，避免拖延症；二是重在坚持，建筑学学业压力虽然很大，但是能坚持到最后的人，都能创造出自己的精彩；三是灵感是做设计的关键，要多接触不同环境的人，学会利用不同的思维方式看待问题。

经验，源于实践

多年来，帕如克积极参与各类社会实践与学生工作。

出于多投身实践、接触社会的初衷，本科期间帕如克在上海众谊建筑设计院方案设计部实习了约一年半。那段经历让他深刻认识到课堂上的理论学习与职场上的实际需求相比还远远不够，设计院对软件操作水平的要求以及设计的思维方式与课业要求大相径庭，具体问题具体分析、善于观察细微之处的能力也尤为重要，很多经验只有到设计院中自己亲身体会后才能习得。愈发清晰的认知让帕如克在学习时更具有针对性和目的性。

本科期间，帕如克连续四年担任上海交通大学第一发展社团社长，协助前程无忧、智联招聘、中华英才网等机构，共组织了200余场宣讲招聘会。从大五开始，他担任上海交通大学学生就业服务和职业发展中心辅导员以及项目主管，负责全校民族学生就业有关事项，给予少数民族学生就业指导等帮助。同时，他连续三年协助就业中心筹办与组织上海交大—华师大应届毕业生春季大型联合招聘会、上海交通大学应届毕业生国家重点单位大型招聘会、上海西南五校应届毕业生大型招聘会等活动，并作为总负责人开展校园招聘宣讲会、专场招聘会 60 余场。2013 年，帕如克加入了中国共产党，成为一名党员。出于对民族学生的关心，他担任了校内民族学生党支部副书记，负责对需要帮助的少数民族学生开展帮扶、推荐优秀民族学生入党、组织民族学生节日活动等工作。

在众多学生工作中的出色表现让他两度获评上海交通大学"优秀辅导员"称号，并被评为"优秀学生干部"。丰富的学生工作经验，也为他未来的发展奠定了基础。

故乡，牵系深情

最是故乡情。对故乡新疆浓浓的感恩与深情陪伴着帕如克一路走来。他说，做如此多与民族学生有关的工作是因为这些工作能让他真正为少数民族学生做更多事，例如他经常前往寝室探望民族学生，或者联系辅导员了解他们的学习生活状况并采取针对性措施，为新生与毕业生举办活动等等。在这过程中，他也被民族学生的善良、团结、刻苦、积极深深感动。他通过这样一种方式表达着对家乡的关怀。

为了求学，帕如克已离乡近十年。在此期间，"新疆学生"这个身份为他带来了许多来自学校、政府等多方面的支持与帮助，而这些都是自己的家乡施予他的恩惠。如今，帕如克在完成学业后决定回到故乡新疆，继续为故乡的建设贡献自己的一份力。

从初到上海时的稚嫩，到如今接触了许多人与事，帕如克渐渐变得成熟务实，同时不失一颗不断求索新知的进取心。对于未来，帕如克初步规划先用一两年的时间让自己适应新环境，并慢慢沉淀自我，然后继续考取建筑专业的证书，完善专业技能；若干年后，他还会再攻读博士学位，因为建筑事业是他永不放弃的一生追求。这位朝气蓬勃的青年的灿烂前程正在通向远方的版图上慢慢铺陈开来。

　　　　　　　　　　　　供稿：船舶海洋与建筑工程学院

　　　　　　　　　　　　　　　　作者：沈一帆

赵晨晨：
向下扎根，向上成长

人物白描

赵晨晨，上海交通大学国际与公共事务学院行政管理专业 2016 级硕士生，湖南省选调生。初入交大，"饮水思源，爱国荣校"的校训便使他明白，作为交大人，要种感恩之善根，立报国之雄志；彼时新建楼走廊内"不以一己之利为利，而使天下受其利；不以一己之害为害，而使天下释其害"的题词也提醒着他，作为国务人，不仅要有"先天下之忧而忧"的家国情怀，更要练就解决社会问题的硬本领。在过去两年半里，他在国务学院遇到诸多良师益友，完成了自我的蜕变与成长。

扎根科研，一线调研出真知

研究生阶段，赵晨晨师从章晓懿教授，选择将社会救助作为研究方向，关注社会中最为脆弱的群体。"行是知之始，知是行之成。"社会科学本身就是要"入世"，要"接地气"，而对于政策性更强的社会救助研究则更强调务实。因此，他积极参加了导师组织的"完善'救急难'托底保障机制研究""上海市残疾人小康监测项目""社会力量参与社会救助的政策研究""普陀区社会救助体系现状与完善对策"还有 2016—2018 三个年度的"上海市低保家庭生活状况跟踪调查"等课题项目中。

在每一个课题中，赵晨晨始终坚持在研究工作的一线，不光需要对相关研究内容进行文本上的梳理与分析，更需要参加大量的座谈会、访谈等调研工作。他曾在北京与民政部救助司和全国各地的领导干部共同探讨如何更好地在全国实施临时救助制度，在上海市与市残联的工作人员共同交流残疾人在社会生活中面临的种种问题，同样也在崇明岛询问低保村民们的生活过得如何。这些回忆不可不谓刻骨铭心，可以清晰地感受到党和国家对于困难群众的牵挂与关心，可以看到各级领导干部对于救助苦难的忧虑与急切，更可以直白感受到社会弱势群体的苦难以及对于美好生活的向往。

在导师的指导和帮助下，赵晨晨的专业素养和科研能力得以不断提升，也让他有机会为社会发展建言献策。但更弥足珍贵的是，大量调研工作让他得以深入基层，真正近距离去接触社会底层，这不光进一步加深了他对于社会现状的理解与认识，更在他心中埋下了一颗"立志选调，扶贫救难"的种子。

沉于学工，默默付出拓格局

在专业学习之余，他也积极投入学院的学生工作中，从院研会干事到学院团学辅导员，他热忱服务学院师生，为学院发展添砖加瓦。在他看来，党"为人民服务"的宗旨在校园生活中最好的践行方式就是在学有所余的基础上承担适当的学生工作，这也是他回报身边老师、同学、朋友们的指导、帮助的最好方式之一。

秉承服务师生的宗旨，赵晨晨习惯在工作中反思，在反思中学习，在学习中成长，踏实干事，默默付出，争取把每一项工作做好，为师生提供最好的服务，让他们享受最好的校园生活，争做一名敢担当、能担当、善担当的学工骨干。2016—2018年的"城市治理"博士生论坛、大学生案例挑战赛、学院研究生代表大会、学术沙龙、"国翼杯"师生羽毛球赛、"凯原十佳"教师评选等一系列师生活动和诸多团建工作中都有他的身影，他也有一颗希望同学们在国务学院可以学习、生活得更好的心。

对于赵晨晨来说，从"搬砖干活"到"组织策划"再到"指导协调"，成长的不仅仅是他自己的办事能力，胸中格局的扩宽才是真正受益之所在。如果说每一个社会科学专业学生的心中都有一簇"奉献自己，服务社会"的火苗，那么两年半的学生工作则彻底将他心中的这团火点燃。他仍记得办完博士生论坛，很多与会博士生都加了他的微信，只为给他们的服务点个赞；他也记得为 2018 届毕业研究生办完毕业典礼，学长学姐们都在朋友圈里晒起了图，感谢研会为他们定格了毕业季最美丽的画面；他更记得每一场大型活动前和同伴们一起加班加点的日日夜夜。

怀揣着"奉献服务"之心，赵晨晨希望通过自己的努力为身边的师生提供力所能及的帮助与服务，而老师、同学们对于他每一项工作的认可也让他更有信心和热心去做好下一项工作。他心中十分感恩身边每一位老师和同学，没有他们的理解、支持与认可，他也很难能有此成长。而正是这样的成长，让他认识到自己的能力所在，也让他明白"帮助他人，服务集体"的快乐所在。如果有可能，他希望以后可以站在更广阔的平台上去帮助他人，服务社会。

躬行践履，稳扎稳打练本领

"道不虚谈，学贵实效。"研究生期间，除了科研与学生工作外，赵晨晨也挤出时间，踊跃参加社会实践，在实践中运用自己的理论知识、感受国家社会的发展，以知促行，以行促知，知行合一。学习的最终目的是为了服务国家发展。秉承着"学以致用"的理念，他先后赴徐汇区华泾镇、共青团黄浦区委员会和中共黄浦区委员会宣传部挂职锻炼，感受党政机关的工作氛围，了解公共部门的运行机制，熟悉公共事务的内容要义，厚植为国为民的家国情怀。

在华泾镇，赵晨晨主要负责社区志愿者的组织管理工作、社区老龄人口福利发放管理工作以及社区居民调解纠纷和生活服务；在黄浦团区委，他负责研究、编撰了 2017 年度黄浦区少先队、共青团改革方案，制定了 2017—2018 学年黄浦区各初高中的团学发展方案，编写了 2017 年黄浦区少先队、共青团总结材料以及协助筹办了黄浦区第三次团代会；在黄浦区委宣传部，他主要负责"文明城创"工作，具体包括核对检查单位情况、跟进各单位整改情况、整理汇编月度"文明城创"总结报告以及准备相应会务等工作。

在单位，赵晨晨时刻提醒自己，要保持一名交大学子应有的优良作风，更要树立身份意识，不能仅仅把自己当作一名"挂职"大学生，而是要将自己当作一名正式"公务员"，每一项工作都要尽心尽力。得益于带教老师的尽心指导，他在写文、办会上的能力得到了快速提升，也受到了单位领导的一致认可。他也希望可以让更多交大学子参与挂职锻炼，激励更多同学的家国情怀，鼓励更多同学在未来参与公共事务。受黄浦区领导委托，他推荐了10余位同学前往黄浦区各机关单位开展挂职锻炼。

赵晨晨积极参加了学校的社会实践。2017年寒假，他带队前往新疆开展了"他眼中的十九大——2018年交大学子百校宣讲"实践活动，同诸多新疆同学谈十九大精神，聊交大生活，鼓励他们努力学习，砥砺前行。2018年暑假，他带队前往江西开展"探访选调之路——中西部乡镇基层调研实践"计划活动，赴江西省抚州市浒湾镇与鹰潭市中童镇开展实地走访调研，联络选调校友，了解乡镇发展。

在这些实践过程中，赵晨晨最大的成就感来源于可以将自身所学与实践结合，用自己的行动去影响身边的人与事，鼓励他们可以朝着更好的方向去发展。"选择交大，就选择了责任"，作为交大学子，"胸怀国家、服务社会"的精神已经融入血液。站在新时代的起点上，青年人应当肩负起国家富强、民族振兴、人民幸福的责任与使命，以己所学图国家之发展、求民族之复兴、谋人民之利益。未来，他将选调生作为自己的事业选择，"向下"扎根基层，"向上"自我成长，用自己的双手为中华民族的伟大复兴奉献青春、贡献力量。

供稿：国际与公共事务学院
作者：李锦红

罗　将：
少年壮志中国心，西出乡关助脱贫

人物白描

罗将，山东聊城人，2016届环境科学与工程学院博士毕业生，2016年贵州选调生，贵州省黔南州委组织部领域党建科科长。博士期间在校研究生会任职，荣获欧姆龙奖学金、智造顺德奖学金、思源志远就业奖等荣誉；现于龙里县谷脚镇挂职党委副书记，任高堡村第一书记。2019年获得贵州"全省脱贫攻坚优秀第一书记""黔南州脱贫攻坚优秀党务工作者""龙里县脱贫攻坚优秀党务工作者"等称号。

从巍巍学府到政府机关

时间回到2011年秋季，罗将带着行李，怀揣梦想只身一人来到上海，来到上海交通大学这所百年学府继续深造。对于他来讲，来到交大读书不仅仅是学习专业知识，更多的是要让自己有更高的眼界，更开阔的视野，更宽广的胸襟。在上海这座开放最前沿的城市，在交大这所巍巍学府，不仅有更多的机遇和平台，还有更多的机会去认识这个国家，这个世界，也能够更好地认知自我。

在实验室，他是有名的"拼命三郎"，每天都是最早到最晚走。在校园，他加入博士生会，积极投身校园文化活动。读博期间发表了三篇高水平论文，顺利通过了博士答辩，手里也有了几家公司的offer。毕业季是每个人的人生岔路口，迷惘和忧虑填满着每个要毕业的人的心。但对于罗将来说，他的梦早就有了归属。

从上海交通大学走出的博士会选择一份什么样的职业呢？面对这个问题，大家想到的可能会是拿着一份不错的年薪，在北上广过着一份舒适的生活，在繁华的都市有一套房子。可罗将毅然地选择去贵州做一名选调生，"去基层，去服务更多的人"。

这不是一个心血来潮的选择，这是一份要用一生坚守的执着。实验室里的瓶瓶罐罐装不下他的梦想，实现不了他的追求；他想要的，是接触最平凡的人，做最有利于百姓的事。

除了自身的价值取向，他童年时的生长环境也深深影响了他。罗将的故乡是山东聊城，这也是孔繁森的老家。1979年，国家要从内地抽调一批干部到西藏工作，时任聊城地委宣传部副部长的孔繁森主动报名，请人写了"是七尺男儿生能舍己，作千秋鬼雄死不还乡"的条幅。正是这耳濡目染的教育将奉献和服务的种子播撒进了这个男儿柔软的心房。一个是扎根西藏，一个是走向贵州，但两份理想却跨越时空水乳交融到了一起。从巍巍学府到政府机关，他迈出了走向社会的第一步，这一步扎实而稳重。

从繁华都市到乡村田野

在组织的安排下，罗将进入了黔南州委组织部办公室工作。得益于组织部对选调生的关心，他的业务能力日渐精进，也渐渐习惯了组织部的工作环境。然而，他总感觉自己博士的能力还未完全发挥出来，究其原因还是对基层不够了解。于是他凭着一贯对自己高要求的性格，主动向组织提出要去基层锻炼。2017年5月，罗将来到龙里县谷脚镇挂职党委副书记，任高堡村这个贫困村的第一书记，在村内开展扶贫工作。

高堡村是贫困村，是一个封闭落后、破败不堪的小村落，是一个有着166户507人贫困人口，贫困发生率23.5%的村庄。村里基础条件差，危旧房很多，垃圾到处扔、污水到处流，整个村没有一个文化广场，甚至许多村民组还未有硬化路。落在罗将身上的担子很重，挑战也很大。

从繁华都市到乡村田野，罗将又迈出了他的一步，他一步一步地舍弃了他的安逸、享受，来到了最偏远最基层的农村，这是一种厚积薄发的前进。十年寒窗苦读才终有一日金榜题名，同样的，对基层工作的认识需要从农村开始。农村人口在我们国家仍是一个庞大的群体，脱贫攻坚仍是我们国家第一要务，只有来到农村才能了解什么是农村实际，什么是农民现状，才能更好地了解我们这个国家，才能更好地服务我们的人民，做好本职工作。

罗将说，他仍然记得第一天来到高堡村时的场景。那天部里破例由部领导亲自送他来到龙里，把他交给县委组织部，并叮嘱他好好干，虚心学习，有困难找组织。也是在当天，罗将舟车劳顿之后来到了村里，在破旧不堪的村委会瓦房里见到了村干部们，他们都一脸渴望地望着罗将，用浓重的本地方言跟他交流。晚上，他被安排在了村委会居住，同另外一位驻村干部挤在一个房间里面。那一晚他躺在床上望着忽明忽暗的灯光，呼吸着夹杂着牛屎马粪的乡土气息，感慨颇多。作为一名党员，就应该到组织最需要的地方去；作为一名年轻干部，就应该到最基层去锻炼自己，年轻人就应该跳出自己的舒适圈，去接受挑战，去成长。正是这样的信念，让罗将坚持驻村到了第四个年头，亲眼见证了高堡村乡村巨变。

从一介书生到田坎博士

龙里县是贵州66个贫困县之一，高堡村又是龙里县贫困发生率较高的村之一。2017年罗将刚下来驻村不久，龙里县就掀起了脱贫攻坚冲刺的浪潮，力争在2018年实现脱贫摘帽，时间紧迫，压力可谓空前。

号角已经吹响，扶贫战役已经开始，罗将能做的就是带领扶贫干部一起努力向前。刚刚来到村里的罗将难免有些书生气，对村里并不熟悉，说着一口普通话，多少给人一种高高在上的感觉。但是罗将并没有放弃，语言不通就开始学，情况不熟就开始摸。几个月下来，罗将瘦了一圈，黑了许多，但能听懂老百姓说的话了，他走遍了全村19个村民组，对全村情况有了深入了解，也发现了许多问题。

罗将知道身为第一书记要想开展工作首先要凝聚人心，把党员和群众团结起来才能发挥最大作用。高堡村基层党员较为分散，层次参差不齐，党建工作很难开展。他在同党员群众交谈中发现习近平总书记的人格魅力非常大，作为博士，人们见到他都要跟他谈论习近平总书记，于是他便抓住了这个机会，向组织争取到了一批《习近平的七年知青岁月》《习近平谈治国理政》等书籍，免费发给全村党员和全体驻村干部，定期组织大家进行学习讨论，这大大增加了他们的学习激情，也激发了他们的干劲，脱贫攻坚的战役氛围日渐浓厚。

党员干部团结起来了，但是还需要群众参与进来。群众是脱贫攻坚的主体，扶贫干部力量有限，只有发动群众让群众参与进来，干部群众齐心协力，才能啃下硬骨头。罗将在走访中认真听取群众述求，发现问题及时解决。在走访中他发现许多非贫困户对扶贫政策并不了解，也不关心，甚至还有个别群众对此存在误解。为此，他带着驻村干部定期在全村所有村民组开展村民评议会，召集群众对贫困户进行评议，同时贫困户也讲述一下自身情况、帮扶情况，把事情亮出来，这个方法不仅有效消除了贫困户与非贫困户之间的隔阂，宣传了政府的相关政策，同时也进一步拉进了干群关系，群众满意度、认可度得到了很大提升。

正是这一次次的走访，一次次的院坝会，一次次的做工作、公平公正的处理问题，使得群众能够积极参与进来，掀起了全民参与脱贫攻坚的热潮。而罗将对基层的认知，对群众工作的开展也越来越熟悉。

短短一年多时间，罗将和驻村干部一起总共争取资金两千万余元用于村庄基础设施建设，带着群众先后完成通村路拓宽1条7.1千米，通组路3条5.1千米，断头路3条12.7千米，串寨路6条574米，联户路19条1 467米，独户路55户2 255.5米；建成卫生厕所187个，卫生厨房176个，安装太阳能路灯209盏，广电云安装300余户，实施农户院坝硬化5 000余平方米，公共区域硬化面积1 000余平方米；放置垃圾箱17个，垃圾车1辆，建成污水处理系统 3 个，停车场 950 平方米，机耕道 5 418 米，建设村村级文化活动场所 1 处，并重新翻修了高堡村党群服务中心大楼。村庄面貌焕然一新，再也不是之前的那个脏乱差的小村庄了。

为了让老百姓巩固脱贫成效，达到真脱贫，罗将为全村制定了村庄产业发展规划，他根据当地特色，按照"一村一产，多点开花"的思路推动全村产业发展，在全村形成了以刺梨种植为主，富硒茶叶、错季蔬菜、中药种植为辅的产业格局。目前全村种植刺梨约 9 600 余亩，错季蔬菜种植近 300 亩，云台山茶叶种植约 600 余亩；他还帮助村里建强村级股份制合作社，通过"村社合一"持续巩固村集体经济和百姓收入，村级合作社牵头采取"龙头企业＋合作社＋农户"的模式种植 200 亩中药材已经全部种下。下一步，他打算将争取到的扶贫车间尽快投入使用，"至少要在今年产生效益"，罗将说。

2018 年 7 月，国家第三方评估小组进驻龙里开展评估，高堡村作为抽检对象接受了国家检验，罗将作为第一书记全程跟随检查组检查，以零问题圆满收官，为龙里交上一份满意答卷。同年 9 月，贵州省正式下文宣布龙里脱贫。那一天，整个高堡村驻地彻夜无眠，全都沉浸在喜悦之中，像是打赢了一场旷日持久战争的战士载誉归来，身上的担子终于卸了下来，连续一年多的疲惫、质疑、努力在这一刻都化为了金灿灿的果实，罗将感觉他的博士头衔得到了一次升华。

2019 年，他被贵州省委评为"全省脱贫攻坚优秀第一书记"，同时也被黔南州委、龙里县委评为"黔南州脱贫攻坚优秀党务工作者""龙里县脱贫攻坚优秀党务工作者"，次年，他年度考核记三等功一次。这些荣誉是对他的付出的肯定，但罗将没有放下前行的脚步，驻村干部换了一茬又一茬，但他依然坚守在岗位上，努力着一点一点改变着脚下这片土地。

供稿：环境科学与工程学院

作者：张蓉、于爱涛

朱彦楠：
平凡的岗位上创造不平凡

人物白描

朱彦楠，上海交通大学机械与动力工程学院机械工程专业2016级硕士生。出生于黑龙江一个小县城的她，一心希望求学于交大，考研进入交大机动学院后，朱彦楠师从机电控制与物流装备研究所的王旭永老师。硕士期间以第一作者发表1篇SCI、1篇英文EI、1篇中文EI级别学术论文及1篇第二作者的EI文章，一项发明专利授权。此外，她还曾获得SMC一等奖学金、康明斯奖学金及柳工成绩优异奖学金等荣誉。除了科研、学业方面的耀眼成就，她还热心公益，曾用一年时间义务为农民工子弟小学及残疾人家庭的学生进行课外辅导。如今，朱彦楠立志服务于祖国的装备制造业，她抛下了一线城市诱人的薪资待遇，选择回到了哈尔滨，努力为东北老工业基地的振兴添力，现已签约哈尔滨电气集团哈电机厂。

在漫漫求学路上，奋勇耕耘

朱彦楠来自黑龙江省的一个小县城，家乡贫乏的教育资源使得她的求学之路并非一帆风顺。自打高中起她便在心底就埋下了一颗来上海交大求学的种子，然而高考却让她与交大失之交臂。

因为从小的兴趣，她毫不犹豫地选择了机械设计制造及自动化专业。初入大学校园，一度也因身边的男女比例很不适应。但深入接触后，她逐渐积累起对专业的热爱。投身工科六年，她说自己"变得吃苦耐劳，从不矫情和挑剔，能够更加理性地对待周遭世界"。本科期间，除了成绩优异屡次获得奖学金外，她兼顾科研，热心公益，更连续一年利用周末业余时间义务为农民工子弟小学及残疾人家庭的学生进行课外辅导。

六年的本科生涯过去，朱彦楠最初对交大的那份向往和喜爱仍未消减，交大机械与动力工程学院耀眼的光芒也始终吸引着她。2016 年，朱彦楠选择以考研的方式进入交大。对于备考的那段时光，她用"越努力，越幸运"来概括。她十分感谢曾经那个拼了命的自己，最终，她成为所在学院唯一一位通过考研进入交大的学生。

在日新月异的时代里，努力开拓

朱彦楠怀揣着对大城市的憧憬与向往，从东北千里迢迢来到上海，初次见到交大的场景历历在目：黄昏，坐在机动大草坪上，抬头看那湖水和远处的钟楼，她感慨万千。望着这个她梦想已久的学府，她在心里悄悄告诉自己，曾经的努力没有白费。

朱彦楠说："日新月异的交大带给我的不仅是专业知识上的提升与沉淀，还有视野的开拓与精神层次的升华。"沉浸于浓厚的科研氛围中，她感到无比幸福。研一期间的研究生复杂机电竞赛首先带给她全新的体验，她负责的是一款针对人口老龄化的多功能医护床的核心电控技术的开发和调试工作。在实际项目的锻炼下，朱彦楠不断积累了控制器及程序开发的经验，项目也获得了课设一等奖的荣誉。

在初入课题组时，朱彦楠对一切都很陌生。她不断向实验室师兄师姐请教，深入学习之前的研究内容，这份日积月累的勤奋刻苦，让朱彦楠很快就把握住了自己的研究方向。在导师王旭永的指导下，她先后参与了国家自然科学基金项目、装配预研教育部联合基金项目，专注于凸轮转子叶片马达的液膜厚度设计优化、单叶片摆动式液压马达动密封摩擦机理研究。直至硕士毕业，她以第一作者身份发表一篇 SCI、一篇英文 EI 和一篇中文 EI 级别学术论文及第二作者 EI 文章一篇。此外，还有一篇发明专利已被授权。

谈到自己的导师，她说，王旭永老师一丝不苟的治学态度和实事求是的学术作风对她的工作、学习乃至人生观价值观都产生了极为深刻的影响。2018年11月，她与课题组参加了在荷兰举办的机电一体化主题国际会议，与来自不同国家的科研学者交流学习。

从项目的积累到高水平科研的完成，朱彦楠秉持着一贯的努力劲头，不断地开拓可能，啃下了一个又一个科研上的硬骨头。

在祖国最需要的地方，创造不凡

朱彦楠说，自己的择业观似乎与身边的同龄人有着较大的差别，但她也相信并不是每个人都像她一样深思熟虑过。面对外资、合资企业的高薪诱惑，她最终还是选择了去往哈尔滨电气集团。

"忠于内心、适合自己，那便是最好的决定"。朱彦楠没有盲目地与身边同学对比，北上广丰厚的薪资待遇固然诱人，但她看到的是丰厚待遇背后更大的生活压力，更看到了自己内心真正的追求。本科期间就到哈电参观实习过的她，深深折服于哈电"承载民族工业希望，彰显中国动力风采"的历史使命，她也始终铭记着上海交大"到祖国最需要的地方去"的号召。怀揣着这样的信念，朱彦楠选择来到哈尔滨电气集团，力图在祖国最需要的地方创造不凡，履行交大人"选择了交大，就选择了责任"的使命。

朱彦楠相信，无论在哪个城市，从事何种行业，只要踏实肯干、兢兢业业，就一定能做出一番成绩来。回到家乡就业，朱彦楠希望让自己放下包袱，去追求自己向往多年的生活，也希望融入职场的同时，也能够在企业导师的支持下，继续在学术道路上不断追求，这样未来一定会修炼得更加轻松和自在。

朱彦楠觉得，民族振兴是祖国的希望，更是交大人的使命。这也就是为什么她决定投身建设祖国装备制造业，为家乡老工业基地的振兴添砖加瓦。

朱彦楠表示，她会用青春的热血去努力拼搏，为祖国的繁荣昌盛贡献自己的一份力量。生命不息，奋斗不止，她希望把自己放在祖国最需要的地方，回报家乡，回报社会，牢记使命，努力在平凡的岗位上创造不平凡。

供稿：机械与动力工程学院

作者：蔡易林

谢 焕：
大漠上的"朗读者"

人物白描

谢焕，凯原法学院 2016 级硕士生。上海交通大学第十八届研究生支教团成员，前往内蒙古自治区鄂尔多斯市伊金霍洛旗苏布尔嘎镇中心小学支教。本科期间，谢焕作为校学联副主席，曾参与 120 周年校庆、开学典礼、毕业典礼等校园活动的筹备中。被评为上海市优秀毕业生、上海交通大学优秀共产党员。

支教，一生最美的珍藏

大一暑期，谢焕曾跟随凯原法学院的老师和同学前往江西九江支教。由于连续高温的恶劣天气，当地学校全部停课，于是行程只好从上课变成家访。行程的临时改变没有让谢焕感到遗憾。相反，借着家访的机会，她了解到孩子们在生活更加真实的一面。这是谢焕后来下定决心选择加入研究生支教团的原因。加入研究生支教团伊始，谢焕对自己说，在这说长不长说短不短的一年时间里，一定要拼尽全力给当地的孩子们带去帮助和改变，哪怕只有一点点。她相信这段经历一定会成为自己一生最美的珍藏。

支教的生活环境与大学时期大不相同。不同于上海的车水马龙和万家灯火，谢焕支教所在的小镇在太阳下山后是万籁俱寂的漫漫长夜；不同于交大校园的风景如画和设备齐全，谢焕支教所在的小学环境粗略简陋，孩子们运动玩耍的操场上还有两块"不合时宜"的菜地；不同于大学生活的劳碌奔波和丰富多彩，内蒙古的生活节奏很慢，也略显单调。谢焕的每日生活只是教室、办公室和宿舍的三点一线，但这也让她看到了生活里自然本真的美：黑夜里的璀璨星空和遥远银河，菜地里的硕果满枝和满载而归，大自然的馈赠和自由，那些稚嫩可爱和天真烂漫的娃娃们让简单的生活充满了简单的快乐。这让谢焕感受到了前所未有的宁静，并在这样的宁静中回望来路，沉淀自我。无论是深沉的大地，还是孩子们纯真的笑脸，都是谢焕支教行中珍爱的瞬间。

支教，一份幸福的能量

谢焕所在的支教地是一所小学，她的支教对象是一群未满十岁的孩子们。努力学习考上一所好的大学，走出大漠到更广阔的世界去，争取让自己过上更好的生活，像这样的目标好像离他们还很遥远。和小学里的老师、同学们进行多次交流之后，谢焕发现由于父母外出务工、家庭不和、家庭破裂、家庭重组等原因，许多孩子都很敏感孤僻并且不善于表达，于是谢焕决定在学校每天的少年宫活动时间开设朗诵兴趣班，让选择这门课程的小朋友在简单的文字和朗朗的读书声中，感受文字和声音的力量，看见诗文里希望、爱和美好的模样。他们彼此微笑时上扬的嘴角、诚恳的眼神瞬间拉近了大家心灵上的距离，传递着积极和友好的情绪。在每日的朗诵兴趣课上，他们学会侧耳倾听，学会自信地表达和顺畅地交流。

一个学期的课程结束后，有老师向谢焕表示感谢，因为她班上的几个小朋友不再像从前一样害羞，在沟通表达方面有了很明显的进步，并表达了想要下个学期把另外几个平时很内向不爱说话的孩子送到谢焕的兴趣班上课的想法。谢焕没有想到，自己的朗诵兴趣课对于孩子们的帮助如此之大，他们因为朗诵变得真诚活泼。谢焕感受到了前所未有的被认可、被需要的幸福，也更加坚定了自己要坚持开设朗读兴趣班的决心。一场场朗诵不仅搭建了声音世界和文字世界的桥梁，还承载着谢焕难忘的青春时光和孩子们对远方的向往。大漠中的朗诵声给谢焕和孩子们展示了古典与现代的文学美，传递着一份份让人充实幸福的能量。

支教，一个无悔的选择

　　除了平时的课程，谢焕还负责学校的党建工作和一些校园活动的策划组织。在本科期间积累的学生工作经验使谢焕高效地完成各项工作任务，在各项活动中培养的责任感使命感让谢焕对于每项工作任务精益求精。"三八"妇女节到来之际，谢焕获评苏布尔嘎镇中心小学年度"三八红旗手"，这令她惊喜不已。本科期间学校庆祝妇女节，校园里会挂满各种有趣的横幅，男生们会在食堂外向女生们分发玫瑰和奶茶，而这一次的节日对谢焕的意义和以往大不相同，也更为特殊。谢焕不再是一个在校园里青涩的小女孩儿，而变成了一个值得孩子们信任的大姐姐。她感受到自己肩上责任的重量。

　　谢焕说她投身支教的初心是"但行好事，莫问前程"。支教时间过半，她却突然发觉这简单淳朴的支教生活才是自己难得遇到的真正"好事"。在西部的大漠里，她不仅仅是带领孩子们的"朗读者"，还是孩子们明亮未来的"点灯者"。她知道教育资源配置的均衡还有很长一段路要走。谢焕无比感谢在内蒙古大漠的这一年，对她而言这是一场独一无二的成长。从孩子们明亮的眼睛里，她读出了渴望与憧憬，发现了真诚与善良。与此同时，她也感受到了希望——来自大漠深处孩子们顽强生长的希望，一代又一代人坚守在大漠为教育事业无私奉献的希望。谢焕无悔于当初选择来到这里支教，她觉得这是她人生中做过的最正确的决定之一。将来即使回到繁华的上海，回归热闹的校园，西部生活的印记也将一直伴随和激励着她，那里的蓝天和黄土，那里的纯真与可爱，将成为谢焕永生难忘的珍宝，激励谢焕在人生道路上勇往直前，不忘初心。

供稿：凯原法学院

作者：周琳琰

抗疫榜样

丛文艳：
青春同行，"e起战'疫'"

人物白描

丛文艳，上海交通大学电子信息与电气工程学院2019级硕士生。在今年战"疫"过程中，她利用专业知识，通过"e起战'疫'"小程序，为杭州市滨江区的战"疫"提供了智慧支撑。

从居家隔离到一线

2020年春节时，丛文艳随姐姐一行驾车回杭州，开始了14天的居家隔离。当一线工作者冲锋在前时，当疫情仍在蔓延、确诊人数攀升时，丛文艳为疫情奉献自己力量的念头愈加强烈。

当和在杭州市滨江区组织部任职的大学好友金秋微信聊天时，丛文艳得知了好友正在社区基层战"疫"一线。金秋先后走访了辖区内的20多个社区，发现目前社区中门岗值守人员都采用人工登记或分发纸质通行证的方式记录人员出入信息，而当人流量较大时，这种登记方式效率低且人员容易扎堆，存在风险隐患，不利于防疫工作。于是金秋希望能够用电子化的方式减少人员接触和等待的时间。作为一名电院学生，丛文艳对她的想法深表赞同：利用电子化登记的方式不仅能够大大增加通行效率，还能够做到真正的无接触登记，降低传播风险。

当金秋找到丛文艳，希望丛文艳能加入"e起战'疫'"小程序的开发和维护小组时，她毫不犹豫地答应了。丛文艳希望能发挥专业特长，在为小组减轻开发负担和难度的同时，也为基层人员减负，为战"疫"献力。

开发小组除了金秋以外，还有两名上海交大信息安全专业的研究生：顾双驰和王科迪。在丛文艳加入前，小组已经开发出了"e起战'疫'"小程序第一版的网页版，即将在选定的社区中试运行。战"疫"任务重时间紧，从加入小组到熟悉开发，丛文艳没有太多的时间，她必须在最短时间内理解框架、理清需求。在投入试运行前，小组进行了反复的测试和修改，争取最终呈现给基层工作者的是功能完善的战"疫"系统。

由四人团到万人区

由于无法面对面交流，远程开发成了小组必须面对的第一个难题。由于没有机会到基层去了解实际情况，在最初设计试运行的系统时，小组没有真正理解基层工作人员的需求，导致一些基层人员在系统的使用上存在困难，不得不用回人工登记或分发纸质通行证的工作方式。尽管如此，试运行社区的工作人员还是给出了许多意见和建议，帮助小组进行系统改进。

在经过讨论之后，小组摸索出了一套适合当前情况的"白加黑、线下加线上"的工作模式，即由滨江区政府组织部牵头，以金秋作为线下主力，分批对社区基层服务人员进行培训和答疑，并在每晚的开发组例会中将收集到的工作人员的需求进行反馈；而丛文艳、顾双驰和王科迪以此为基础，细致梳理、抽象需求，优化、简化系统的操作方式，做到版本的快速迭代更新；同时，为了保证反馈渠道畅通，小组还通过微信群的方式，与社区、园区管理员直接建立联系。其中，丛文艳负责与管理员对接，保证线上线下培训答疑同时推进。

"e起战'疫'"网页版运行正常后，小组开始着手推广小程序。由于正常小程序审批要三天时间，为了以最快的速度将电子化平台正式投入使用，在滨江区政府和腾讯的协调、支持下，"e起战'疫'"做到了两小时就发版。随后，小组迅速与社区、园区对接，正式启用"e起战'疫'"小程序，为推动全区电子化、智能化战"疫"提供了保障。

经过近十天的优化，"e 起战'疫'"系统不但有为社区、园区排查提供在线测温、预警等功能，而且为"居家隔离户"提供了在线"店小二"等服务。同时它还打通杭州市健康码，提高通勤效率，为战"疫"提供了智慧支撑。

截至 2020 年 3 月 19 日，小程序已免费应用于滨江区内 59 个社区，205 个小区，服务 290 455 名住户；覆盖 23 个园区，893 家企业和 42 962 名企业员工，累计打卡记录 641 144 人次，使用人数 33 万余人。不少外地企业和政府部门纷纷咨询，杭州电视台也为"e 起战'疫'"小程序作了专题报道。

四个人的小团队能服务 33 万人的滨江区，看起来不可思议，但却是有力的政府支撑、强劲的政策保障和全区工作人员、住户和员工的配合下的必然结果。

疫情不退我不退

2020 年 3 月中旬，在全国人民的努力下，疫情有了缓和之势。此时，顾双驰和王科迪由于毕业离校，无法再承担"e 起站'疫'"的日常维护工作，正式退出了开发小组。

"e 起战'疫'"小程序已经在全区推广使用，相比 2 月高强度、高标准开发优化的要求，现在是一场持久战，更多的是考验耐心和毅力。在和金秋商量之后，丛文艳决定留下继续负责"e 起站'疫'"的日常维护，同时解决社区、园区管理员群中的使用问题。

疫情无情人有情，此次经历对丛文艳来说是一场不同寻常的战斗，更是一次与众不同的锻炼，使她不畏艰险，勇挑重担，利用专业所学，以实际行动践行初心使命，书写责任担当。

疫情还未结束，丛文艳和"e 起战'疫'"的故事也还没有结束……

供稿：电子信息与电气工程学院

傅洛伊：
科技战"疫"书写青春华章

人物白描

傅洛伊，上海交通大学电子信息与电气工程学院计算机科学与工程系副教授。她在交大求学 14 载，毕业后任教电子信息与电气工程学院计算机科学与工程系。她在疫情期间运用知识图谱、数据可视化等技术，从疫情防控研究和疫情传播模型双视角对疫情大数据展开深入剖析，不仅有助于公众了解病毒散播特点，也为各级政府制定针对性防控措施提供参考，并对未来流行病预防检测提供普适性指导依据。

回报母校，刻苦工作屡获大奖

2017 年 4 月，傅洛伊结束了自己在上海交通大学 14 年的学习，正式任职交大电子信息与电气工程学院计算机科学与工程系。从此，铭记交大校训"饮水思源、爱国荣校"的傅洛伊努力工作，以此回报母校养育之恩。

傅洛伊针对物联网信息传输与优化展开长期的研究，并在自己与团队的辛勤付出下屡获大奖：不仅获 2018 年国家自然科学基金优秀青年基金资助，与团队一起获 2012 年上海市技术发明奖二等奖（第五完成人），获评 2016 年 ACM 中国优秀博士学位论文，获 2018 年国家自然科学基金优秀青年基金资助，相关研究成果入选 2018 年上海市科委"优秀学术带头人计划项目"（第三负责人）。傅洛伊本人更是获得 2020 年计算机网络全球十大女性新星奖，这也是迄今唯一一位来自中国大陆高校的获奖者。

扎根科研，结出丰硕研究成果

傅洛伊对物联网信息传输与优化方面的理论与关键技术展开了系统性的研究，重点围绕传输过程中目标用户"能否连、如何连，怎么传"三方面的挑战开展研究，将其归结为网络连通判断问题、信息传输路径的规划方法及可靠高效的协传技术，从理论、方法与技术三方面做出了一系列工作。

首先，针对网络连通判断问题，傅洛伊摆脱了传统研究仅关注全网连通性的局限，首次对少量个体用户之间是否连通进行了深入的探索，在国际上率先提出了一种一般性连通判断最优准则。

其次，针对传输路径规划方法，傅洛伊跳出了现有经典理论最优斯坦纳树必须获取全网拓扑才能构建最合理多播树的框架，首次对最优树在实际部署中的可操作性给出了确定的回答。

最后，针对可靠高效的协传技术，傅洛伊同时站在保障可靠传输与传输速率优化角度开展技术创新，为传输性能提升提供了可行的技术保障。

学以致用，术业专攻科学战"疫"

2020年新冠疫情暴发，全国上下齐心协力攻坚克难，傅洛伊在自己的研究领域，运用知识图谱、数据可视化等技术，从疫情防控研究和疫情传播模型双视角对疫情大数据展开深入剖析，产出多项重要创新成果。

傅洛伊针对新冠病毒研究文献因为种类繁多、视角各异导致的彼此关联松散现象，提取了300余篇疫情相关通讯及论文进行解读，建立了一阶与二阶引文"星云图"，有效重现了冠状病毒研究的连贯研究脉络，提供了疫情研究的潜在知识来源。此外，为了提高相关专业文献对跨领域学者和民众的可读性，她开发了基于映射聚类的文献概述算法，帮助抓取相关科研工作的核心贡献，增加了科学文献的受众范围。

在疫情排查管控领域，面向新冠病毒轨迹再现的迫切需求，傅洛伊利用国内人口迁徙轨迹数据构建了患者行踪路线知识图谱，有助于对传播成因的推理和再现。她按省、市、县、区四种粒度绘制了患者行踪可视星云图，抓取了各省市病毒传播模式的特点，为疫情排查与管控工作提供了参考。同时针对病患跨域感染关联缺失问题，傅洛伊从疫情扩散视角还原了新冠病毒通过迁移轨迹进行人际间传播扩散的过程，提取了病毒网状扩散结构的特征，开展了跨省市、跨区县的疫情演化传播分析。这些研究工作为推演政策干预下的传播形势改观，提高资源利用率与疫情防治率提供了参考。

从毕业后于交大任教，回报母校，到在科研道路上不懈追求，结出丰硕的研究成果，再到在全国战"疫"的过程中利用所学回报社会，傅洛伊用自己的实际行动书写青春华章。正如习近平总书记所说："展望未来，我国青年一代必将大有可为，也必将大有作为。这是'长江后浪推前浪'的历史规律，也是'一代更比一代强'的青春责任。广大青年要勇敢肩负起时代赋予的重任，志存高远，脚踏实地，努力在实现中华民族伟大复兴的中国梦的生动实践中放飞青春梦想。"傅洛伊也是如此，她肩负时代赋予的光荣使命与责任，刻苦钻研奋斗，在实现自己的理想同时也为社会的发展贡献力量。

供稿：电子信息与电气工程学院

作者：季嘉舟　魏修远　张馨语

林　可：
在湖北村口战"疫"

人物白描

　　林可，上海交通大学材料科学与工程学院 2019 级硕士生。林可的家在湖北宜昌郊外的农村，自新冠疫情暴发，村里面临着物资紧缺、人手不足、防疫宣传不深入人心等问题。作为一名退伍军人，林可在疫情的危难关头最先站出来，成为村里第一批志愿者中的一员，每天早上 8 点到晚上 6 点按时把守着村里的道路。正如先前在军队里站岗执勤一样，默默守护着自己的家乡，这对他而言是一种光荣的使命。随着时间的推移，疫情呈现逐步好转的趋势，村民会在微信群里积极配合工作，主动上报每日体温情况和其他健康信息，这些都是林可工作成果的体现。

疫情暴发，危难当头

　　2020 年 1 月 13 日，林可从学校返回家乡湖北宜昌。他从新闻里留意到武汉的异常，防范性地戴上口罩。此时一切尚好，生活还按照原定节奏继续着。谁也不曾料到，几天后疫情会如洪水猛兽般汹涌而来。当钟南山院士通报"新型冠状病毒存在人传人现象"，武汉首次公布出现死亡病例时，他不禁感到一丝慌乱。

　　宜昌虽然与武汉并不相邻，但防范的疏忽与人口的流动还是助长了疫情的蔓延。迫于防控的压力，宜昌市于正月初一封锁全城。相比于中心城区，村里所面临的挑战更为严峻：口罩、酒精、消毒液等防护用品极度紧缺，同时，村里人手不足的问题日益突出。村支部书记不幸感染病毒，防疫的重担一下就落到了其他几个村干部身上。巡查宣传、信息上报，各类繁多的工作早已令值班干部应接不暇。更为困难的是，即便村庄的主干道已经封锁，仍有部分村民心怀侥幸，从无人把守的小路悄悄出入村。巨大的压力如同令人窒息的阴霾，一点一点地堆积起来，逐渐笼罩在这个平凡普通的小村庄。

退伍军人，义不容辞

林可是村里第一批志愿者中的一员。面对突如其来的疫情，他确实有些不知所措。可是作为一名入党积极分子，危难关头他应该最先站出来。作为一名退伍军人，良好的身体素质使他具备足够的条件去担下戒严的任务。从担任志愿者开始，他每天早上8点到晚上6点按时把守着村里的道路。不论是小路路口、收费站口，还是村民聚居的住宅区，他总是带着对讲机和执勤袖章，和另一位同伴一起站守在红色的指示牌旁。

随着执勤任务不断深入，林可也成功劝阻了部分想出村的村民。他从刚开始的不适应转变成自然坚定。他发觉，当自己认真专注地站在关口、坚守在岗位上时，就会感受到一种神圣的威严感。正如先前在军队里站岗执勤一样，默默守护着自己的家乡也是一种光荣的使命。

春光正好，相约花开

截至2020年2月17日，宜昌市累计报告确诊病例904例，村里累计报告确诊病例7例。随着时间的推移，疫情呈现逐步好转的趋势，这与每个人对待疫情的态度密不可分。林可记得，疫情初期，村里人还有随意出门、走街串巷，但现在基本都能安心待在家里，防范意识提高了许多，这也和他们的积极宣传、正面引导有较大关系。另外，林可母亲是名中共党员，在结束志愿工作后，林可还会帮助母亲整理每天的一户一情表。现在村民都会在微信群里积极配合工作，主动上报每日体温情况和其他健康信息，这也让林可感到很宽心。

看到全国上下一心支援湖北，林可由衷地表示感谢。这次疫情给湖北的百姓带来了很大的困难，但来自四方各界的援助与支持，却使大家原本沉重的心情得以舒缓。习近平总书记亲自派遣陆海空三军军医驰援湖北，竭尽全力挽救病人的生命，这份军人的责任与担当令已经退伍的他十分动容。在这个特殊的时期，全国人民捐钱捐物、同心协力、攻克难关，让他感受到了患难当中最深厚和真挚的感情。对于奋战在一线的工作人员，林可还想再多说一句：辛苦了。"我们能做的就是好好待在家里，而他们才是真正奋战在一线上。"感动之余，他希望医护人员、执勤民警和其他忙碌的人们也能做好自我防护，保护好自己。

抗击疫情离不开所有一线人员、湖北人民以及全国人民的抗疫决心。林可希望能够早日控制疫情，减少全国性的损失，将不利影响降至最低。"希望大家不久后能一起脱下口罩，晒着春天的太阳，看着春天的花。"这是林可心中最美好的祝愿。

供稿：材料科学与工程学院

作者：彭嘉庚

冯　冉：
在武汉，我想贡献自己的力量，哪怕很小

人物白描

冯冉，上海交通大学媒体与传播学院2019级博士生。在疫情特殊时期，身处武汉的冯冉积极响应武汉市委市政府的号召，报名参加江岸区青年志愿者，主要负责居民楼栋健康情况电话报备；协助学院团委联络共青团江岸区团委捐助物资，并在三八妇女节期间顺利完成媒体与传播学院呵护医护"半边天"捐助活动，该活动面向师生共筹集捐款约4万人民币。冯冉本人先后在武汉大学北京、上海、福建校友会，以及上海交大校友会等平台捐款700余元，为抗疫事业献上了自己的一份力量。

身处武汉，用平衡的心态重新认识生活

1月19日，冯冉从学校返回武汉。那时人们的防范意识并不到位，距离华南海鲜市场只有几公里的汉口火车站内却很少有人佩戴口罩。1月20号，钟南山院士明确表示新冠病毒存在人传人的现象。现在想来，这仍然令冯冉感到十分后怕。疫情初期，居住在武汉的居民有较大的心理压力。冯冉也坦然说道："虽然生活影响不大，但心情还是受到影响的，起伏不定，每天打不起精神，只想躺着，抑或是找小伙伴诉苦。"

然而即使身处疫情最中心的武汉，冯冉却选择用平衡的心态重新认识生活。她静下心来练习书法、和亲人们一起包水饺和包子，这些不同寻常的宅家活动也丰富了她那段尚不知终点的封城生活。慢慢地，随着武汉的疫情逐步缓和，冯冉的生活也走向正轨，她安定地阅读、做科研、写论文，在家沉淀自己。谈及她当时的心路历程时，冯冉表示自己很幸运，只是希望能赶快

回到学校，与大家相见。

平凡的志愿工作，传递沉甸甸的爱心

作为土生土长的武汉人，当看到曾经熟悉的街道变成了一个没有硝烟的战场，冯冉的内心无法平复，非常难过。"因为这是自己的家，总是希望自己可以做一些什么。"当看到公众号"青春武汉"招募青年志愿者的消息后，她随即与小区负责人取得联系并报名。她主要负责居民楼健康情况电话报备的工作，每天打电话询问本楼道居民的身体情况。

冯冉居住的小区老年人居多，老人的子女因疫情无法返乡，他们的生活因此缺乏照顾。除了电话联系，冯冉还会上门慰问，确认老人们的身体情况。若老人有身体不适，冯冉还会主动出门帮老人们买药。除此之外，她还在网上团购口罩送给有需要的人。虽然只是在家动动手指，冯冉也无时无刻不做着自己力所能及的小事。

看似十分简单的工作，背后却是成千上万次的重复动作，而这些简单琐碎的志愿服务工作，传递着冯冉沉甸甸的爱心。她期待着，每多一次慰问，每多跑一次药房，距离武汉的复苏就能更近一步。

为医护"半边天"解燃眉之急，
为"抗疫"事业献上一份力量

在全国上下齐心抗击新冠肺炎时，有这样一批女性医护工作者，她们是逆行的天使，展开双翼，为我们撑起保护伞；她们是距离病毒最近的人，为患者换吊瓶、量体温、送饭菜，牺牲小我，奉献大家，守护万家和平、人间喜乐。然而，专业防疫物资防护服、医用口罩等正在源源不断地送往一线的同时，作为女性医护人员所必需的卫生用品却成为稀缺资源，暂未被纳入防疫物资，而且，这些用品从外界进入湖北的通道并不顺畅，本地市场供应也远远不足，物资频繁告急。

除了为身边的人出一份力，冯冉也关注到抗疫前线的女性医护工作者卫生用品的稀缺问题，她在思考，在发问："是不是应该帮帮女性医护人员？作为学生，具体该怎么帮？有没有什么渠道？"想为一线医护工作者做些事情的点滴想法汇聚成一股力量，促使她在媒体与传播学院2019级博士生党支部率先发起了"与子同衣·武汉爱心"微信群捐款。随后该举动引起学院团委的关注，院团学联随即面向全院师生发布《呵护医护"半边天"捐助活动倡议书》，院团学联负责捐款汇总、物资购买和明细公示，冯冉负责与武汉市江岸区团委协调向武汉一线女性医护人员捐助卫生用品的意向和方案。作为班级唯一一位在武汉的同学，冯冉主动担起责任，成为呵护医护"半边天"捐助活动在武汉的关键联系人。正是有冯冉这座"桥梁"，上海交大媒传学院才能与武汉市长江新城方舱医院紧紧相连，共渡难关。

冯冉总是谦虚地说自己做的都是一些小事。做的事虽小，却产生了巨大的意义。呵护医护"半边天"活动从开始的班级微信群捐款发展为学院师生积极参与，还得到了来自校内其他学院的支持，甚至获得了海外同学的关注，筹得捐款约4万元人民币。得知自己参与组织的志愿活动为他们提供了平台后，身在武汉的冯冉心中温暖而又欣慰。从捐助者到参与者再到协调者，与之前的志愿活动相比，这次志愿活动给了她更强的参与感，也让她有了更多的责任感。想到还有更多人需要她的帮助，冯冉就想尽力多做一些事。

从封城那天开始，整个武汉仿佛进入了一场漫长的梦境。街道空荡，冷清萧条。通过网上的视频作品，冯冉亲眼看到武汉自封城以来不同以往的模样。作为一个武汉人，这是她20多年来第一次好好地看这座城市，她从未发现武汉这座城市在褪去往日的繁华与喧闹后是如此熟悉而又陌生。

除了奋战在一线的医护人员外，还有很多普通平凡的人坚守在岗位。看到关于快递小哥、环卫工人的采访时，冯冉觉得这些在关键时刻依然坚守在岗位上的工作人员的话语虽云淡风轻但又很有力量，因而很受触动。

学院团委老师张羽慧赞扬冯冉于困境中坚持志愿服务，她说："家国情怀不止宏大叙事，还应该是生活细节的总和。"在武汉，冯冉竭尽所能贡献了自己的一份力量，哪怕很小，但能改变一点就好。

供稿：媒体与传播学院

作者：肖　雯　蔡　懿

张方醒　董　方：
疫情不结束，我们不结婚！

人物白描

张方醒，上海交通大学密西根学院 2016 级电子科学与技术专业直博生，现担任上海交通大学密西根学院博士生党支部支委和 2016 级博士班班长。自博士入学以来，张方醒认真从事科研工作，致力夯实研究基础，目前在 *Physical Review Letters*，*Physical Communication*，*Nanophotonics*，*Applied Physics Letters* 以及 *Optical Express* 发表学术论文共 5 篇。作为非线性纳米光学团队的成员，张方醒和团队一起在单个光学微腔系统中实现合成维度的反 PT 对称系统，在光量子领域内得到广泛关注。

董方，浙江大学 2019 级党的建设专业博士生，上海交通大学 2016 级马克思主义理论专业硕士生。现担任浙江大学马克思主义学院博士生党支部支委，曾担任上海交通大学航空航天学院留学生辅导员、马克思主义学院 2016 级硕士班班长、"习研会"的发起人和主席团成员；她是抗疫党员突击队员，在疫情防控期间，她和张方醒同学一同加入家乡的疫情防控志愿值班值守工作之中，并取消原定于庚子年正月初六的婚礼。

庚子年春节前，张方醒和妻子，马克思主义学院 2016 级硕士校友董方毅然取消了原定于正月初六的婚礼。"疫情不结束，我们不结婚，一起抗疫吧！"作为党员，他们取消婚礼后就一起投入到了家乡疫情防控志愿服务工作之中。

取消婚礼，一起抗疫

疫情防控是一场保卫人民群众生命安全和身体健康的严峻斗争，是我们每个人义不容辞的使命与责任。

乙亥年的腊月二十八，张方醒、董方两人取消了回山东老家的计划，决定"长留"在江西老家，并计划一同申请加入疫情防控志愿服务工作之中。

在江西老家，由于回乡过年的党员同志人数较少，村"两委"没有专门去动员回乡的党员同志。作为回乡党员的他们，只能"宅"在家里关注疫情动态，心里有很多想做的事情却找不到合适的机会。一边愁苦自己不能为家乡的疫情防控工作贡献自己的力量，一边又担心自己加入志愿者工作是否会扰乱他们的工作计划，于是，他们从"自己的事情"做起。

在乙亥年的腊月二十九那天，村里的疫情防控工作的宣传内容还没提到"春节过后不能举办宴会"。根据当时疫情发展动态和政府部门的新闻发布会内容，他们断定接下来村委会将会在全村发布类似于"春节期间不能举办任何宴会"的通知，但是什么时候下通知还不明确。

当天，他们决定马上取消原定于庚子年正月初六的婚礼，他们把这个想法告诉了他们的父母。一开始他们的父母并不肯定他们的想法，安慰他们说，"等等看，万一到了初六那天，疫情控制住了"。在很多农村人看来，取消婚礼是艰难的决定。他们的父母通过他们对疫情的严重性和全民抗疫的重要性的讲述后，很快地表示完全赞同了。

张方醒同志和董方同志此次主动取消婚礼的举措在村里起到了带头作用，产生了极好的反响。原本计划在正月办喜宴的其他几户人家也紧跟表态不办喜宴，这给村"两委"的疫情防疫工作减轻了不少负担，当地县电视台为此来他们家进行采访并作了专题报告。

齐心抗疫，党员先行

庚子年的正月初四早晨，村"两委"的基层干部在习近平总书记关于"让党旗在防控疫情斗争第一线高高飘扬"的指示下，在村口增放了一面党旗。他们向父亲表达了想站在党旗下在村口进行轮班值守的想法后。父亲把他们的想法传达给村委会和各村民后，他们在正月初七第一次"上岗"了，成为志愿者团队的新成员。

正月初七早上 7 点 30 左右，他们来到了村里疫情防控值班点，他们将手袖、登记表、出入证、消毒液、体温表等整理好，当时心里还有一丝紧张感。在 8 点左右，第一位要出村的人是他们的母亲。即使是自己的母亲，哪怕是村口对面的蔬菜店买菜，也要按照流程出示出入证、量体温和登记。同他们一起值班的志愿者笑着和张方醒说，"你亲手把你丈母娘的名字写上了。"

在疫情防控工作中，无论是谁，都应该遵守规则和流程，这既是对别人的健康负责，也是对自己工作的肯定。第一位进村的人是诊所的医生，他给村里一位病了一个多月的大爷量体温，他也成为当天第四位出村的人。

第二位要出村的人是一位 60 多岁的大爷，他想去对面蔬菜店买面条，他们把没有戴口罩的大爷拦下，在和大爷商量后，按照大爷的要求帮他买回了面条，并叮嘱他下次出门要戴好口罩。

第三位要出村的人是一位要去村口外取快递的 50 岁左右的阿姨，和她商量后，他们帮她从快递员手中取回了快递并对快递包装盒喷洒了消毒液，并叮嘱她回家后快递盒要避开明火。因疫情防控宣传工作深入人心，整个白天村口都没有一辆车出入，旁边的省道上的车辆也是寥寥无几。

广泛学习，高效抗疫

在不参与志愿服务工作的时候，他们一边观看其他志愿者如何因地制宜开展农村疫情防控工作，另一边在学习强国 App 上学习其他社区好的做法，并及时将自己的意见向所在村党组织汇报。主要有以下几个方面：

一是当时周围的很多村庄在防控疫情时采取了极端的挖沟筑墙破坏道路的方式，这种方式是极为不可取的。在他们的建议下，村委采取了"志愿者＋移动围栏"的方式进行人员管控，避免破坏交通设施。

二是随着每日新增确诊人数的下降，村里出现了"放松"的现象，如出门不戴口罩、出门次数频繁等。他们和志愿者们一起商量如何以能让大家听得进去的方式提醒村民仍不能放松的重要性，为村民讲解疫情防范注意事项。

三是免疫力低下且信息接收渠道少的老年人群体对疫情最不上心，有些老人不戴口罩就在村庄里走动串门。他们建议村"两委"对老人的子女进行微信谈话，增强老年人疫情防控意识和知识。

此外，他们同其他志愿者一起将一部分口罩优先配给到购买口罩有困难的老人，让他们不为没有口罩戴而发愁。这些建议在疫情防控工作中得到了很好的应用，有效地推动了家乡疫情防控工作有序、有力的展开。

疫情就是命令，防控就是责任。对张方醒和董方而言，婚礼虽然取消了，但是爱情不会褪色，人生幸福路上的这次小考验，让他们更能理解何为责任和使命。当每一个人与祖国同在、当每一位党员发挥模范作用时，齐心抗疫、力克时艰，我们一定可以打赢这场没有硝烟的战争。

供稿：密西根学院、马克思主义学院

李祯妮：
学贯中西，以"译"战"疫"

人物白描

李祯妮，上海交通大学外国语学院英语（翻译）专业 2017 级本科生。新冠肺炎的爆发牵动着全国人民的心。在这场没有硝烟的战争中，也有着一个"语言"的战场——李祯妮就发挥自己的专业特长，参加了远程翻译志愿者工作，以"译"战"疫"，助力疫情防控。

与国共命运，与民共患难

疫情发生以来，全国各地千千万万医务工作者们放下了自己的小家，义无反顾奔赴前线；青年党员们更是主动请缨，请求派遣武汉；社会各界和爱心人士纷纷响应，筹集资金、捐助物资，举国上下，齐心协力，打响了这场人民之战。"召必应，战必胜"，李祯妮被医护工作者们英勇的气概、全国人民的戮力同心深深地打动着。

疫情发生以来，交大也积极响应国家号召，从除夕夜派遣第一批援鄂医疗队开始，累计派出 500 多名医务工作人员支援湖北。"选择交大，就选择了责任"，身为交大人，李祯妮深知这句话的分量，她为援鄂医疗队感到骄傲。备受鼓舞的同时，她也意识到了自己肩负的责任与使命。虽然不能奋斗在抗疫最前线，但她也希望能够以自己微薄的力量，为疫情防控作一些贡献。

自 2019 年 7 月以来，李祯妮就是上海宋庆龄基金会的翻译志愿者，负责基金会英文官网的建设，这次疫情暴发后她也承担了与抗疫相关的一些翻译工作。看到世青创新中心组织的"抗击新型肺炎疫情志愿者项目"时，她也毫不犹豫地报了名，正式踏上了以"译"战"疫"的征程。

星星之火，亦可燎原

本次翻译任务对李祯妮来说，其实是一项很大的挑战。

这次任务对时效性要求极高。疫情发展不等人，新闻、联络、物资信息都需要时刻更新：物资紧缺，一线医务人员急需符合标准的防护用品；惶恐情绪中，民众对科学权威报道和科研论文等科普内容需求量大，而其中一部分，比如钟南山团队、石正丽团队的研究成果，最初都是用英文发表的，对于普通大众来说，阅读原文略有困难；捐赠报告也需要及时翻译，以便外国友人了解中国人民对防疫所做的努力、收获的成效以及捐赠的必要性。这些都对翻译的时效性提出了很高的要求。更快地实现双语转换就意味着更多的捐赠物资能够及时送达医务人员手中，意味着可以更好地进行疫情防控，减少不必要的感染，降低传染率的同时缩小传染范围，让疫情早日得到缓解。一想到这些，李祯妮就充满了责任感和使命感，她放弃了大部分休息时间，不停歇地对文件进行快速翻译，甚至会在深夜接到任务之后爬出被窝打开电脑，尽她所能，在最短时间内发回译稿。

而事关抗疫大事，涉及生命和健康，译员作为联络的桥梁，在保证效率的同时也对翻译的质量和准确程度有着严格的要求。此次志愿活动是围绕抗击新冠肺炎疫情展开的，因此翻译过程中会遇到很多医学术语，而李祯妮并不是医学专业出身，之前也未曾涉足过医学翻译领域，对相关医学术语难免比较陌生。为了解决这个难题，她做了非常充分的译前准备，在最短时间内，快速学习了外文局审定的新冠病毒疫情防控相关中英文词汇，确保对常用术语，尤其是对医用物品器具（比如消毒液、防护服、医用外科口罩），以及病理症状（比如上呼吸道感染、双肺浸润性病灶）等词汇，都能够有比较快速且准确的反应。

截至 2020 年 7 月，李祯妮已经翻译了两批医疗物资的说明书及正版证明，两份捐赠证明，三篇有关新冠肺炎的最新外文报道及科研论文，上海宋庆龄基金会五期"抗疫爱心捐赠信息简报"及十余篇相关报道等材料。其翻译的医疗物资已经运送至抗疫一线，信息简报和外文报道也已经发布在上海宋庆龄基金会官网和世青创新中心的微信公众号上，累计阅读量逾万次。李祯妮的抗疫事迹被上海教育电视台、上海交通大学公众号等7个媒体平台报道。

她说，自己能做的其实并不多，只是希望尽自己所能帮到更多人，有一分热发一分光。星星之火，亦可燎原。

涵养家国情怀，不负青春韶华

李祯妮说，她之所以能够游刃有余地完成此次抗疫翻译任务，离不开外国语学院的悉心培养和自己平日的大量积累。在学院的课程设置下，她的知识储备逐渐丰富，专业能力和国际视野也有了很大的提升，初步具备了译员的能力和素养。而翻译系教师对待翻译、对待教育、对待公益的热爱和奉献也让她深受打动，对学习、对生活都有了全新的认知；这次抗疫翻译志愿服务期间，遇到问题时，她也会和老师们共同探讨，找到最合适的译法。李祯妮认为，翻译远不仅仅是一项技能，更是连接自己与世界，乃至中国与世界的一座桥梁。她很荣幸能以译员的身份，发挥自身所学，为抗击疫情出力。

学贯中西之识，投身疫情防控，结合专业知识，为抗击疫情贡献自己的一份力量，李祯妮用自己的行动践行着"饮水思源，爱国荣校"的校训，回报社会、回报国家。在未来的志愿者工作中，她将继续勇敢地承担交大人的责任与担当，为祖国抗击疫情、取得最后胜利贡献交大力量、青年力量。在未来的道路上，她也将怀揣这份家国情怀，思源致远、砥砺前行，书写绚烂、无悔的青春。

供稿：外国语学院

作者：张海蓉

丁 忆：
以专业所学，为基层服务

人物白描

　　丁忆，上海交大—南加州大学文化创意产业学院新闻与传播专业 2019 级硕士生。作为一名中共党员，她政治坚定、思想进步，致力于社会和文化志愿服务，是上海交大"90后讲师团"青春志愿类优秀青年讲师。在专业学习上，她注重理论和实践的结合，曾获国家公派优秀本科生出国留学资格，先后赴美国、英国交流学习。她广泛参与学校项目和社会实习，曾在中央电视台 CGTN、香奈儿（中国）、上海东方传媒 SMG 等单位见习。2020年在抗击新冠肺炎疫情期间，她主动请缨参与江苏常熟市交通运输局的防疫宣传工作，并凭借出色表现荣获上海交大"抗疫学生志愿者先锋"称号。怀着毕业后服务基层的坚定决心，她入选上海交大首期"青苗计划骨干培训班"并担任副班长职务。

"没有谁是局外人，没有事是分外事"

　　自本科以来，丁忆便经常利用周末和寒暑假的时间积极投入社会和文化志愿服务。2020 年的新冠疫情期间，她也按捺不住要为抗疫出一份力的心情，主动申请积极参与当地基层政府部门的疫情防控工作。她发挥自己新闻传播学的专业所长，在疫情防控宣传和协调岗位上传播战"疫"正能量，努力践行党员的初心和承诺。她也因此荣获学校"抗疫志愿者先锋"称号。

　　"哪怕我深知个人能力有限，我能够做的也只不过是微乎其微的事情，可无论如何我告诉自己，在疫情面前，没有谁是'局外人'，没有事是'分外事'。"怀揣着这样的信念，丁忆在疫情暴发的头几天就积极寻找抗疫志愿服务机会，下定决心不能只简单充当这场战"疫"的"旁观者"。在大年初六，她便前往了常熟市交通局，开始了连续两个多月的志愿服务工作。

从严把"外防输入"关到助力复工复产到严防境外输入，丁忆全面参与常熟市交通战线的疫情防控工作。基层是联防联控、群防群治的第一线，也是复工复产的第一线，基层宣传工作在强信心、暖人心、聚民心上发挥着至关重要的作用。她每天的工作主要围绕以下四个方面展开：第一时间把上级精神传达到防控一线；向广大基层工作者普及防疫知识；讲好基层先进典型和感人事迹；做好防控工作的舆论引导。

具体而言，丁忆主要负责协助运营市交通系统公众平台；协助撰写推文25篇、公文8篇、简报4篇、约稿4篇、展板文案2篇、政府舆情20条等；陪同领导赴一线慰问卡口工作人员；协调各部门疫情防控工作组织与落实；协助组织作风效能建设大会等。她亲自赴卡口港口采集一线抗疫事迹和一线奋战的照片，将其记录成文，坚持每天在市交通系统公众平台发文，有效鼓舞了基层一线职工的战"疫"士气，将社会正能量传递到常熟市民心中。

"重格局，守情怀"

丁忆在疫情期间撰写的文章多次被当地报社和政府部门新媒体平台转载，其优秀事迹也多次刊登在学校及学院的相关公众号上。作为上海交大"90后讲师团"青春志愿类优秀青年讲师，她在"交大青年说"和各学院团日活动宣讲会上分享了她基层志愿服务的心得体会。那些天当她打开手机看到触目惊心、与日俱增的数字，刷到社交媒体上疯传的谣言，听到消极负面不负责任的言论时，内心感到不安、担忧和愤懑。与此同时，当看到爸爸作为专家组成员周末仍要加班、有时晚上还要会诊，刷到以前在电视台实习认识的记者前辈在武汉前线发回的报道，看到全国9 000多万共产党员、无数青年志愿者挺身而出，她特别感动，无比敬佩，也备受鼓舞。

她说，"透过这次疫情大考，我们不仅看到了中国社会制度的优越性，看到了举国上下迅速凝聚在一起共克时艰的合力，更让全社会看到了我们很多90后，甚至00后在国家面临危机的时候第一时间敢站出来，勇于承担社会责任，积极投入抗疫的各个岗位，在志愿服务中检验自身价值的勇气和担当。"在她看来，其实每一个90后青年都在以不同的方式为这次战"疫"尽着自己的力量。而也正是有了无数新时代青年骨干们高度的社会责任感和戮力同心的努力，才有了全国一盘棋的高效运作。

"重格局，守情怀"这六个字是丁忆一直以来的座右铭，也是她宣讲会的主题。她认为，所谓"格局"，是眼光、是胸襟。格局不同，看问题的角度和态度就不同，做事情的动机和方式也不同。而"情怀"指的是家国情怀和人文关怀。对于毕业求职，她有自己独特的见解。她把工作看作是沟通专业知识与社会实践的桥梁，是实现个人价值与社会价值统一的途径，是用专业所学回报社会的方式。她觉得，有了这样的认知，我们才能在学习的过程中积极思考，做到学以致用、知行并进，而不仅仅是因为学习而学习。"有了高度的人生格局和深厚的家国情怀，无论从事什么职业，都能够服务于社会，从而实现人生的价值。"

"到祖国需要的地方去"

基层志愿服务的经历让丁忆深深感受到基层党政机关工作者恪尽职守、心系群众、舍小家为大家、切实为民做实事的高尚情怀。一个县级市的交通系统在第一时间就有数百人主动请缨，递交了一封封按着红手印的请战书，申请到最艰苦也是最需要人手的一线卡口。这无疑愈发坚定了她毕业后服务基层的决心。

谈起职业规划，丁忆坦言有很多朋友曾问她："为什么念了上海外国语大学的本科和国际化办学的硕士，有在海外交流学习和多次外企、国际电视台等实习的经历之后，却想要去基层工作呢？"其实，这个信念是在她来到交大之后开始深植于心的。一方面，交大这个百年名校强烈的家国情怀和无数优秀校友的担当精神深深感染着她；另一方面，在导师的影响下，她逐渐对城市品牌传播和文化政策燃起了浓厚兴趣，多次参与到与政府部门相关的文化类实践课题中，如文创学院牵头的西昌市古城文化创新挑战营项目、良渚文化遗产的海外数字化传播项目等。在此过程中她发现，对她而言，成为一名选调生到祖国需要的地方去是她回报社会、实现个人价值与社会价值统一的最好途径。

研一时丁忆报名并入选了交大首期"青苗计划骨干培训班"，担任副班长。在谈及参加"青苗计划"的初心时，她说道，作为一名党员，只有在基层受过历练，切身了解基层群众的生活状况和所思所想，才能真正站稳群众立场。有了明确的职业选择，她将一步一个脚印朝着心中的理想奋进。

供稿：上海交大—南加州大学文化创意产业学院

何凌霄：
用青春书写华彩篇章，
用心做好抗疫防线的坚强后盾

人物白描

  何凌霄，上海交大—南加州大学文化创意产业学院新闻与传播专业 2019 级硕士生。2020 年全国突发新冠肺炎疫情，面对疫情救援刻不容缓、防疫物资紧缺等问题，他心系灾区，迎难而上，积极参与建立和组织微公益团队，共同为疫区筹集并先后成功运送了近 25 万元的防疫物资，交出了一份满意答卷。在这场没有硝烟的抗疫战中，他以身践行所学所思，投身公益默默助力全国抗疫，诠释了文创学院"真诚·专业·创新"的院训，展示了青年文创人的风采。

真诚：用透明公开凝聚社会信任

  心怀天下、付出爱心为真诚。

  疫情初始，何凌霄及身边朋友大多都选择官方机构进行个人捐赠，以期为疫区带去些许帮助。但怀着"为灾区作更多贡献"的决心和想法，强烈的使命感驱使他开始思考和寻找能作出更多积极贡献的路径。

  一次偶然的机会，何凌霄在朋友圈看到几位旧时的同学计划成立学生志愿团队，为抗疫一线筹集急需物资。他毫不犹豫地提出了加入申请，并很快成为核心成员之一，在后期的志愿服务中为团队的组织和协调工作付出了大量辛勤的努力。

  在团队运作的高峰时期，他每天工作长达十几个小时，与大家一起寻找生产厂家，进行比较和筛选。与此同时，他们还要自行处理好物流供应与医院的对接，确保社会各界捐助的善款能落到实处……念念不忘，必有回响。团队的工作得到了被援助医院的一致好评，充分展现了交大人"学以致用，共克时艰"的奉献与责任意识。

"你们的钱具体花在了哪里？货源有没有相关的资质？如何保证我们捐赠的物品能够准时保质保量地送到医护人员手里？"每天进入公益微信群，总会有急切的委托人发出种种"善意的"质疑。

有信走遍天下，无信寸步难行。在这样一个信息传播和舆论发酵更加快速的时代，想要做好公益服务，取信于公众，最重要的是要做到坚守道德底线并建立高效的信息公开机制。

"我们前期的工作主要集中在款项用途上，充分调查厂家生产能力和相关资质，跟踪物流运输情况，以及做好签收反馈等信息的记录、整理和公示。随着国家自上而下开始对订单生产工厂实施管制措施，所有管制内的产品购买都需要医院提供相应的委托函。因此，我在后期阶段的主要工作内容之一转为处理各类文书、监控物流和货源之间的沟通等。"何凌霄这样介绍自己在组织内的职责分工。

详尽和公开的信息背后是何凌霄和其他志愿者同行们的汗水与辛酸。抗疫初期，他们每天早早起床投入紧张的工作，十余个小时里不停地协调来自各个版块的需求和反馈。为消除委托人形形色色的疑问，身为群管理员的他每天都会将具体的产品采购情况、物流情况等汇总成文档，及时发布在群里分享给所有人查看。

回想起每天不间断长达数十小时的公益工作，何凌霄说："确实又忙又辛苦，但是在那种情景下，我并没有感到身体和精神的丝毫疲惫，投入到有意义的事情中总能让我感觉活力十足，充满战斗力。你无法想象，在第一批货物被当地医院顺利签收的时候，我们整个团队有多么开心。当时湖北的物流受到很大的限制，防疫物资能成功抵达抗疫前线医护人员的手上，也让我们长吁了一口气，起码团队不用再特别担心物流渠道的问题了。"

　　高度负责的态度和真诚的沟通弥合了特殊时期新媒体环境下的焦虑，重建了人与人之间的信任，也让这个公益团队受到了广泛好评，拥有了良好的口碑，从而吸引了更多富有爱心的人的加入，一起为疫区送去更多的支持和信心。

专业：用传媒知识赋能品牌建设

　　目标明确、方法相符为专业。

　　除了和捐款人沟通获得坚定的信任之外，拥有传媒专业背景知识的何凌霄还协助团队做了另一件非常重要的事情——开辟了团队的第一块宣传阵地。在项目的前期过程中，他编辑发布的一篇公众号推文，在短短两天之内实现了8 000人次的阅读量，让"集思广筹"团队一跃进入了公众的视野，从而为更多人所知晓。

　　关注公众号和参与筹集活动的人数比肩齐进，迅速上升，让何凌霄感到所有的努力都是值得的。然而就当他准备大展身手更进一步为团队进行宣传的时候，公众号发出的第一篇关于团队信息和成果的文章突然被平台删除了。文章被删打乱了原有计划，团队成员也陷入了疑惑和迷茫交织之中。文章为什么被删，接下来应该怎么做？

　　"那段时间关于疫情公益的文章很多，其中不乏虚假不实和资金诈骗的，公益组织的素质良莠不齐，微信公众号平台出于安全考虑，集中删掉了不少文章。"何凌霄明白，在受严峻疫情影响下的舆论环境中，媒体平台"一刀切"的出发点也是希望带给公众一个安全、干净，充满希望和正面引导力量的环境。

　　对于文章的被删，何凌霄没有过多沉浸在挫折感中。有过新媒体运作经验的他凭借良好的专业素养对公众号图文进行了备份，并在与团队成员沟通后决定采取现在较为流行的短视频形式，利用所备份的图文打造了一个十几秒的短视频，在朋友圈利用私域流量进行二次传播。新的传播方式，反而为团队带来了更多富有激情和梦想的年轻脸孔。

对此，他总结说："参加这次志愿活动，我收获良多。在社会中运用多方面技能让学校里所学的专业知识落地的过程让我明白了真实业务场景的痛点，在实践活动中也进一步完善了知识储备。同时，平台删稿等突发事件的善后处理，也提高了我处理紧急突发事情的能力，以及培养自己多角度思考问题的习惯。愿学弟学妹们做事果断，行动果决，抓住机会，不怕困难和麻烦，敢于尝试，敢于承担，即使过程艰辛，也会甘之如饴。"

创新：用资源整合助力爱心人士

勇于实践、途径多样为创新。

在疫情不断蔓延的焦灼时期，湖北省有着大量的物资需求，全国的爱心人士有着强烈的捐助意愿，而在全国乃至全球范围内还存在着一些没有机会能够及时响应的产能，因此在国家进行管制之前，跨地区甚至跨境调配紧缺防疫物资，存在一定的运作可能。

基于以上的认知，何凌霄所在的团队经过与律师的沟通后，决定将这个小团队定位成连接疫区医院、爱心人士和厂家的枢纽。团队接受爱心人士的委托，联系物资供应商代委托人进行捐助、运送和跟踪医疗物资，直至物资运送至重点疫区的医院。"我们深知，尽管团队是真心在为疫情灾区作贡献，但也要能够承受和理解外界的质疑，更要遵守国家防控疫情工作的所有法律法规。"

志愿团队不仅有对于外部客观环境的清晰认知，还有对于自身优势的明确定位。"在更广泛的社会资源协调方面，大学生相较于其他社会群体有很多优势。我们在沟通上更加真诚，在反应速度上更加迅捷，在群体联系上更加紧密，在执行层面上更加富有专业水平。"

客观的思考和准确的自我定位让这个团队能够最大化发挥自身优势，他们在成员组织、成员管理以及工作流程上进行了创新。小单元形式的微公益是一种途径创新，它在保证信息公开、服务真诚的前提下，能有效提高社会上个体的参与度，使公益参与形式多元化。

创新是思考和执行的结果，是指引方向的灯塔，是一种超脱传统的行为模式，也是结合自身资源和实际需求对最优解的不断探索。在这一场战"疫"行动中，以何凌霄为代表的学生志愿者们将创新意识和志愿精神相结合，在特殊时期更好地做到了爱心传递，资源调配，以及信息的正面传播。

他们的所作所为受到了外界的广泛认可。"我的父母通过我们的团队给疫区捐款，很多厂商知道我们是学生志愿者后，主动帮我们联系货源和物流渠道，疫区的很多人也很赞赏我们这种做实事的精神。"何凌霄说道。

"众人拾柴火焰高。"在这个艰难的疫情时期，为了服务人民，奉献社会，既有逆流而上、奔往一线参与防疫扛疫工作的医护人员，也有像何凌霄一样在后方筹集物资，默默付出的众多志愿者们。随着疫情慢慢好转，这个小团队的工作也开始收尾。谈及未来的规划，何凌霄说："一开始我们也没想到会接收到这么多的支持。如果可以的话，我想把这个温暖的群体一直坚守下去，既保留我们美好的回忆和友谊，又保留那份一方有难八方支援的初心和使命感。以后再有需要的时候，我们依然还有一个值得信赖的平台。"

"选择交大，就是选择了责任！"这是每位交大人的开学第一课，也是所有交大人砥砺前行，努力奋斗和前进的目标。每一位交大人，也都始终铭记老校长唐文治造就一等人才的要求。"真诚，专业，创新"，这是上海交大文创学院赠予学子们的"六字箴言"，也是所有文创人身体力行践行责任的"指南针"。永怀爱心与真诚，与国同行，与人民同行，努力学习和奉献，实现个人价值和社会价值。

祖国，也终将选择那些选择了祖国的人。

供稿：上海交大—南加州大学文化创意产业学院

作者：赵诗颖　文思捷　胡　昊

马姣姣：
冲锋在防疫一线，青春在家乡绽放

人物白描

马姣姣，上海交通大学媒体与传播学院 2018 级硕士生，艺术（广播电视）专业。她积极参与影视类专业竞赛，力求把理论转化为实践，作品在国家级、校级比赛中多次获奖。从 2019 年 3 月起在河南省中水寨村担任驻村帮扶工作队员，以志愿者的身份全身心地参与本村的脱贫攻坚活动。疫情期间，积极参与防疫防控工作，积极加入村大学生防疫防控临时党支部，团结战斗在党组织周围，冲锋在防疫一线。她的抗疫扶贫事迹被央视新闻联播、《人民日报》、新华社、《光明日报》、学习强国、教育部官微·微言教育、河南省教育厅官微等媒体聚焦报道。

带头担当，冲锋家乡防疫第一线

从 2019 年 3 月起，马姣姣就开始在河南省中水寨村担任驻村工作人员，对村情有深入了解。2020 年初疫情发生时，她积极加入中水寨村大学生防疫防控临时党支部，协助开展农村疫情防控工作。

疫情期间，中水寨村成立了大学生防疫防控临时党支部。临时党支部书记由驻村第一书记马应福（上海交通大学媒体与传播学院博士研究生）兼任。马姣姣等大学生们轮流值班巡逻、进行全村消毒。在疫情防控中她还发挥个人专业特长，把防疫事项录制成音频通过村里喇叭进行广播，并利用防疫宣传车流动广播等方式，加大疫情防控宣传力度。同时，通过巡街宣传，对外出聚集或者不戴口罩的村民进行积极疏导，并耐心地给村民科普新型冠状病毒疫情的知识与防护措施，增强村民自我防护意识。

在疫情缓解、开始复工复产之时，马姣姣与党支部成员们一起到村无花果基地，挖坑栽苗、浇水灌溉、除草施肥，还一起沟通关于无花果的种植和销售上的想法。

志智双扶，为贫困学生辅导功课

疫情缓解之后，村中的贫困学生依旧无法复学。在大学生临时党支部的安排下，马姣姣与村内的9位大学生积极协调展开入户帮扶，重点关注困难家庭的学生。

在辅导学生时，她坚持扶志与扶智相结合，为贫困学生解答学习疑惑、讲解学习方法，带领他们理发、做手工、郊游，为他们拍照……

为鼓舞士气、弘扬正气，武陟县嘉应观乡党委、政府授予了马姣姣"防疫尖兵"的荣誉称号。

活用专业，宣传抗疫正能量

在积极投身抗疫一线工作、进行学业帮扶的同时，马姣姣还充分利用自己的专业能力，用文字和镜头讲述疫情防控好故事，传播疫情期间的正能量。

疫情期间，她撰写了五篇相关新闻稿，其中《河南武陟：第一书记巡街　严防严控战疫情》在《人民日报》上的点击量达到了13.6万人次，中国日报网转载大河网《河南省社科联驻村第一书记加强组织保障　众志成城打赢疫情防控阻击战》一文被"360河南实时疫情追踪""疫情新闻热点追踪"栏目采用。

《人民日报》融媒体刊登马姣姣撰写的新闻稿《第一书记发挥六个作用　复工复产志智双扶战疫情》《河南武陟：大学生"防疫尖兵"的一线担当》以及《绽放青春　不负韶华》。这三篇新闻稿浏览量共计76.8万多人次，强化了坚定信心、共克时艰的社会信念。

马姣姣在抖音上创建自媒体账号"小辣姣学姐"，更新发布村中大学生辅导功课日常短视频，短视频的浏览量达 192 万多次，点赞量 8 万多，并开展直播为中学生义务补课，传递了大学生助学扶贫、"志智双扶"的正能量。

中水寨村的大学生战"疫"故事受到媒体广泛关注。"把疫情当教材　与祖国共成长"座谈交流会、河南省焦作市教育局大学生群体抗击疫情先进事迹报告会等也将这个大学生群体的事迹作为案例进行宣传表彰。以马姣姣同学为代表的中水寨村 10 名大学生更是荣获了中共河南省委高校工委、河南省教育厅授予的"新冠肺炎疫情防控优秀大学生群体"荣誉称号。

供稿：媒体与传播学院

交大援鄂医疗队：
逆行的英雄，为生命负重

团队白描

万家灯火之外，寂静的除夕夜里，一群逆行的英雄迅速集结，奔赴武汉，寒冷的晚风吹不散他们滚烫的斗志，繁重的工作击不退他们必胜的信心。

在武汉，我们无惧

"马上出发，除夕夜就走！"

2020年1月24日，上海交通大学附属第六人民医院接到上级紧急通知后，快速响应，选派两位具有丰富危重症护理经验的护理人员——主管护师钱晓和护师文佳——奔赴武汉，她们也是东院先锋队的成员。

钱晓、文佳，上海交通大学附属第六人民医院重症医学科主管护师。

2020年1月27日，来武汉已经两天的钱晓心里一直惦记着临行前，六岁女儿对她说的话："妈妈，你是我心里最厉害的英雄！"

现在从窗户往外看，路上没有一个行人，空气中弥漫着紧张的气氛。即使她们都是具有丰富危重症护理经验的医务人员，医疗队也不敢让她们贸然闯入，而是在抵汉第一时间就对她们进行紧张的培训。实操培训中，她们必须把所有流程练熟，确保每位队员都能从上到下正确穿脱防护服。保证医护人员安全，才能守好这座城。

目前，上海医疗队接管金银潭医院的北二楼和北三楼，二楼是普通感染病人，三楼是临时组建的简易ICU。她们作为重症护士被分配在三楼，1月

26日晚正式接管，原有医护全部撤走。

早上6点半，大家在大厅集合好，准备去医院接班。外面很黑，大家相伴着一起走到医院。接班时，被通知由于隔离衣不够，要等到隔离衣到位，才能交接班。为此延迟到7点50分进病房。后来，母院（上海市第六人民医院东院）得知此事紧急给她们发来一箱防护物资，叮嘱她们保护好自己，也尽量减轻武汉医院资源压力。大家都穿上了防护服后，看不清各自面容，所以在防护服外面都写上了自己和母院的名字，方便大家沟通，不至于认错对方。

在ICU护理重症患者，文佳已经忙得停不下来。她在主班，钱晓在治疗班，她一天冲配了200多瓶补液，相当于日常工作强度的2倍。患者病情都很重，需要无创呼吸机支持。有些患者强行要把面罩拿下来不停咳喘，她们要时刻眼观六路耳听八方，照顾到每位患者。病员满床，且都是重症病人，对防护要求更高，防护用品消耗量也很大。重症监护室交叉感染概率高，辅助人员配备少，工作任务多且杂，包括照顾患者大小便，给患者喂饭，安抚激动患者的情绪，领用物、器械、培养管，给检验科送临时标本，甚至包括环境清洁和取医护盒饭……

下午1点半，文佳洗手脱衣服准备吃午饭。"天，菜居然成了冻冻！难怪夜班老师说冷，但我居然没觉得，可能因为是白班的缘故吧！"文佳说她特别敬佩夜班医护，为了保持通风，直接用身体对抗着严寒！

照顾的重症患者病情都比较稳定，她感到有一些小小成就感。晚上8点半去北四楼送完病史，她终于可以脱下防护服回住所了。回酒店的路上，十分冷清，几乎看不到一个行人，偶尔有车辆驶过，但转眼就消失在夜幕里。她这时才感觉出全身乏累，手指也冻得不灵活了。

回到驻地，上海市第六人民医院的钱海泳老师送来奶茶和面包，说这是武汉市民下午专程给上海医疗队送来的。她和钱晓接过奶茶，一口气灌下大半杯，一天都没敢喝水，实在太渴了！她们细细品味着奶茶的香甜，很感动，"我们冒着生命危险在救治武汉人民，武汉人民也在默默关心着我们。感谢武汉，我们携手抗击疫情，此战必胜！"此时远在上海的儿子已熟睡，没能视频，但一想到儿子熟睡的健康的小脸，文佳便什么疲倦都没有了，她其实想对儿子说，"亲爱的宝贝，等我回来！"不久收到了微信，才知道上海第二批援鄂医疗队也已到武汉，母院领导让他们带来好多防护品和慰问品，还带了暖宝宝。她搓了搓手，说："其实我们真的很好！我的手再不会冷了，我会用温暖的双手救治更多患者！"

钱晓说，虽然危险，但她们并不畏惧，因为她们知道医院永远是最坚强的后盾，所以无惧无怕，没有硝烟的人民保卫战，她们很荣幸能参与打响第一枪！

用青春奉献祖国

除夕夜出征的傅佳顺，1992 年出生，上海交通大学医学院附属仁济医院南院重症监护室护士，他是院里为数不多的男护士之一，也是最早主动请缨的人员之一。

2020 年 1 月 26 日 6：00 早早醒来，他通过微信给父母报了平安。"妈妈因为我是家中独子，担心得睡不着，可还是理解并支持我的选择。"

早上 9：00，他们随各医护小组长前往医院了解情况，和科室对接。医疗卫生条件和设施设备与上海相比存在差距，医务人员和医疗物资都存在短缺。他跟战友们陆续接到通知，下午前往临床一线，心中不免有些许忐忑。中午所有人匆匆吃过简餐后，陆续接到各方关心讯息，院领导再次明确提出，有困难，找组织，找领导，并叮嘱不同医院的队友多协作、多关心、多照顾。从下午 1 点开始，他们将接手北 2 层楼和北 3 层楼，这 2 层楼都配有基本规范的传染病建制病房。2 层是普通病房，收治确诊患者，3 层收治重症患者。简易监护室病房配备无创呼吸机，防护措施基本到位，但后期供应可能会有困难，现场氛围依旧凝重。下午 1 点半，会议结束，各家医院主动统计物资，做好下一步的使用规划。

下午 3 点，傅佳顺接到通知："还有 5 分钟，请今天上班的战友结束培训，穿上防护服马上出发！"他来不及和今天下午赶赴病区的战友告别，只能起身站立目送，致敬先行者们！匆匆吃过晚餐之后，医疗和护理组长召开微信会议，紧急安排后续工作……

傅佳顺在自己的日记里写道："之前很难想象在和平年代，我们有机会以这样的方式为国家和护理事业作贡献，我很自豪！困难是暂时的，我相信我们的祖国，终能踏雪逢春！"

大家的支持，是我们的力量

查琼芳，上海交通大学医学院附属仁济医院呼吸科医生。

2020 年 1 月 29 日，是交大援鄂医疗队到达武汉的第五天。武汉终于出了太阳，这久违的放晴，让人有一种"守得云开见阳光"的感觉。查琼芳今天是中班，所以上午的时间可以自己支配，她就去帮忙接收各地发来的补给物资，今天会有两批物资先后到达。

其中一批是仁济医院第二批援鄂医疗队给他们带来的五大箱补给物资，以生活用品为主。仁济的同事们知道武汉这边天气比较寒冷，所以给他们买了保暖内衣和羽绒背心、暖宝宝，还包括之前漏带的一些药品。因为他们第一批出发比较匆忙，缺乏的物资很多，第二批的同事们除了携带自己的行李以外，还要帮忙给他们带物资。查琼芳说她真的非常感谢同事们和医院的领导。另一批物资则是社会爱心人士给予他们的援助。正月初一到达武汉以后，她就接到了妇产科林建华主任的研究生缪慧娴医生的电话。缪慧娴医生说，有一位张女士是他们以前的病人，她得知他们要到抗击疫情第一线，非常感动，很想为医疗队提供一点帮助。当知道他们防护物资缺乏后，她通过多个渠道打听并紧急购买了 1 200 个 3M 的 N95 口罩和 200 个护目镜，分批送来。

本来她还采购了防护服等其他物资，但因为批次和规格等问题，无法进入国内。N95 口罩就要到了，后续的 200 个 3M 护目镜也已在物流途中，他们缺少装备的窘境终于有望得到缓解了。

其实在到达武汉以后，查琼芳已经连续接到了很多个电话，有来自申花的，有来自上海交通大学研究生会的，也有各公司负责人的……他们不约而同地表示如果前线需要什么物资，一定会想办法给他们寄来。"中国人民在疫情面前的爱是无私的，虽然我们身处前线，但是身后有全社会这个坚强的后盾。我相信在大家的齐心协力下，一定会攻坚克难，打赢这场战役。"医生办公室的墙壁上贴着"武汉加油"的标语。查琼芳在那里拍了一张照，不断坚定着与疫情战斗到底的决心。

上中班后，查琼芳换上一次性防护服，先在病房查看一圈，询问病人的病情，安慰鼓励他们。他们三个小组很快开始又一轮的忙忙碌碌：处理病人的病情变化、开医嘱、归纳总结病史、了解病人的病情和新拍的胸片……

晚上 9 点，查琼芳回到酒店，又是一番清洁消毒。8 个小时没有喝水的她需要补充大量水分。等完全空闲下来时，已近 10 点，她在朋友圈发了一条消息，给家人和朋友们报了平安。"这些天，我不知说了多少感谢，大家的支持和关心，是我们坚持下去的精神力量。"明天轮到她值晚 8 点到早 8 点的夜班，不免觉得有些压力。自从她的肾脏出了问题，科室领导就再没有安排她值过夜班。但是，"我们医疗队中也有很多医生身体不适，有糖尿病的，也有高血压的，他们能坚持，我也一定可以！加油！"她笑着为自己加油，也为武汉加油。

他们并非钢铁之躯，却有钢铁的意志，顽强地对抗寒冷、对抗病毒、对抗艰苦；他们也许并不富足，却有最温暖的心，疗愈病痛、慰藉恐惧、拯救生命。他们仍然拥有最平凡的日常，为繁杂琐碎而奔波，为点滴支持而感动。他们肩扛最伟大的使命，为千千万万人民的健康坚定战斗。万众齐心，此战必胜！

供稿：上海交通大学援鄂医疗队

沈佳佳：
难熬的日子也闪闪发光

人物白描

沈佳佳，上海交通大学附属第六人民医院团委委员、内一团支部书记、老年病科护士，上海市第八批援鄂医疗队队员。

2020年2月19日，上海市第八批援鄂医疗队出发驰援武汉"雷神山"。我们上海市第六人民医院的51名"白衣战士"与其他5家医院的513人从上海出发，前往抗疫最前线。我也有幸成为我们"橙色军团"中的一员，踏上了这条抗疫之路。

在这之前从未想过第一次来武汉竟是以这么特别的方式，在这里的每一天都充满着挑战。记得当初刚下飞机那会儿，在天河机场，除了工作人员之外就只有我们医疗队的成员，高速公路、马路上，几乎看不到人。令人欣慰的是，当我们凯旋之时，外面已然车水马龙，我亲眼见证着武汉这座城市的复苏。这是我一生中最为宝贵的经历。

其实，身临一线我曾有过担心恐惧，但始终义无反顾；逆风而行，流过泪受过挫折，但始终全力以赴。

当我们抵达雷神山开始工作的第一天时，我就发现了一种绝望的气息在雷神山蔓延。我们看到很多一家人全部染病的情况，而一家人中最内疚的人通常都是第一个染病的人，赵阿姨就是其中的一个，她是家里最先被发现感染新冠病毒的，紧接着赵阿姨的老伴和儿子也相继出现咳嗽高烧不退症状，也被确诊。老伴的病情比较严重，最终还是不幸离世，而在另外一家医院的儿子也不知道情况到底如何。赵阿姨特别沉默寡言，不愿跟人交流，吃的也很少，经常会看着远处发呆，然后一个人默默流泪。这种情绪弥漫在雷神山中几乎每一个病房，不停地蔓延，甚至影响到了医护的情绪。我看在眼里，急在心里。我一直在思考，怎样才能让赵阿姨重新振作起来？我试着跟赵阿姨沟通，可是效果并不理想，赵阿姨情绪越发低落，甚至拒绝吃药，不配合治疗。正巧有一天，我收到了我妈给我发来的一段视频，视频中她听着音乐欢快地跳着舞。我灵机一动，我想在给予病患积极治疗的同时，也可以带着大家做呼吸操，跟着音乐动一动，一方面可以锻炼身体，一方面还可以调节情绪。于是我开始带着其他患者一起在赵阿姨的窗口做操，赵阿姨从一开始只是看着大家，后来在房间里也会跟着比画起来，最后我终于可以拉着赵阿姨跟我们一起做操了。

我们不光医治病人的性命，我们还希望能给他们带去活下去的力量和温暖的力量。

记得有一次我在巡视病房的时候，我们病区年龄最小的 15 岁小男孩突然跑过来拉住我的手，号啕大哭。我被他吓坏了，本来没心没肺的男孩为什么会哭得那么伤心？问他为什么哭，他说："这里的网络一点也不好，根本不能打游戏，我想回家。"听了真让人有些哭笑不得，原来小男孩也有他的烦恼。我拉着他的手跟他说："网络不好我们可以不打游戏，看看网页看看书，想家的时候可以跟爸爸妈妈视频，也可以跟我们聊聊天啊。不吃东西可不行，吃了才有抵抗力，才能快点回家，对不对。"听了我的话，小男孩沉默了一会儿，接着又重新拿起筷子吃起饭来。

那一刻我觉得特别欣慰，我想有些疾病是会传染的，但我相信温暖也是可以传递的。本来我以为我们是给武汉送去温暖的，没想到我们也感受到了武汉人民给我们带来的温暖。有一天上班的时候，突然发现洗手池旁多了几支护手霜，当我看到护手霜时，心里充满了感动。我们的手真的很干，我都数不清一天要对手进行多少次消毒。虽然是几支小小的护手霜，但却让我更加体会到我不是一个人在战斗！

最让我难忘的是我在武汉度过了我 31 岁的生日，虽然不能手拉手、面对面一起庆祝生日，但一起并肩作战的小伙伴们用手机灯光给我祝福。虽然不能守在我的身边，但我上海的小伙伴们给我寄来了写满祝福的白色 T 恤衫。虽然不能陪我去看武大的樱花，但 70 岁的赵阿姨学会了抖音，给我发来了一段有樱花的生日祝福，还热情地邀请我明年再来武汉，带我去吃热干面，去武大看真的樱花。

"只能看到你的眼睛，却看不到你的容颜""逆行奔赴疫区前线的你，最美丽"、"我不知道你是谁，但是知道你为了谁"……每每想起这些话时我总是很感动，读书的时候，我被白衣天使们的勇敢和坚强所感动，没想到有一天我也可以成为他们的一分子，我深深地感到自豪！

这是一段难熬的日子。但因为难熬中的坚守，才让这些故事闪闪发光。这里的每一个故事都是我们在雷神山战斗过的见证。期待着春暖花开，期待着一切如常！守护生命，守护健康，不负韶华，我们一直在路上！

供稿：上海交通大学附属第六人民医院

马宇航:
湖北籍医生战湖北

人物白描

马宇航，上海交通大学医学院 2013 级博士生（硕博连读），现为上海交通大学附属第一人民医院内分泌代谢科主治医师，上海市第八批援鄂医疗队队员。

2020 年 2 月 19 日上海市第八批援鄂医疗队出征武汉雷神山医院。在这个队伍中有一名年轻医生只身一人，身边没有家人送行，他就是上海市第一人民医院内分泌代谢科马宇航医师。2006 年，马宇航从湖北宜昌老家考入上海交通大学医学院，从本科到博士，他与上海这座城市结下深刻缘分。如今他将要以医生的身份，回到家乡投入一场与传染病的斗争中。

关注疫情，防微杜渐

时间倒回至 2020 年 1 月初。彼时在新闻中看到"武汉出现 44 例不明原因肺炎"，恰好在发热门诊轮值的马宇航不免多看了几眼，他回忆说"当时并没有想到那么多，只是家里有亲戚在武汉，父母也经常有机会过去，就想提醒他们要注意一点"，可疫情突然的爆发让他措手不及。1 月 21 日，马宇航医师正好又在发热门诊当班，当天就接到了通知，如果有武汉旅行史、接触史患者，一定要升级防护服，加戴护目镜。两天后，再次支援发热门诊的马宇航就接诊了一名来自武汉的患者，那时候的经验还认为高热是新冠肺炎的主要表现，然而面对一个体温只有 37.6 ℃，主诉为乏力的来自武汉的患者，马宇航并没有放松警惕，坚持对她进行验血、做 CT。一月底的发热门诊正是人最多的时候，为了避免可能的传播，他果断将病人送至隔离间。后来 CT 结果显示，疑似病毒性肺炎。他立刻启动应急措施，联系疾病预防控制中心（CDC）现场流调采样，最终该患者被确诊为新冠肺炎。正因为他细致、果断的处理，该患者整个就诊途中并未密切接触过任何医护及患者，避免了院内传播。

义无反顾、驰援武汉

每年过年，马宇航都会回老家陪家人团聚。今年也不例外，他的行程早已确定，但随着疫情越来越严重，上海的防疫压力与日俱增。他果断地退了票，留在上海与同事们一同抗疫，他一方面要履行好职责，另一方面还牵挂着家人。看着湖北疫情日益严重，上海和其他各省市的一支支医疗队纷纷驰援武汉，他心里十分焦灼。2 月 17 日清晨 7 时许，科主任在群里紧急通知上海市第一人民医院需派出 150 人医疗队伍，还在门诊上班的马宇航请同事帮忙填写了所有信息：身高、体重、鞋码……下了门诊，他直接赶回家收拾行李。其间，他没有时间考虑，也没有和父母商量。他回忆说，后来心情平复了，思虑再三后才和父母打电话说："明天，我就回湖北支援了。"一阵沉默后，父亲清了清嗓子，"你自己注意安全，不用担心我们，我们不出门。到了武汉以后，如果有空每天报个平安。"得到了家人的支持，马宇航立刻整装待发，一如奔赴战场的战士，哪里有需要，哪里就可以有他。

驰援雷神山，是医生更是多面手

马宇航随队被分配到雷神山医院感染三科一病区。在到达雷神山的时候他们所面对的就是一座"毛坯房"，和平日里在医院的感受完全不同。平时作为一个医生，马宇航只需要思考怎么给患者看病，但是在雷神山我们必须首先脱下白大褂，做一个搬运工、装修工，要将随身携带的 3 000 箱物资徒手搬卸，必须尽快完成病房设计、物资摆放、氧气管道检查、负压病房检查、新风系统检查。一个病区基本要完成 3 000 个节点的检查。面对重体力活，马宇航医生总是冲锋在前，不怕苦不怕累。

作为现代化医院，电子系统是医院运转的纽带。马宇航作为病区代表首先学习了雷神山医院电子病例和病史系统的操作，并给病区医生做了培训。由于隔离的要求，收治病人时采集病史并不如平时方便，为了使收治病人更加有序，他主动完善了病史采集模板、电子病例模板等，大大提高了病区工作效率。同时他还是病区病史质量管理组的成员，在保证病人治疗安全的同时保证病史记录的全面与准确。由于在医院里有发热门诊的经验，他还担任了病区院感医生的工作，为大家保驾护航。

马宇航的本职工作是一名内分泌代谢科医生，但是到了雷神山，每个人都必须快速成长为一名感染科医生外加全科医生。除了每天的常规医疗工作之外，马宇航还积极运用专业知识，与其他专业的老师配合，针对非单纯新冠肺炎合并其他疾病的患者，开展个体化、精细化、整体化的管理；根据病情分析患者转归及治疗方案选择，还对病人提出的任何疑问都能耐心地进行完美解答；将医学各领域最先进的知识理论和临床各专科最有效的实践经验分别加以有机整合，并根据患者实际情况加以调整；以人为本，还器官为患者、还症状为疾病，从整体上把握患者的病情，提供优质的服务。

狠抓思想工作不懈怠

马宇航是一名有近十年党龄的青年医生，同时也是上海市第一人民医院团委副书记。到达雷神山医院并接到上级指令后他担任了上海市第一人民医院驻雷神山医院临时团支部书记。团支部成员在工作岗位上尽职尽责，全员上下坚决服从医院的统一指挥、统一协调，聚焦疫情防控工作，做到了医德至上，不逃避不冷漠；做到了兼顾效率，不恐慌不蛮干，全力确保疫情防控工作有力有序，顺利开展，将习总书记指出的青年人"平常时候看得出来，关键时刻站得出来，危急关头豁得出来"落实到实际行动上。在雷神山工作期间，他还利用休息时间给上海交通大学医学院的学生上了网络团课，参加了包括交医话"疫"等多项主题活动，将前线抗疫的精神传达给医学生们，鼓励他们成长。

青年一代有理想、有担当，国家就有希望。通过参与这次抗疫工作，马宇航从一名年轻的医生成长为一个能够肩扛重担、独当一面的战士。就像科室主任在迎接他回科室的时候说的那样，"小马去了一趟武汉，就长大了。"在祖国和人民最需要的地方，像马宇航医生一样的青年人已经是一线工作中的主力军，起到中流砥柱的作用。

供稿：上海交通大学附属第一人民医院

戴　倩：
穿上白衣，我就是战士

人物白描

戴倩，上海交通大学医学院附属仁济医院重症医学科护士，上海市第八批援鄂医疗队队员，全国抗击新冠肺炎疫情先进个人。

戴倩是一名重症医学科的护士，出生于 1993 年，是大家俗称的 "90 后"。有人说，"90 后" 这一代人是 "来不及断奶的妈宝一代"。但是戴倩想用自己的经历告诉大家，其实 "90 后" 也是勇敢、努力的一代人，他们眼里有光、心中有爱，胸膛里也有一份家国情怀。

告别家人，踏上征程

2020 年新冠病毒肆虐中华大地，武汉封城，医护人员告急。仁济医院响应国家号召，征集医护人员奔赴一线，戴倩马上向组织递交了 "请战书"。戴倩那时刚刚援滇回上海，朋友非常不理解。她说：我也不知道自己是不是真的那么无畏，但是我的专业是重症医学，正好能派上用场，我也没成家，生活没啥负担。

2 月 18 日，当上海第八批医疗队集结时，戴倩作为仁济人，加入了这个集体。从号角吹响，到踏上征程，他们只用了 24 个小时。这 24 个小时，可能也是援鄂医疗队队员人生中最漫长的一天。

戴倩在医院剪短了长发，回家收拾行囊。从开始报名起，她就一直瞒着父亲。直到临走那一天，听说女儿要去武汉，戴倩的爸爸，那个平日里跟谁都乐呵呵的爸爸，哭了！那是戴倩第一次看到他那么伤心。临走前，爸爸给女儿做了她爱吃的菜，可是捧着碗的他，却泪流满面。戴倩和爸爸就那样默默地吃着饭，谁都不敢说话。戴倩说，我心里从来没那么疼过，不是心疼自己，是担心爸爸。我走了，不知道哪天才能回家，他一个人在家，会好好吃饭吗？他该有多担心我？

那天晚上，父亲把戴倩送到小区门口，一直看着她渐渐走远。戴倩也舍不得他，可还是坚定地往前走。她在心里对自己说：一定要平安回家！

努力调整，克服困难

来到武汉雷神山，踏进病区的那一刻，戴倩和同事们都傻了眼。眼前这片空空荡荡的板房，就是我们将要收治患者的病房。两天的时间里，他们在总领队张继东院长的指挥下，穷极所有的力量，使一座抗疫堡垒拔地而起。擦去满脸的汗，长舒了一口气，他们的心里满满的骄傲。他们，不仅可以做救死扶伤的白衣天使，还成了优秀的设计师、干练的搬运工。

2月24日，ICU病区开张倒计时。护士长再次把大家召集在一起。这支护理队伍来自上海六家医院，此时不分彼此，只代表了上海，要战出上海人的"腔调"，战之即胜是必须的，科学防控更能体现出水平！第一个班次，戴倩虽不是党员，但在一再要求下，她打入了第一个战疫分队！还来不及体验这一刻的小确幸，她便穿上厚厚的防护装备，还没开始工作就头晕起来，刚走了几步就已经气喘吁吁。这时候，危重症病人已经住了进来，戴倩心里有些慌，可是已经别无退路，只能强迫自己平静下来。气道护理、静脉穿刺、卧位护理……这些平时在上海的ICU里习以为常的操作，在这里却无比艰难。厚重防护服下笨拙的身型、双层手套下僵硬的双手、防护眼镜下雾气朦胧的视线，让她每做一个护理操作都十分费力。

戴倩努力适应这样的工作状态。每次进舱前，她先拉伸四肢，在鼻梁上粘贴减压敷料，在护目镜上涂抹防雾液体，给戴上手套的十指做做手指操。最大的困难还是体力上的不济。他们按组轮班，每日进仓 4 小时，却没有一个班次能准时下班，几乎每天都要在医院里工作 7 到 8 个小时。倒班加上护理病人的压力，使得队员们的睡眠大都出现了问题，他们只能碎片化地休息，有时候一天只能睡两三个小时。

为了解决睡眠不足的问题，戴倩上岗前先给自己灌一杯咖啡。她想，只有先克服自己身体上的不舒服，才能有信心和病毒决战。

不畏艰辛，生死决战

在雷神山的 ICU，生死决战常常突发在几分钟内，戴倩虽然此前已经在重症监护这个岗位上工作了 3 年，还是被深深地震撼了。

戴倩护理的第一个病人是位阿婆。那天交接班时，阿婆的生命体征还比较稳定，正在高浓度吸氧。可就在我们交接班的过程中，也就是 10 来分钟的时间里，监护仪突然发出急促报警声，阿婆的氧饱和度极速下降，出现了呼吸窘迫。戴倩立刻放平她的床头，拿起床边的呼吸球囊紧扣她的口鼻。3 分钟，床位医生进舱抢救；10 分钟，插管小分队进舱插管、调呼吸机参数、用药……他们用尽了全力，可最终阿婆还是走了。

那天，戴倩一个人在病床旁坐了好一会儿才缓过劲来。为她做遗体护理时，触摸着尚有一丝余温的肌肤，心中念念：刚刚还好好的，就这样在我眼前渐渐变冷。她所有的苦难，也是国家的伤痛。在那一刻，戴倩无力又焦灼，不停地在心里叩问自己：能不能拉住死神的脚步？

15 床病人是戴倩护理过最艰难的病例。为了改善他的呼吸，5 个医护人员一起为他进行俯卧位通气，要把病人仰面睡变成趴着睡，每 12 小时重复一遍，并且还要不断地变换睡姿。给插管病人翻身看起来简单，但看似一个小小的动作就会影响到他的生命体征。翻身的过程，要使得出力气、同步好5个人的动作，还要像绣花一样小心轻放。戴倩个子小，人瘦，也不知道哪来的力气，一遍遍翻身，也不觉得累。最难的是做气道护理，每天数次口腔护理、更换口插管的压片和胶布。这是一门"走钢丝"的活，口插管如果脱出，病人会直接死亡；冲洗时一个不小心，病人咳呛，会喷射出气溶胶。为了尽早帮助15床康复，让他恢复自主呼吸，队员们给予患者浅镇静。可是，浅镇静的状态下，病人很容易咳呛。那天戴倩在操作时，还没开始吸痰，他嘴角就开始流痰液。即便是做了三级防护，戴倩也害怕极了，脑子里不停地跳出"气溶胶""气溶胶"三个字。最后，她强作镇定地完成了操作。即便这样，戴倩说，只要是有利于病人的操作，他们愿意冒着遭遇气溶胶的风险。

就是在这些日日夜夜的战斗中，戴倩经历了许多以前不曾经历过的考验。她每天都在学习，同时也收获了大家的肯定。因为组里有过重症监护经验的人不多，所以戴倩就会把一些操作经验和大家分享交流，用"老带新"的模式指导组员。这20多天，她过得比在上海辛苦得多。"但是我越来越感觉到生命的充实，体会到了一种被人需要的自豪感。"

艰辛与磨砺是最好的成长礼。

3月8日，戴倩在雷神山火线入党了。这是她第三次递交《入党申请书》，也是最郑重的一次。她知道，与病毒的较量，看不见硝烟，也听不到枪炮声，但生与死的考验真真切切，危险几乎无时不在。也许正是因为经历过了这一切，她想在这里对父亲说句话：

爸爸，你的女儿长大了！我和千千万万个"90后"一样，昨天还是父母眼中的孩子，今天已然成为新时代共和国的脊梁，成为我们国家的骄傲和希望！经过抗疫战火洗礼与淬炼的青春，一定会绽放出更加绚丽的光芒！

供稿：上海交通大学附属仁济医院

周增丁：
从援滇到援鄂，扎根到祖国最需要的地方

人物白描

周增丁，附属瑞金医院烧伤整形科主治医师，第 22 批上海青年志愿者赴滇服务接力队大理分队队长。上海交通大学医学院 2010 级博士生，2013 年进入瑞金医院灼伤整形科工作至今，主持国家自然基金青年基金一项，以一作发表 SCI 论文 3 篇。2017 年 7 月受聘主治医师，2017 年 12 月荣获瑞金医院广慈卓越青年称号，专业特长为烧伤治疗、瘢痕整复。2019 年 8 月赴云南开展为期半年的志愿服务工作。2020 年 2 月随瑞金医院第四批援鄂医疗队奔赴湖北武汉驰援抗疫一线。

2020 年 2 月 8 号元宵佳节晚 8 时，瑞金医院第四批援鄂医疗队集结号角再次吹响，作为一名共产党员，听到号声，周增丁第一时间报名请战获批，于次日下午 5 时整装出发奔赴湖北武汉驰援抗疫一线。当时他只想到一件事：祖国培养我这么长时间，让我成为一名共产党员、医学博士、主治医师，我有什么理由不报效祖国培养呢？"国有战，召必应，战必胜"，他愿做一颗螺丝钉，扎根到祖国最需要的地方。

不畏疫情，努力争先

2020 年 2 月 9 日 20 时，周增丁随瑞金医院第四批援鄂医疗队飞抵武汉，在机场和多支来自祖国各地兄弟单位的援鄂医疗队汇集，大家相互问候，机场分别奔赴疫情一线时又相互致意，道一声"珍重，兄弟"。

在驻地，瑞金两支医疗队在这里会师，尽管陈尔真和胡伟国副院长都嘱

咐大家好好休息："疫情前线需要你们，休息好，才能更加精力旺盛地投入到抗击疫情的工作中去"，但不知是临战前的兴奋还是忐忑，周增丁一直难以入睡。次日凌晨5时，瑞金医院支援的监护仪、ECMO仪和有创呼吸机套装设备到了，他和队友们当起了搬运工，大家干劲十足，搬运物资并进行分类整理和调试，一直到中午。

下午1时队员们终于怀着一丝不安与陌生的心情踏入武汉同济医院光谷院区，在这里，瑞金医院副院长也是此次带队队长胡伟国教授逐个过关训练穿脱防护服和关键院感控制操作。周增丁作为瑞金医院第一批进入病房的医护人员之一，正式进入同济医院光谷院区 E3-4 重症病区，一个晚上一分钟不停，没有时间喘息更没有时间害怕，他将和伙伴们一起收治28名重症新冠肺炎患者。

压力巨大，坚强如钉

作为一名有创伤ICU工作经验并受医院派遣前往以色列学习过的一线医师，面对武汉同济医院光谷院区 E3-4 病区这么多有多种并发症和伤前疾病的重症患者，周增丁的压力依然很大，毕竟新冠肺炎和创伤后全身变化是不一样的。除此之外，穿上隔离服后呼吸不畅、闷热不适、行动不便，只能如电影中的太空人一般慢慢行走，而且在高感染风险的病房一待就是好几个小时，由此导致感染风险非常高。但周增丁从来没有退缩，也没有时间害怕。疫情的召唤、瑞金医院长期广播慈爱精神的教育，让他义无反顾任劳任怨奋战在疫情前线。在这里他就是一颗坚强的螺丝钉，时刻牢记一名党员医生应尽的责任与义务，竭尽全力去挽救患者生命。

援滇历练，厚实基础

半年援滇经历，给周增丁的人生留下了难以磨灭的印迹，这既是一种历练过程，更是发挥使命担当的时刻。援滇磨炼了他在基层艰苦条件下迎难而上的意志，也学到了真本领。

2019 年是上海青年志愿者赴滇服务接力计划实施的第 22 个年头。周增丁作为瑞金医院第十位参与该项目的志愿者，带着共青团上海市委领导及各方的信任与支持，克服种种困难，远赴千里之外的云南省大理白族自治州宾川县人民医院进行了为期半年的志愿支援工作。周增丁始终记得刚到医院给一名右侧颞部静脉炎导致局部脓肿的 1 岁患儿会诊换药，十天不到就痊愈出院时患者家属对他说感谢的情景；也记得给一位年近 80 岁住院老大爷化繁为简治愈鼻部感染性炎性包块，患者及家属赠送锦旗的一幕。立足临床一线打拼，所有的经历至今记忆犹新，虽常感忙碌，但紧张而充实的工作，能让他把瑞金医院先进的技术理念带给援滇对口单位的同仁们，也让他更深感使命重担在肩，从而更加坚定了从医时的初心——全心全意为患者消除病痛。

和时间赛跑，与病毒抗争。祖国上下齐心协力，同舟共济，踏实笃定走好每一步，抗疫胜利的曙光就在眼前。

供稿：上海交通大学附属瑞金医院

崔志磊：
众志成城，保卫武汉

人物白描

崔志磊，上海交通大学医学院附属新华医院呼吸内科主治医生，上海市第三批援鄂医疗队队员。

2020年伊始，武汉疫情突然爆发，1月23日武汉封城，公交、地铁、轮渡、长途客运停运，机场、火车站离汉通道关闭，武汉的新型冠状病毒肺炎疫情形势十分严峻，全国人民众志成城扶危渡厄。1月23日18：00，崔志磊响应国家和上海市号召，主动报名参加上海市援鄂医疗队，随时待命奔赴武汉抗疫一线。1月28日大年初四晚，上海市第三批援鄂医疗队在陈尔真队长带领下乘坐东航专机抵达武汉。

争分夺秒，驰援武汉

崔志磊所在的武汉三院是武汉市定点收治医院，该院有10多个楼层都用来收治新型冠状病毒感染患者，他们和本院医务人员一起，管理重症监护室30余张床位。

崔志磊和队员们面临的第一项挑战是"防护"。

病毒看不见摸不着，全套防护不能有任何漏洞，每次进入监护室都是考验。防护穿脱要耗时30分钟以上，医护人员在没有做好防护之前是不允许进病房的。每次从监护室出来，全身都是湿透的。防护服脱完了也要用酒精清洗鼻孔、耳朵，进行全身消毒，然后冲澡。医生每 6 个小时一班，算上准备和交接，一共算下来大概需要 8 小时。

重症监护室面对的大都是传染性强的患者，近距离感染风险最大，如果其中一个人没防护好，就会影响到一个团队，导致一个科室的医护都有感染风险。从急诊抢救室、留观室改建的重症监护病房并不是负压病房，气管插管、ECMO 的操作风险很高，在操作过程中操作者稍有不慎就会被病毒感染。我们深知只有保护好自己，才能更好地救治病人，防护工作从来不敢马虎。

重症监护室有一半以上病人使用无创和有创呼吸机，不少病人气促、呼吸困难明显，氧饱和度不佳。医护人员戴上防护屏一起给病人安装无创呼吸机，根据心电监护参数和检验结果不断调整呼吸机参数，同时还要负责收治新病人和普通病区转入的患者，一个班下来，几乎没有能坐着喘口气的时间。但是来自病人的感恩常常让他们忘记了疲惫。记得有一位老人，入院时情况危急，要靠高流量吸氧才能维持基本的氧合，查房时他仍断断续续地念叨着：感谢来自上海的专家教授，这么远来救我们，我们一定配合治疗，争取早日康复！是的，在这场战役中，医患双方的互相信任，互相支撑，是制胜法宝，哪一方都少不了。

新冠肺炎治疗就是和死神争分夺秒。当时抢救室收治了一位 70 岁男性患者，病情极其危重，经重症组团队评估，需要紧急气管插管，崔志磊与队员们在佩戴三级防护措施后，立即进行气管插管、机械通气，插管后患者氧合指标有所上升，但仍不理想。不能放弃任何一个病人是他们的信念，经过团队紧急讨论，他们立即给这名患者实施俯卧位通气治疗，同时启动 ECMO 预案。在抢救过程中，医护团队和患者一同经历了人机抵抗、血压不稳、二氧化碳潴留等多种险情，但是经过团队不懈的努力，问题逐一得到解决。一直到凌晨 2 点多，患者暂时脱离生命危险，为进一步治疗创造了机会。危重病房的患者在刚到武汉市第三医院的那几天，他们的氧饱和度常在 60～70 之间徘徊，这是一个比较危险的数字，随时可能有紧急情况。经过一个多星期的治疗，有一半患者的氧饱和度提高到了 90。对所有医护而言，这是莫大的鼓励。把"气"给理顺了，就有了更多希望。

全力救治，精心呵护

新冠病人的治疗和照料需要细致入微。一天上午监护室查房后，崔志磊发现有 4 位患者消化能力弱，需要改喝粥，但特殊时期医院营养科无法立即供应。团队协商后，立即有值班医生在清洁区熬好粥，分装好，再带入监护室，就是为了能让患者能吃上热腾腾的米粥。

在危重病房，信心很重要。最大的恐惧来自未知。对于新型冠状病毒，目前还没有特效药。谁都不能保证，一个药用下去，立马能有效果。对患者如此，对医护人员来说也一样。然而，不能向恐惧低头。虽然，无法一击即中，将病毒杀死，但依旧能通过对症治疗、营养支持等现有的手段对抗病毒，一旦自身免疫力提升了，也就有更多机会战胜病毒。所以，医护人员在病房里，除了常规查房、用药，还经常要和患者聊聊，给他们信心。当然，最大的信心，莫过于周围患者情况的改善。同一个病房，只要有人好转出院，周围人的心情都会跟着好起来。对治疗的信心，也会更强。

有位 60 岁的阿姨在被告知第二天可以出院后，心情特别激动，她已经在危重病房住了一周。她说，总算不用再在电话里和家里人说话了。还有个小伙子，刚进来时情况也比较危险。喘不上气时常让他焦虑、烦躁，但依旧很配合医护人员。经过吸氧加药物治疗，后来情况有了明显好转，稳定的话，再过一周应该也能出院。武汉三院重症监护室 3 月初收治了一位 103 岁高龄患者，由于家属不能陪同，生活环境发生很大变化，老人感觉治疗没有希望，不配合治疗，总是把吸氧管和心电监护设备拔掉，拒绝进食及口服药物。医护团队成立专项关爱小组，陪老人聊天，帮助她通过手机视频与家属交流，鼓励她积极治疗，早日回到家庭中。慢慢地，老人家的话多了，也配合医务人员喂食，对治疗也有了信心。经过十余天的精心治疗，老人好转出院，出院时，老人握着大家的手，满面笑容。令人欣慰的事儿还真不少。

每一个出院病人背后，都有一段难以忘却的故事。重症监护病房有一些年轻的患者，他们是家庭的主力，突然因重症感染入院，家庭的压力瞬间增大，他们对新冠病毒了解不多，心中充满恐惧，也担心家人的安危。崔志磊与科普小组撰写《面对武汉肺炎疫情，我们应当如何应对？》《新冠肺炎患者康复期应注意这几点，速转发！》等科普文章，同时加强患者心理疏导，解答他们的困惑，帮助患者度过心理恐慌期，加快康复进程。

这场战"疫"被称为"人民战争"，社会的每一个人都为此作出了自己的贡献，特别是奋战在一线的医务工作者、志愿者、后勤保障人员，他们都是战士，都为此次战"疫"的阶段性胜利贡献了自己的力量。从1月28号医疗队抵达武汉收到指挥部返回上海的指令，一共是55天。55天来，他们和武汉同道共克时艰，与时间赛跑，与病毒较量，与死神拼搏，取得了抗疫战的阶段性胜利。医疗队累计收治患者332人，其中危重患者237人，治愈出院278人。55天的共同战役，也让我们与武汉三院的同道们结下了生死战友情，武汉三院的同道们以"闻疫讯，迎难而上。抗疫情，兢兢业业。疫情退，难舍告别"来表达他们的依依惜别之情。"一江连心，同舟共济；疫消云散，情义永存"。

这段抗疫经历将成为崔志磊宝贵的人生财富。"武汉是一座英雄的城市，武汉人民是英雄的人民"。医者，救死扶伤也。上海市派医疗队驰援湖北，对于崔志磊来说既是责任与义务，也是特殊情况下，时代所赋予的使命。

供稿：上海交通大学医学院附属新华医院

交大线上义务辅导团队：
交大学子齐聚力，共助武汉战疫情

团队白描

来自上海交通大学数学科学学院的沈嘉琪、马克思主义学院的安烁羽、高等教育研究院的黄亚鑫、机械与动力工程学院的张俊涛、环境科学与工程学院的姚天立和梅晓杰等八名同学在疫情暴发时期，自发为湖北荆州松滋市第一中学高一年级12班的同学提供义务教学辅导。在疫情防控的斗争面前，他们共同肩负起职责，用自己的方式，为夺取抗击新型冠状病毒感染肺炎疫情的胜利作出贡献。

持赤诚之心，行善意之举

疫情暴发以来，新闻中涌现着种种感人的事迹，看到在防疫一线奋战的医生，看到在寒风中执勤防疫的志愿者，作为新时代青年的沈嘉琪也想通过自己的力量帮助疫区人民，因此，在马克思主义学院的安烁羽同学和高等教育研究院的黄亚鑫同学联系到她时，她毫不犹豫地加入了团队，一同为湖北荆州松滋市第一中学提供直播辅导并进行答疑解惑。

尽管没有太多的经验，大家还是努力摸索，夜以继日，通过微信、QQ积极安排策划。队员们通过湖北同学罗彬鑫联系到湖北荆州松滋市第一中学，最终把高一年级12班作为试点班，为同学们进行辅导和答疑。

辅导答疑主要集中在每天晚上的18：00到19：00以及21：00到22：00，其他时间同学们有问题也会在钉钉上私信"老师"们。结束后，"老师"们会对情况进行记录，形成辅导反馈记录表，不断沟通协调。

12班是这所中学的名校班，辅导内容主要涉及奥数题与日常语数英物化生的课程。通过班主任在班级群上的介绍，队员们很快就和同学们熟识起来，虽然年龄上相差了几岁，但大家彼此之间也不会感觉隔阂和不适应。

相比于面对面教学，线上辅导会遇到讲解生硬和不便捷的问题，"老师"们担心由于打字麻烦，同学们提问的积极性会被打消，于是采取了语音交流的方式。即使隔着屏幕，同学们也能从电波信号中感受到横跨千里的殷殷关切。

沈嘉琪根据自己专业特长，负责为这个班的同学提供奥数内容和数学的答疑。在本科和研究生期间，她从未进行过线下教学。第一次体验当老师，她感到责任重大，也更加严谨细致。她找出了自己高中时的数学笔记，多次温故知新后从高中生的角度进行思考和指导，而不是跳跃性地用大学生的思维来教育他们。班级中同学问的问题有竞赛难题，也有基础性问题，沈嘉琪会进行引导式的答疑，在答疑过程中循循善诱，希望同学们通过自己思考得到结果。每次答疑过后，志愿团队会将每日答疑记录在辅导反馈表上，从个性问题中寻找到共性的问题，来为所有同学进行讲解。

在答疑过程中，沈嘉琪和其他"老师"还会有意识地穿插一些心理辅导，对同学们进行鼓励。班上有的同学比较害羞，问问题会比较谨慎，"老师"们便会为他们加油鼓气，让他们能有自信，毕竟，比解决问题更重要的，是让同学们有解决问题的勇气！

以奉献之姿，悟温情力量

"指导高中生的确是第一次，虽然有挑战，但在这次活动之后还是觉得自己很受激励，感觉自己是做了力所能及的事，同时也给疫区的同学们带来了学习上的帮助和精神上的鼓励。"沈嘉琪说，在这次辅导中最感动的是武汉同学在辅导中回复的"完全懂了""懂了，谢谢姐姐"和辅导之后一声声的"小姐姐辛苦了"。

在这干干净净的尘世间，即使是千里横越，一份份温情也能通过简简单单的词句温暖到人心，这是对整个团队工作的最大肯定！即使是盯着屏幕到两眼发干，大家仍旧不知疲倦，解惑答疑，风采飞扬。

在这几天的辅导中，大家也了解到，疫情期间，武汉同学是通过网上直播的方式上课，但同学们的课程压力还是很大，从晨光熹微中朗朗的早读声，到夜色阑珊里不知疲惫的身影，同学们都在努力学习，正因如此，当学姐的辅导能够有所帮助时，一声声"懂了""明白了"更显得意义非凡，也令辛勤付出的学姐和整个团队感到温暖。

从最初的四位成员，到现在的八位成员，大家一路披荆斩棘，解决问题，不断摸索更好的教学模式，他们也希望在这项活动更加成熟后，通过"交大新青年集结号"的公众号进行推广，呼吁更多的交大人参与进来，以高一 12 班为试点，铺开志愿教学的网络，帮助到更多的同学。

"这不是个人的事，关注抗疫时艰、为社会作力所能及的贡献，是责任担当，是满满的正能量！当看到很多同学去社区和村里做志愿者，为大家测量体温时，我很受触动。感谢这个志愿活动能够让我尽自己的一份力量去帮助疫区的同学。"沈嘉琪如是说。

虽然待在家里，但为疫情作贡献的方式有很多。义务为湖北学生辅导的沈嘉琪和她的团队只是心切湖北，心切祖国的交大学子的一小部分。丢掉望洋兴叹的徒劳，拾起直挂云帆的勇气；舍去"关我何事"的冷漠，肩负"匹夫有责"的担当，这正是交大人的风姿！

沈嘉琪和小伙伴们正在寻求更多的人加入团队里来，也在寻找更好的方法为湖北的学生们解决困惑。愿更多心系疫情，心系武汉的交大人能加入他们，纵使远离抗疫前线，我们也能在"战疫"期间用自己的行动诠释爱国之思、荣校之志。

供稿：益友报社

作者：熊健峰

彭 行：
身处疫区，和时间赛跑

人物白描

彭行，上海交通大学农业与生物学院葡萄与葡萄酒工程专业 2019 级硕士生。曾获校优秀共青团员、优秀共青团干部、三好学生、优秀毕业生等荣誉。参与第十五届世界武术锦标赛、第二届中国国际进口博览会等重大活动的志愿服务工作。现担任园艺硕士生党支部纪律委员、上海交通大学葡萄与葡萄酒协会副会长。2020 年疫情期间，他主动联合大学同学建立微信平台，通过各方渠道搜集物资救援信息与捐赠信息，以多种方式搭建"捐一收"桥梁，累计帮助数十个医院、疾控中心完成数十吨救援物资的运送接收。

2019 年末，一场突如其来的新冠疫情，以武汉为中心点，迅速席卷全国，改变了所有人的生活。在这场疫情中，有这样一批人，他们虽不是医者，但救危难于生死，防疫情之蔓延；他们虽不是先锋，却守万家于平安，固疫情之防线。疫情当前，他们身居幕后，担起重任，尽自己最大的能力，为防疫防控贡献力量。上海交通大学农业与生物学院的彭行，就是其中的一位。

志愿初心——回望

彭行来自湖北大别山区的一个小县城。小时候，由于家庭条件不好，他经常得到许多好心人的帮助，一叠写字本、两件棉袄、四五百块钱……那时他便下定决心，待力所能及时，一定要饮水思源、回馈社会。于是在来到交大的一年里，他积极作为，热心公益，抓住一切可能的志愿服务机会。第十五届世界武术锦标赛期间，他负责接待出席开幕式的重要来宾，当时的领队司春雪老师评价他们："这些学生做志愿服务很卖力，也很给力，展现出了当代中国青年人的担当与责任。"第二届中国国际进口博览会中，他负责国家会展中心远端停车场的嘉宾接待工作，这是保证展会安全的第一道防线，尽管那段时间课程和科研任务重，他坚持挤出点滴时间学习三本手册，生怕漏掉了一点信息而影响工作。怀揣着感恩之心，他慢慢将服务奉献变成了一种习惯。

服务抗疫——缘起

2020 年 1 月 24 日，大年三十，彭行和其他所有高校大学生一样，和家人一起吃团圆饭、守岁、看春晚。然而，新冠肺炎的侵袭让饭桌上大家的话题也都从往年的总结与展望转向了如何渡过这段艰难时期。彭行的父母说，"我们都是湖北人，眼下外面也不安全，要是能帮助他们做点什么就好了。"看着春晚上白岩松等人激情而又悲怆的抗疫朗诵，彭行若有所思。1 月 25 日，大年初一，彭行起床第一件事依然是打开微博，查看疫情最新通报。忽然，他收到本科同学的新年问候，聊天中他们讨论到很多医院因物资极度匮乏都在求援，又有许多爱心人士想捐赠而找不到渠道。各种信息错乱交织，令人难辨真假。于是他们一拍即合，决定自己建立微信公众号平台来发布各县市区的医院、疾控中心等机构的求援信息和社会爱心人士的捐赠信息，帮助他们建立联系，完成医疗物资的运送和接收。彭行及其同学为抗疫志愿工作开辟了新的途径，为医疗机构减轻了许多压力，大大提高了救援效率。

开路架桥——实干

1 月 26 日，他们搜集到的第一条物资求援信息发布了。通过朋友圈、微博、QQ 等社交渠道转发，没想到短短两个小时，就有十几个爱心企业和个人通过公众号找到他们，表示愿意捐赠物资。26日下午，彭行拨打了第一个电话，正式开始了对接工作。这个电话是打给罗田县人民医院的。有爱心人士购买了一批口罩想捐赠给疫情严重的黄冈地区，而他刚得知罗田县人民医院已经发出紧急求援信息，于是帮助他们取得了联系。三天后这批口罩便顺利到达罗田，雪中送炭般履行起它们保障医护人员生命安全的使命。后来统计发现，仅仅26号一天，他们以电话、微信等方式帮助武汉、黄冈、孝感等地数十个县市区主要医院和疾控中心完成了大量救援物资信息的登记，并帮助他们与捐赠者取得了联系。这天，他们工作到了凌晨1时半。要知道，在疫情暴发初期，像黄冈、孝感等地的普通医院几乎没有防护物资，医护都在"赤膊"上阵。正如罗田县人民医院采购科江主任所说："在当时他们联系对接的医疗物资非常珍贵且很及时，否则我们的医生就面临着巨大的感染风险。"

马不停蹄——赛跑

每天，彭行他们接收到的信息量非常巨大，各种类别的捐赠信息都有，从捐口罩到捐大米，从捐棉衣到捐咖啡、奶茶等等。因此他们需要花大量时间及时筛选配对，对接完成后还要做好反馈工作。和彭行一起做志愿服务的同学说："最忙的时候，吃饭基本上就是在打电话的时候完成的，因为前线真的很急！"

2月2号，得知北京赛升药业想要捐赠一批珍贵药物"胸腺肽"给湖北地区，彭行和同伴们紧急联系多家医院对接捐赠接收信息，并协调专车运送。2月4日当"胸腺肽"被顺利送到英山时，当地人民医院、中医院和疾控中心纷纷打来电话，对他们的帮助表示感谢，称"这是一批救命的药"。很多新冠肺炎病患因此加速恢复而出院，有效缓解了医院的压力。但他来不及欣喜，继续筛选配对信息，联系下一家医院，因为他知道，此刻时间就是生命。

2月初，在疫情还处于大面积爆发之时，疑似病例及其密切接触人员众多，需要的临时安置点格外紧张。红安县弥尔开发区一位业主联系上了彭行他们，表示希望捐赠自家一楼的房屋当作临时安置点。见过有人捐钱捐物捐力气的，房子也捐了的还真是少见。听到这个消息的那一刻，彭行不禁眼角湿润，立即联系红安防控指挥中心对接相关工作安排。后来得知，这处临时安置点累计接收疑似病例三十多例，给当地疫情防控作出了重大贡献。

据不完全统计，经过半个多月的努力，彭行和他的伙伴们累计收到了上千条物资求援信息和爱心捐赠信息，帮助了三十多家医院和疾控中心完成了数十吨的物资地运送接收，平均每天工作接近12个小时。回忆那段时间，彭行说道："当时真的就是在和时间赛跑，能快一点就必须快，能多帮忙对接一个信息就能多一分安全。我们自己也是湖北人，和那些驰援湖北的一线人员相比，我们实在太微不足道了。"

习近平总书记曾强调，"青年一代有理想、有本领、有担当，国家就有前途，民族就有希望。"身处疫情重灾区，彭行没有畏惧，迎难直上；身为一名党员，他践行了入党时的誓言，勇敢逆行。成为一名抗疫志愿者，是荣誉是使命，更是信仰的力量。疫情就是命令，防控就是责任。在这场战役中，彭行尽自己所能及，默默支持前线，担起"守土"之责，展现着当代青年的勇敢坚毅，书与看90后的使命担当。

供稿：农业与生物学院

作者：吕俊瑶

杨　萍：
战疫志愿"多面手"，份份努力显真情

人物白描

　　杨萍，上海交通大学药学院 2016 级本科生。来势汹汹的新冠疫情牵动着全国人民的心。无数医务工作者和志愿者在抗疫一线与病魔殊死搏斗，守护着人民的生命安全。在这个疫情来袭的时期，杨萍响应号召，毅然决然地投入志愿工作，成为一名抗疫志愿"多面手"。她以一片真心，在三条不同的抗疫战线上都贡献出了自己的力量。

"武汉加油"国际志愿者组织的严谨审查员

　　国内疫情初期，武汉医疗物资告急。武汉医务工作者们在缺少口罩、防护服的情况下仍坚守在战"疫"一线，挽救着病人的生命。看到新闻报道后，杨萍深受触动。虽不能在一线与白衣天使们共同奋战，但她也希望能尽己所能，为缺少医疗物资的他们作出自己的一份贡献。

　　2020 年的大年初二开始，杨萍加入了"武汉加油"国际志愿者组织，主要负责线上医疗物资的审核工作。团队由中国大陆和北美的同学共同组成。当地球一侧的同学渐渐沉睡，另一侧的同学便会醒来，为守护医务工作者们的安全继续努力。在志愿服务过程中，她充分发挥药学专业的特长，与团队一起整理制作了捐赠物资购买指南，其中包括对口罩、防护衣、手套、鞋套与呼吸机等医疗物资的明确要求。她还负责审查医疗物资产品的营业执照、产品合格证、质检报告，查询国家药品监督管理局网站等信息，从而确保医疗物资质量安全达标。由于团队在全球范围内采购医疗物资，对于海外产品

的质量安全和生产授权等详细信息的审核显得更为重要。杨萍的审核工作保证了医疗物资的可靠性，减少了医院用于筛选物资的人力物力，使得前线奋战的医务人员更无后顾之忧。正是因为有着像杨萍这样一位位严谨认真的志愿者，质量有保证的医疗物资才能被源源不断地送到一线，送到最需要物资的医务人员手中。

疾控中心的可靠实习生

4月中旬，我国新冠肺炎疫情防控工作已取得阶段性成效。国内防疫物资生产逐步恢复，杨萍也离开了审查志愿者的岗位。与此同时，为进一步巩固成果，提高医疗机构新冠肺炎防控和救治能力，按照国务院的要求，各省需每日报送前一日核酸检测情况。在这种情况下，杨萍又投入了西藏自治区疾控中心（CDC）的志愿工作当中。

核酸检测是新冠肺炎确诊的重要手段，快速全面的筛查是有效控制疫情传播的关键。因此，核酸检测信息的录入和上报这一工作非常重要。当时正在自治区疾控中心（CDC）实习的杨萍主动向指挥部请战："我志愿到指挥部参加疫情防控工作！"随后，她便承担起了区内每日核酸检测信息的录入和上报工作。杨萍在工作时一丝不苟，以细致严谨的态度将自治区各地市疾控中心每日两次核酸检测信息的统合，将前线流调人员发送的核酸检测信息编号汇总，核对后录入统计表格并上报。即使是"五一"假期期间，她也坚守在自己的岗位上未有丝毫松懈。

对于自己的工作，杨萍总是表现得非常谦虚。"相比战斗在疫情防控一线，与时间赛跑的疾控流调检测人员，我做的还只是一些微不足道，力所能及的小事。"但正是因为她一丝不苟的工作态度，流调大队工作人员的辛苦才落到实处，核酸检测的信息也因此发挥了更大的作用，有效支撑了当地乃至全国的抗疫工作。

疫情防控的工作固然重要，为群众提供渠道表达对疫情的疑问和诉求、缓解焦虑情绪、让群众积极配合防疫工作同样重要。于是，她还参与了12320公共卫生24小时热线的"防疫健康码"应用推广工作，倾听群众反映的疫情线索和诉求，得到了诸多好评。

盖茨基金会的缜密译员

4月份全球疫情蔓延期间，国际协同的共同抗疫显得尤为重要。除了在疾控中心担任实习生外，杨萍还成为比尔及梅琳达·盖茨基金会和中国疾病控制与预防中心的一名翻译志愿者。这次疫情暴发后她承担了抗疫相关的翻译工作。其中包括世界卫生组织《COVID-19病毒感染基于人群并按年龄分层的血清流行病学调查方案》翻译工作，制作方案的中英文对照排版，以及《方舱医院工作手册（第三版）》的翻译工作。

血清流行率研究的结果可以帮助研究人员回答有关新型病毒的很多问题，为防控指南的制定提供信息，帮助其了解风险、严重程度以及无症状感染的百分比。因而这项工作对一线医务工作者有着重大意义，同时这也意味着调查方案的翻译需要极高的时效性。越早越准确的翻译都能使文章发挥更大的作用。面对仅有一天的翻译时间，杨萍顶住了压力，充分利用其药学专业的相关知识，争分夺秒地工作，交出了一份出色的答卷。这篇翻译稿也被及时发布在世卫组织的公众号上，供国内医务工作者研究学习。随着中国疫情的控制取得成功，世界的疫情控制需要中国经验。在《方舱医院工作手册（第三版）》的翻译工作中，她将疫情治理的中国经验以最严谨合适的英文表述传向世界，与世界共筑抗疫之墙！

杨萍同学，一位当之无愧的抗疫志愿"多面手"。她以一片热诚的赤子之心，积极参加抗疫的各种志愿工作；以严谨的态度，在不同的抗疫战线上贡献出自己的力量；怀揣着一份家国情怀，用自己的实际行动践行着上海交大"饮水思源，爱国荣校"的校训。正是因为有着一位位像她一样热心志愿者的努力，才有了国内疫情形势的快速好转，才有了疫情期间的万家安宁。相信，她们为控制疫情做出的每一份努力都会化作一颗明星，为我们照亮未来的道路！

供稿：药学院

作者：金云起

张 野：
献身公卫，致敬青春

人物白描

张野，药学院药学专业 2016 级本科生。他是学习标兵，本科在校期间成绩优异；他是奋进青年，积极参加学生工作，曾担任上海交通大学大师讲坛学生组委会的秘书长，与众多业界大牛接触，不断开阔视野；他还是热血青年，曾自主申请、加入国际组织 WHO 实习，在东地中海区域办事处完成有关 22 个国家的患者安全现状研究，为全球健康事业贡献自身力量；他更是爱国青年，在新冠疫情的背景下，积极参与盖茨基金会的抗疫项目，随时履行药学人"悬壶济世"的使命。通过大学期间勤奋不辍的学习与自我突破，张野最终寻找到人生的方向——公共卫生事业。现在，他已经进入哈佛大学公共卫生学院学习，并且将在此领域持续奋进，立志为全球公共卫生事业和全球公众健康作出卓越的贡献。

立足专业，培养能力

来自安徽的张野一直都是"别人家的孩子"，他的学习成绩始终名列前茅。2015 年，张野凭借优秀的高考成绩成功考入上海交通大学。"选择交大，就选择了责任"，在专业选择时，张野首要考虑的便是要为社会创造更大的价值，也因此来到药学院，将新药研发作为自己的志向。张野深知，理论是实践的基础，因此面对课业一丝不苟，而学术理想更是激励着他加倍努力地学习。

成绩是检验学习能力的标尺，学生工作是综合素质方面的实践。在按部就班、努力学习的同时，张野也尝试参加不同的学生组织，希望结交更多朋友，提升自己的综合能力。在诸多的学生工作和实践活动中，对张野影响最大的是加入上海交通大学大师讲坛团队。在团队中，从担任干事协助讲座筹备，到独立带领成员负责前期宣传、现场指挥控制等一系列工作，再到担任大师讲坛学生组委会的秘书长，张野一直在成长和进步。他不仅在举办活动的过程中快速提升了自己与人沟通、协调组织的能力，还得到与全球知名学术大师近距离接触、交流的机会。在参加讲座、与大师们交流的过程中，张野不仅领略到大师们独特的思维方式、科学的研究方法和高尚的学术品格，更是开拓了在公共卫生、医疗健康、金融投资、生态环境、天文物理等多个方向的视野，全面提升了自己的思维格局。

勇于尝试，拓宽视野

在接触了不同领域的专家和伙伴后，张野意识到，除了科研，应该多尝试一些不同的方向，挑战自我。大二下学期，张野开始尝试跨专业实习。优秀的学业表现和丰富的校园经历帮他顺利拿到一家世界顶尖的管理咨询公司的实习机会。新的行业、新的方向带给他诸多挑战与成就感。在此期间，张野收获颇丰，他曾参与教育、汽车、物流等多个行业的项目，也在对不同行业的研究中开始逐渐理解商业世界的运作规律，学着用管理咨询的方法去剖析和解决问题，并逐渐养成了高效、严谨的工作习惯，他也因此爱上了咨询行业，故在大四上学期毅然放弃保研资格，向杜克大学商学院递交申请并获录取。

张野的勤奋与勇敢让他的本科生涯充满无限可能。交大资源丰富，学校为学生提供各种国际组织的实习实践机会。学院响应号召，开始寻找学习能力、综合素质与国际视野兼具的学生。药学院党委书记刘建新凭借自己对学生的了解，综合考虑之后，认为张野是非常合适的人选，并亲自与张野交流，鼓励他参与国际实习。这次谈话为张野人生航向的选择带来了极大的帮助。

虽然已经拿到了杜克大学商科专业的录取函，但国际组织平台对他产生了更大的吸引力。他再次放弃商科深造，选择海投国际组织，最后在万分之一的概率中成功斩获世界卫生组织（WHO）的实习机会。

献身公卫，致敬青春

2019年8至11月，张野前往埃及的首都开罗，在WHO东地中海区域办事处开展实习实践工作。作为药学专业的学生，张野被委以重任。实习期间，他独立完成东地中海区域内22个国家患者安全现状的研究项目。在WHO的经历让张野切身感受到世界上还有数以亿计的群体无法享受到最基础的医疗资源，也让他真正地参与到公共卫生事业中。初次接触全新的领域、接手如此重大的项目，张野倍感压力，但是此前积累的专业知识和综合能力始终是他坚强的后盾。张野化压力为动力，在项目进行期间夜以继日、不懈努力，不仅出色地完成了工作任务，也大大提升了自己的文献调研和交际能力。此外，在与来自各个国家的工作伙伴合作交流的过程中，张野进一步开阔了自己的视野。经过这三个月的锻炼，张野发现自己有能力为医疗卫生事业作出贡献，并真正开始理解全球健康这一议题，燃起了对公共卫生事业的热爱。

2019年12月世界卫生组织实习结束后，张野立即赴盖茨基金会北京代表处担任初级顾问一职。其间，他参与国内公共卫生相关的工作，包括推广我国国产HPV疫苗和肺炎双球菌疫苗。

自新冠疫情发生以来，盖茨基金会积极投入防疫战线，张野第一时间申请参与新冠疫情应对项目，并主要负责国内诊断试剂市场的梳理和研究，以及中低收入国家（LMIC）的防疫策略设计。因为疫情紧急，从除夕一直到3月份国内疫情缓和，这期间，张野几乎每天都加班到深夜，全情投入，毫无怨言。此外，疫情期间张野召集了许多公共卫生、医学和药学等领域的同事和朋友一起，翻译了WHO发布的大量文献，供国内卫生部门参考，其中部分翻译文件现在仍可以在中国疾控中心的官网上查阅。参与抗疫工作让张野感触颇深，他表示，虽然无法同医生一般参与一线的患者救治工作，但作为药学人能尽自己所能，在抗疫后方作出贡献，至少算得上不负所学。这段抗疫经历让张野深刻感受到众志成城、凝聚一心的强大力量，他也深信我们定能共克时艰。

"为了更健康的世界"是张野的职业愿景。通过本科时期的不断探索和努力奋斗，张野更深入地了解到全球公共卫生现状，明确了自己对公共卫生和全球健康事业的热爱。张野立志通过哈佛大学公共卫生专业的进修，进一步提升自己的专业能力和综合素养，尽自己的一份力量，为全球健康作出卓越的贡献。相信张野定能不负自己的初心，将自己的所学所得转化为造福人类健康的成果，为全球健康事业不懈努力！

供稿：药学院

作者：王　慧

马圣荦：
学生党员就要冲锋在前

人物白描

马圣荦，上海交通大学中英国际低碳学院动力工程专业 2019 级硕士生，2019 级硕博学生党支部书记、学院兼职辅导员。疫情期间，他积极引导同学，分享居家学习与防疫经验，组织支部开展疫情捐款，还第一时间响应社区疫情联防联控号召，主动报名参加攀枝花市东区武装部应急民兵志愿者，负责所属社区的疫情防控、出入管理、信息登记工作，总共志愿服务时长达 105 个小时。

疫情中最忙碌的一家人

2020 鼠年的新冠疫情牵动着每一个国人的心。从陆海空三军军医大学医疗队紧急出征驰援武汉，到中国工匠不分昼夜十天建好火神山和雷神山医院；从各地医疗卫生企业紧急复工再到全国纷纷出资出力，在马圣荦眼里，前长辈口中"过年关"的神话故事，如今却是亲身经历，每个人都在为了渡过 2020 这道年关而努力。

春节期间，与很多家庭一家人在家里团聚不一样，马圣荦家里人的团聚时间总是断断续续的，他的父母都是共产党员，母亲还是一名医务工作者，除夕夜仍坚守在医院工作一线。随着疫情的爆发，母亲在医院值班的时间也增加了；马圣荦的父亲则是名扶贫驻村干部。2020 年是脱贫攻坚决战决胜之年，一过完年，父亲便又回到乡上开展新一年的扶贫工作，所以家里时常就只有马圣荦一个人。父母的工作性质决定了他们每天都要接触很多人，这也让马圣荦在疫情暴发期间每天都十分担心父母的身体情况，而作为一名已经入党快四年的学生党员，他自己也在思考能不能为抗击疫情献出自己的一份力。

可是如今老老实实留在家里就是对"全民抗疫"作出最大的贡献，直到2月10日，习近平总书记在北京调研指导新型冠状病毒肺炎疫情防控工作时强调，社区是疫情联防联控的第一线，也是外防输入、内防扩散最有效的防线。把社区这道防线守住，就能有效切断疫情扩散蔓延的渠道。于是马圣莘第二天就主动报名参加了当地武装部应急民兵志愿者，并负责所属社区的隔离管理工作。早中晚三班倒，每天在小区外执勤5到6个小时，在这期间，记录小区人员出入情况、登记居民体温、针对外地返家人员进行14天隔离并上报都是他的工作内容。

看着父母每天早出晚归的身影，作为儿子的马圣莘知道一个家庭的付出是为了其他家庭能够在新春佳节可以团聚，如今新冠疫情暴发，作为党员的自己也应该承担一份责任，作出自己的一份贡献。志愿工作开始后，马圣莘也开始了三班倒的生活状态，和父母聚在一起吃饭的机会更少了，他们仨成了小区最忙碌的一家人。

无论在什么地方，我是党员我先上

在刚开始的志愿工作中，因为社区分配的口罩等防护物资紧缺，家里的口罩也所剩不多，而且父母上班也需要定期更换，所以马圣莘执勤的第一个口罩一戴就是五天，现在回想起当时，他说第一次换掉口罩时和新口罩一比才发现自己口罩内层都已经因为呼气而变形了，虽然每天要进行小区出入登记并且接触很多人，自己也会有些担心，但是自己既然是学生党员，无论是否在学校，都要承担起这份责任。

当然令马圣莘担心的不仅仅是口罩，他还特别担心小区有居民忽视疫情严重性，出入不带口罩的现象，也担心会出现外地返家人员14天居家隔离不配合的情况。不过他的担心是多余的，很多居民会主动站出来劝导不戴口罩在居民楼下散步的人。小区里从外地返家的几家人，也主动隔离并每天按时通报身体情况。在感谢他们积极配合的同时，马圣莘也认为他们不仅是在帮自己，也帮到了身边的每一个人。

每天工作之余，马圣莘也会详细浏览之前别人值班的登记管理记录，从中他也发现了很多大家可能忽视的问题，比如很多居民因为多次填写而出现了填写信息不认真的情况，所以每次信息登记，马圣莘都会认真审核，同时也将这一情况反映给了社区工作人员，之后社区实行一人一卡，对健康居民发绿卡，对观察居民发红卡，这不仅减少了登记时的繁琐，也方便了居民日常的生活与工作。当然，马圣莘还发现小区内其实有很多才从外地返家的观察人员，但是居民们可能并不知道，每当进入小区或者进入单元楼道就摘下口罩，这也会对自身的健康与安全产生风险，所以他每天都会提醒居民们回到家后再摘口罩。

随着志愿工作的一天天进行，马圣莘发现沟通在疫情防控中有很大的作用，如果可以将自己在志愿工作中积累的防疫经验与居民进行交流，这对整个小区的防疫也是十分有好处的。当然，如何将自己的一些心得与经验和学校的同学们分享，也让他陷入了思考。

带着支部同学一起线上抗疫

除了每天轮班转的疫情防控志愿工作，马圣莘还会给家里老人科普新冠肺炎的防护知识，关注家人的身体情况；他也积极关注疫情防控动态，遇到网络上激烈的言论，他会跟同学们说要不信谣不传谣，不抱怨不纠结，想想自己应该做什么，可以做什么，大家不仅要跟病毒做斗争，更要与不真实的消息做斗争，与不健康的情绪做斗争；他还鼓励身边同学每天花时间一起学习、看文献，虽然开学推迟了，要学的知识却不能迟。

但马圣荦发现一个人的力量始终是有限的，他需要动员其他同学一起加入线上抗疫的队伍，他组织党支部其他同学一起给新冠疫情防控捐款，也多次召开了关于疫情防控的线上支部会议，在关心大家身体健康的同时，他也鼓励其他学生党员可以一起在线上多多引导身边其他同学，让大家尽快适应在家的学习生活。

同时，马圣荦将自己在疫情防控期间的志愿工作经历与防疫经验给学院其他同学们进行了线上分享，让同学们在居家防疫的过程中重视一些可能忽略的小细节，比如回家摘口罩和洗手的顺序；也鼓励同学们在家保持一定量的运动来提高免疫力。他也作为交大青年讲师团的一员，结合疫情中涌现出的一大批优秀青年典型事迹，以"看疫情下的新时代中国青年"为主题给交大部分团支部进行团学授课。

生命重于泰山，防控就是责任。在这个不平凡的鼠年春节，在这场看不见硝烟的战斗中，不仅共产党员始终冲锋在防控一线，充分发挥着先锋堡垒作用，大家身边的每一个人也都在为这场战"疫"出力。马圣荦相信，冬已走，春已至，不久大家就又可以上学、工作，开始新的生活。

供稿：中英国际低碳学院

作者：张　莹

志愿公益

周志明:
走进交大成长成熟，走出交大志愿一生

人物白描

　　周志明，上海交通大学电子信息与电气工程学院 2014 级本科生。他是班长，是电院青志队队长，也是上海交通大学 2016 级学生军训团政工活动组成员。他获得过优秀学生干部、优秀志愿者等称号。他在完成学业的同时，将青春奉献给了学生工作和志愿服务。

扬　帆

　　六年前，刚刚踏入交大校门的周志明对这个学校充满了向往和期待。大一时，他加入了学院的学生会和青志队。在学生会中，他和其他同学一起举办了院迎新晚会、个人风采大赛和班级风采大赛等活动。从最开始的遇事慌张，到逐渐处事不乱，再到能够事先预判问题并成功避免问题的发生，他在活动中学习并成长。在青志队里，他结识了一批志同道合的小伙伴，大家一起学习、工作、生活、玩耍，互相帮助共同进步。在组织了爱心收书、启音聋哑学校、上海国际马拉松和校运会等多项志愿者活动后，他收获了很多组织志愿者活动的经验，也慢慢开始对"志愿者"三个字有了自己的理解和执着的追求。而在学习方面，他知道成功的关键是走好第一步，于是他坚持早起。早上 6 点多起床去占一个利于听课的座位以保证自己能够高效上课是他最普通的日常。他在课上认真听讲，在课后认真复习并仔细完成老师布置的作业，对待任何一门科目都不曾有丝毫的松懈。

一年下来，打好了专业基础的周志明对于今后道路的规划拥有了更加丰富的选择。

启　航

无论是在高中还是大学，周志明都将自己的大量课余时间奉献在了志愿者工作的岗位上。他喜欢这种没有任何功利目的、单纯志愿服务的感觉，也喜欢因为相同的想法而聚到一起的志愿者同伴。出于这种原因，他选择了在院青志队中留任，竞选部长一职。做院青志队宣传部部长的时候，他的部门在他的带领下，一直活跃在各个志愿者活动的岗位上。部门所有人之间的感情都特别好，或许也因此，在所有的活动中，宣传部的出勤率都是最高的。在经过一年的考验后，他所在的部门创造了干事"零流失"的记录，甚至直到现在，仍有许多当年的老干事们活跃在新的部门群中。再之后，因为不舍，因为责任，周志明选择继续担任电院青志队队长一职。

在任期间，就交大人熟知的上海国际马拉松志愿者活动，周志明组织过五次。志愿者人数近 3 000 人，活动也曾多次被国内外媒体报道。从宣传、招募、选拔到通知、培训、排表，还有人员的调整、现场的把控等大大小小的工作，他全部都负责过。他永远在第一线，处理着各种突发状况。

在 2016 级学生军训中，周志明在政工活动组负责了党史军史知识竞赛。他运用自己以往组织活动的经验，积极与各方交流。从布置场地、设计物料、发送通知，到准备题库、撰写主持稿和流程并制作 PPT，周志明全程参与。最终他成功举办了知识竞赛，获得了老师们和同学们的一致好评。

就这样，即将毕业的周志明，在经历了重重挑战之后，逐渐成长成熟，开始独当一面。

星 辰 大 海

　　大四时，学校通知开始组建上海交通大学第二十届研究生支教团。在看到通知的那一刻，周志明心动了。他认为，这样的支教活动，不但会帮助他个人成长，而且对于偏远地区的教育发展有着深远的意义。更重要的是，他还可以认识一群纯真的孩子，帮助他们成才。他想到曾经坚持两年为外来务工人员子女进行课后辅导的经历及其间的温暖，他开始憧憬着支教时结交新的孩子们的场景。他觉得只要能帮到孩子们，将知识、未来交到那里的孩子们的手中，那么无论需要付出什么，都是在所不惜的。

　　和以前的想法不同，周志明觉得志愿服务不再仅仅是他的一个爱好了，这更是他的一份责任，而他希望能够担起这个责任。他有想过大学毕业之后直接读研，或者找工作。但是当看到支教团通知的时候，周志明突然觉得他人生道路的远方出现了一束光，仿佛在指引着他选择一条更加充满希望的道路。或许他的力量是渺小的，但是他不会放弃以渺小的力量去为祖国带来一些改变，因为这份力量让他真切理解了何为责任，何为价值。

　　周志明在去支教前有一个小小的愿望：他希望在过了几年十几年甚至几十年后，当孩子们长大成为国家栋梁之时能够回想起，当年自己曾经在一所学校念过书，学校在 2018 年迎来了一批来自交大的支教老师，老师当中有一个人叫周志明，他教过自己，为自己的人生带来了希望。

　　周志明的人生旅途已经扬帆起航，他的征途是星辰大海。相信在有了明确的人生规划和目标之后，在学校的学习成长能够指引着他不忘初心，砥砺奋进，也希望他能够达成自己的一生志愿。

供稿：电子信息与电气工程学院

作者：高若萱　王秋月

高 雅：
为建设交通强国不懈奋斗，在雪域高原书写不朽青春

人物白描

高雅，上海交通大学船舶海洋与建筑工程学院 2016 级博士生，美国佛罗里达大学访问学者，SuSmart C 低碳城市规划实验室联合创始人。作为骨干成员，她带领团队成功搭建了颇具影响力的交通环境监测科研平台，参与国家重点项目、政府及企事业单位研究项目 10 余项，累计发表 6 篇 SCI 论文、6 项专利及软件著作。

她曾担任校党政办公室文秘团队辅导员，多次参与学校大型活动视觉展示环节策划及重大活动的组织、协调和实施。入选第五批中央国家机关大学生实习计划实习生，在交通运输部实践锻炼。作为 2018 年上海市大学生志愿服务西部计划志愿者，赴西藏志愿服务一年，在西藏自治区人民政府办公厅协助主席文秘团队开展相关工作。

学交通的交大人

新中国成立 70 年来，公路成网，高铁飞驰，巨轮远航，飞机翱翔——正在由"交通大国"逐步向"交通强国"昂首迈进。交通运输是现代社会的发展血脉，凡是有人活动的地方就离不开交通。作为一名学交通的交大人，高雅博学慎思，明辨笃行。

本科阶段，高雅便创立了自己的科创工作室；硕士阶段，她以数据分析师的身份赴美国佛罗里达大学深造一年；回国后硕士提前毕业进入博士学习阶段，2016 年实验室自主研发了智慧防霾工具包——Smarter Ur Health，搭建智能评估系统，创新发明智能口罩，更加高效、准确地保护生命安全，提升

城市安全指数与幸福程度。作为研究团队的首位女博士，高雅累计发表 6 篇 SCI 论文、6 项专利及软件著作，先后夺得全美数学建模一等奖、全国交通科技大赛二等奖、全国研究生数学建模二等奖等 7 项国家级奖项，以及 SODA 上海开放数据创新应用数据大赛"种子奖"和"外滩之窗城市安全展示奖"等 5 项省部级奖项。

高雅如此丰富的科研成果的背后，是"一天，一件事，一坐就是 10 小时"专注为学的态度。科研经历中最艰苦的一段时间，当属高雅在美国佛罗里达大学做访问学者的日子。白天，高雅有着繁重的课程，深夜，她坚持完成大大小小论文的写作。然而，高雅一天的日程并没有到此结束，她还参与了国内的课题研究。因为时差，高雅经常凌晨 3、4 点还在继续做研究。她撰写第一篇 SCI 论文时，正值冬季，但是寒风无法阻挡高雅对科研的赤忱之心。4、5 点外出安装实验设备，随后便在工作室收集处理实验数据，这样两点一线的生活，高雅坚持了大约半年多的时间。当她的第一篇 SCI 论文发表时，一种成就感油然而生，之前的艰辛已被高雅抛诸脑后，她时刻关注国内外研究前沿和发展方向，又投身到下一个研究当中。

她同团队成员一起成功搭建了颇具影响力的交通环境监测科研平台，参与国家重大社科、科技部国家重点项目、政府及企事业单位研究项目 10 余项，与团队协作申请到上海市环保局、科委、浙江省科技厅、海洋工程国家重点实验室资助的多项重点课题。不同的城市交通设施有着不同的交通排放特征，并在设施周边环境的影响下，呈现不同的空气污染特征。高雅正在进行对区域性交通设施（如交通主干道、交通枢纽和重要公交系统）以及与之配套的交通管理政策对城市群尺度各项主要污染物（如 PM2.5、CO 和黑炭等）排放的影响的研究，从而优化城市交通政策和交通设施建设措施，减少空气污染，为政府决策提供科学依据。

高雅也努力把学到的本领运用到实践中去，力求做到知行合一，将科研成果落地，转化为推动城市发展的实际成效。她曾入选中央国家机关大学生实习计划，在交通运输部实践锻炼，真正运用所学专业报效祖国、奉献社会。

情洒高原，大爱无疆

高雅作为 2018 年上海市大学生志愿服务西部计划志愿者，被分配到了西藏自治区人民政府研究室，配合西藏自治区主席的文秘团队开展相关工作，并任上海市 2018 年西部计划西藏专项服务队临时党支部的支部书记。她负责西藏自治区人民政府研究室软课题征集工作，参与起草了 30 多篇西藏自治区主席讲话稿，协助整理 10 余份汇报材料，负责整理政府常务会、专题会中主席的讲话录音，制作中央党校授课 PPT。

这趟去援藏的征程注定是充满艰辛和挑战的。高雅刚到西藏，还没来得及适应西藏特殊的高原环境，就投入到第四届藏博会材料工作组的工作中了。前期主要工作内容为搜集材料、录入文字、文稿校对，开幕式后负责领导讲话材料衔接，沟通其他工作组与材料组的对接事宜。初来乍到，加班到 2、3 点对高雅来说是很常见的事。"藏博会开幕式一结束，我就被送进医院了"，高雅回忆道。和许多援藏干部一样，高雅的梦想很简单，她希望自己所做的每一件小事都能够帮助更多人。

西藏的公共交通系统并不发达。高雅带着最真挚的感情和最淳朴的梦想，立足于理论知识，将学术助力国家建设的信念运用到了实践中。她申请了"以拉萨市为试点的西藏自治区道路运输信息化建设研究"课题，制定拉萨市公共交通信息化发展目标，形成以"常规公交为主体、定制公交与公共自行车为补充"的"多模式一体化"城市公交服务体系，得到了评审专家的一致好评。

做好本职工作之余，高雅常常利用空余时间投身志愿服务中。达孜县敬老院慰问活动、"沿拉萨河徒步，清理两岸垃圾"活动，处处都有高雅的身影。为了帮助西部地区品学兼优的学生顺利完成学业，她和一同赴藏的室友主动联系母校和当地小学，组织上海志愿者们开展对当地小学贫困学生的资助和帮扶工作。上海市西部计划志愿者为 17 名小学生建立了"一对一"的结对帮扶，长期提供辅导，希望通过助学金的发放以及"一对一"的帮扶活动，帮助孩子们树立远大的理想，增强他们学习的动力，提升他们战胜困难，勇往直前，奋力拼搏的勇气和信心。

在西藏，连呼吸都是一件很奢侈的事。西藏，是眼睛的天堂，却是身体的地狱，对援藏志愿者健康上的伤害，有些甚至是不可逆的，会伴随终身，因此所有的援藏志愿者都具有一种奉献自我的情怀。西藏高原艰苦的生活环境，没有阻挡高雅实践的步伐；藏族同胞灿烂的笑脸，更坚定了她援藏的初心。高原反应是援藏日常生活的一部分，高雅主动去习惯那种不舒适。在雪域高原志愿服务的一年时间中，她抓住一切机会，深入 7 地开展调研，足迹遍及边境一线、偏远农牧区，在雪域高原书写着不朽的青春。

不同时代的青年有着不同的责任和使命，他们依托自己的专业特长，紧跟时代发展需求，选择到祖国最需要的地方施展才能、奉献青春。个人的力量毕竟有限，高雅说自己能做的其实并不多，但是如果有一天在祖国的大地上所有的城市居民都可以享受城市交通的便捷，所有的乡村百姓都能够快速往来于城里乡间的伟大梦想，她希望自己成为朝着这一目标奋斗的一分子，发出更响的交大声音，贡献更多的交大智慧。

不忘初心，为国为民

"这是我最难忘、最感激的一段经历，它可以说是改变了我的人生"，高雅在谈及关于党政办公室的工作经历时如是说。初入党政办公室的高雅还是个什么都不懂的新手，刚开始以一个学习者的身份与校长秘书团的老师们一起工作的时候，便受到了老师们对她手把手、耐心且细致入微的指导。党政办公室老师们这种注重细节、注意方式的指导，让高雅在方方面面开始不断地进步，也让她在每一件小事上感受到了党政办公室老师们待人的亲切和尊重，她也因此萌生了在党政办公室积极学习、努力工作的想法。

为了能写出更精良的文稿、做出更精致的PPT，高雅归纳总结不同场合所使用的文稿、PPT的特点，仔细品味它们的文字风格，贯通融合自己的理解，最终成功地形成了自己的文稿写作风格，学到了具有交大特色的PPT制作方法，并将"交大水平"带到了西藏，得到了西藏自治区主席的称赞。由于党政办工作的特殊性，高雅经常和文字打交道，需要一遍遍逐字逐句地核对文稿以及PPT上的每一个细节。在工作过程中，她的心态逐渐发生了变化，原先容易着急、浮躁的心理开始趋于平和，心胸宽广了许多，做事也更加稳重。感受着在工作中一次次将想法变为现实的喜悦和收获，高雅也不再将未来局限于寻找个人的"小确幸"，而是真正想要做一些有意义的事，希望自己所做的每一件小事都能够帮助更多的人。

就这样，在党政办四年的工作让高雅从一个行政小白一步步成长为校党政办公室文秘团队辅导员，但她并没有止步于此：2018年，高雅入选第五期"中央和国家机关大学生实习计划"，进入交通运输部实践锻炼；同年作为志愿者进入西藏自治区人民政府办公厅工作，并得到相关领导的高度评价和充分肯定……

"在党政办，和老师们相处如沐春风，受益颇多。"在党政办，无论工作多么繁忙，老师们都会对高雅所做的工作进行指导，提出一定的意见；在党政办，老师们总会给高雅平等交流的机会，让高雅感觉到自己融入了团队，成为当中的一员。她开始明白何谓团队，也有了对党政办的归属感。和党政办老师们一起相处、工作的经历，让高雅改变了以往对行政工作烦琐复杂的印象。她意识到在工作中可以通过自己的力量真正地推动一些想法的实现，可以真正地为人们做一些实事，可以真实感受到他们的快乐，可以收获满满的成就感，这是只着眼个人的"小确幸"所感受不到的。这份特殊的经历让高雅发掘出自己对于行政工作的热爱。未来她将继续在自己的岗位上担负起责任，将自己的才能奉献于对国家、对社会有意义的职业生涯中。

供稿：船舶海洋与建筑工程学院

作者：贺雨璇　蔡　懿　朱浩然

杨文婷：
雪域高原上的青春回忆

人物白描

杨文婷，上海交通大学国际与公共事务学院行政管理专业 2015 级硕士研究生。2016 年的春天，她与男友一起到西藏自治区措勤县完全小学支教。她筹集了 55 000 元的图书资金，购置了近两万册汉藏双语图书送往学校，并在学校设立了"汉语角"和"广播站"，为当地的老师们提供 PPT 技术培训等课程。

支教生活，与孩子们的甜蜜时光

措勤县，距离拉萨 900 多千米，距离上海近 5 000 千米，平均海拔 4 700 米以上，是西藏为数不多的高海拔县之一。从拉萨到措勤，海拔高了将近 1 000 米，空气含氧量急剧下降，人体器官和身体机能也变得迟缓和脆弱。初到措勤，呼吸不畅、心跳加速、头疼恶心等高原反应症状一直困扰着他们。一周适应期刚过，杨文婷和男友相继生病，大部分时间里，他们都是带病坚持教学。

四月的措勤，气温虽有回暖，可穿着厚厚的棉衣仍能感到空气中的寒意。在这交通不便、水电不通的偏远地区，时光安静而悠长。他们白天在课堂上教孩子们认字，晚上用心地备课。支教期间，杨文婷担任了四年级二班的语文老师。班里大部分同学汉语水平薄弱，只能听得懂几句最基本的对话，因此她只得根据孩子们的实际情况对原本精心准备的复杂课程作出调整。内容虽然变得简单，却增加了不少趣味。有时候，为了让孩子们听懂她的意思，她不仅要放慢语速，不断重复，甚至还需要运用肢体语言。孩子们对汉语有着深深的好奇，也喜欢用学到的新词语和老师交流，很快他们便能够进行简单的自我介绍和基本的课堂交流了。

高原上的孩子天真淳朴，像雪原里的一朵朵格桑花，娇艳美丽又一尘不染。谈及支教的日子，杨文婷不由得嘴角上扬。她说，与孩子们相处的时光极为甜蜜，回忆中有太多令她感动的小故事。"记得教完学生用汉语写自己名字的第二天，翻开一个小女孩的作业本准备批改时，一股暖流袭上心头。那是一行歪歪扭扭的字：'我的名字，谢谢老师。'"尽管言语沟通有些障碍，但孩子们的只言片语，甚至只是微笑，都能带来说不尽的温暖与感动。

深入基层，为乡村教育出一份力

来措勤之前，曾经入藏两次的杨文婷对西藏的印象只停留在拉萨这座城市。为了抓住了解基层的好机会，除了在措勤县小学支教外，她和男友一起去考察了两个乡和一个村，走访了乡里的小学，看望了村里的牧民、贫困户和孤寡老人。"震惊、心痛、冷静、思考"，这四个词描绘出了杨文婷在这里的心路历程。在措勤的所见所闻让杨文婷对西藏有了颠覆性的认识，也让她明白，西藏这片土地有多么渴求人才、需要人才。

得益于国家的教育均等化政策，完全小学的硬件设施有了很大程度的改善，但仍然存在很多亟待解决的问题。"中国教育难点在西藏，西藏教育难点在牧区"，这句话一点都不夸张。在内地，小孩的教育分别在三个环境下开展——社会、家庭和学校。而这里的小孩，尤其是牧区小孩，他们接受教育的途径只有学校，甚至有很多家长曾直接向学校表示，"来学校只是为了让孩子吃饱饭"。而学生们的理想也大多是"放牧"，好一点的是"当和尚"或是"当包工头"。小学各年级学生的成绩"两极分化"现象也尤为严重，而且在缺乏考核和激励的"初小制度"（一到三年级在乡里的小学接受教育，四年级转到县里的小学）影响下，大部分从初小转到县里的四年级学生连拼音都不会读。高原小孩的教育需要更好的老师，更需要更好的教育制度和管理。

因为身体难以支撑长期的高海拔生活，杨文婷和男友最后选择了为期一个月的短期支教。在来之前，她思考了很久，一个月到底能为这里带来什么？如果只是教书，在这里发挥的作用又能有多少呢？经过长久的思考后，他们决定在给孩子上课的同时，参与学校的教学管理，辅助学校从根本上解决一些问题。

学校只有一个很小的阅览室，每个班级的同学一个学期只有一到两次机会到这里读书。为了解决学生"看书难"的问题，杨文婷与男友通过校友资源共筹集了 55 000 元的图书资金，委托校长根据学校的需求共购置了近两万册汉藏双语图书，并摆设在与食堂相连的休息区，让学生们能够在课下随时随地读书。考虑到学校缺乏有效的意见表达途径，教师的意见和建议长期难以得到征询、存在的问题难以得到解决，在与校长的多次协调下，他们举办了"汉语文组教师交流会"和"毕业班提分座谈会"。收集到老师们的问题后，他们便与校长进行沟通，将想法一个个落实。最后他们设立了"汉语角"，给学生更多练习汉语的机会；建立了"广播站"，规定汉藏双语内容轮流播音，并对负责老师进行定期的奖励和评优；在一、二年级的晚读时间开始播放动画片，提高学生的汉语听力等。

此外，老师们在座谈会时反映，学校的培训机会太少，有些老师工作已经七八年，一次都没出去过。根据老师反映的情况，他们联系到拉萨市实验小学负责人，为完全小学争取到了长期免费选派教师到拉萨培训的机会。得知很多老师都在制作 PPT 方面有较大困难，杨文婷为四十多名骨干教师开展了一次 PPT 技术培训课程。

除此之外，他们虽然收入有限，但还是在经济上尽了微薄之力。在男友工作之初，他们共同决定每个月拿出 10% 的工资来为西藏做公益。看到学校很多学生缺乏文具，他们又用四、五月份工资的 10% 给学生购置了文具。

选择责任，在付出中实现价值

在高海拔地区生活，虽然遇到了很多从未经历过的困难，但精神世界却是极为丰富的。在杨文婷和男友要离开时，全班同学一个接一个地走上讲台，为他们献上早已经准备好的哈达。走出教室时，孩子们从教学楼一直跟到办公室门口，跟他们说再见。带着沉甸甸的几十条哈达，杨文婷回头望着孩子们，阳光洒落在他们的脸上，格外灿烂。

一个月的支教生活像电影片段一样在她脑海中闪过，每一个围着炉火备课的夜晚，每一堂简单而有趣的课程，每一次深入乡村的调研，还有孩子们拿到新书时候的笑脸，此时都变得清晰而深刻。她舍不得这些孩子，也放不下这段给予她太多成长的支教岁月，挥手再见时，唯有祝福这些天真可爱的孩子们在未来的日子里接受更好的教育，在爱的包围中茁壮成长。

在措勤，杨文婷感受到了被需要的幸福。措勤支教留给她的，不仅是难忘的回忆，还有实现自我价值的幸福。愿她能够一直带着这份责任与勇气追逐自己的梦想，永远有一颗丰富的内心。愿未来，有更多的交大人，能选择这片土地，把青春的印记留在美丽的雪域高原上。

供稿：国际与公共事务学院

杨思琦：
化茧成蝶展翅飞，学海无涯扬帆航

人物白描

杨思琦，上海交通大学化学化工学院2015级硕士研究生。她是党支部书记，是校党建联席会理事会成员，是校"励行宣讲团"的成员，也是思源公益理事会成员，她曾获得校优秀党支部书记、三好学生、优秀毕业生等荣誉称号。她挑战过很多角色，承担着不同责任，经历了诸多感动，也结识了一群志同道合的小伙伴。在完成科研工作的同时，杨思琦将大部分的时间投入到学生党建工作以及志愿活动中。她感激每一次不期而遇的温暖，感恩每一段如期而至的美好。

思源致远，让学习成为一种习惯

三年前，通过竞争激烈的考研，杨思琦顺利踏入了上海交通大学的校门，她无比珍惜在交大的求学时光。在交大，大师云集，同学们也实力强劲，她自觉幸运的同时又感受到了不少无形的压力。为了让自己更优秀，杨思琦保持规律的生活作息，与师长及时交流，不断向学术之星看齐，让学习成为一种习惯。

学习和科研之路并非一帆风顺，杨思琦曾很长一段时间陷入实验瓶颈中，体验了无数个"数据让人头大，实验让人抓狂"的崩溃瞬间。深夜12点回到宿舍，早上6点再去实验室已是杨思琦的生活常态。若是对实验结果不是很满意，她又会重新推倒再来一遍。正是这一次又一次的实验，培养了杨思琦细心耐心和严谨认真的态度，而在多次失败后的成功，更让她感受到了科研的魅力。不驰于空想，不骛于虚声，唯以求真的态度，做踏实的工作。杨思琦用实际行动践行了科研工作者的坚守。

学无止境，贵在坚持。每次在轻松与艰辛之间犹豫的时候，杨思琦都选择了后者，而改变就在这些选择间发生。坚持产生质的飞跃，"撸起袖子加油干"才是最好的行动指南。

多想多问多沟通，成就一位亲切的党支书

"选择了交大，就选择了责任"，是杨思琦在交大上的第一堂课。

党建工作看似简单，却很烦琐。刚刚成为党支书的她有点不适应，党员同志对于支部生活不太热情，党员发展工作流程烦琐而精细，自身的业务水平也有待提高。面对这些问题，"多想、多问、多沟通"是杨思琦屡试不爽的解决良方。

通过组织不同类型的活动，杨思琦让支部生活严肃活泼。组织参观钱学森图书馆、校史馆、中共一大会址等活动，她让同志们铭记党史校史，坚定理想信念；结合"两学一做"，组织阅读红色书籍、"一战到底党史知识竞赛"等活动，她帮助提高同志们的理论学习水平；邀请院士及科研达人解决同学们的科研难题、女生节的玫瑰花祝愿、元旦的新年问候……她用温暖的活动让支部的凝聚力显著增强。

三年来，杨思琦所在的支部党员人数从15人增加到了22人，支部荣获"校优秀学生党支部""校优秀基层党组织"等荣誉，而杨思琦，也在发展党员的工作中做到了"零失误"，党建业务水平大大提高，成功获得校优秀党支书的称号。见到她，同志们总会亲切地喊一声"杨书记"。

热心公益，感受每份感动

杨思琦热爱公益，想用自己的力量关心他人，回报社会。2016年8月，

在学校思源公益组织下，她和 14 名队员前往甘肃省殷家城乡九年制学校参加了为期一个月的支教活动。她担任队长，负责团队与思源公益和当地机关的联系、保障队员们的饮食起居和安全，同时，她在前期工作中精心准备，包括支教的课程制定、舞台剧的策划，学校的每一个角落，都洒满了她奉献的汗水。

在这次经历中，她深刻地认识到：我们国家区域发展不平衡的问题依旧存在，一些地方的经济发展水平依然不高。在殷家城乡，有一半的孩子沦为留守儿童，许多老人成了空巢老人。少年强则国强，她能做的不只限于学业上的辅导，还有为孩子们开阔大山外的视野，为他们种下一颗希望的种子。

支教结束，杨思琦最大的收获，就是结识了一群志同道合的小伙伴，见到了活泼可爱的孩子。她深切地感受到了祖国的需要。在她看来，每一次奉献都是在拓展生命的广度和深度，生命也在奉献中逐渐闪耀。

扬帆起航，筑梦基层建设

幸福是奋斗出来的，平凡的人也可以有大大的梦想。

2019 年春节，杨思琦和往常一样坐火车回家，坐她对面的是一位江西老乡。得知她是交大的学生，老乡立马发问："以后毕业想做什么，留在哪里？"当她说出自己想要留在上海时，老乡为她感到高兴之余眼里又有掩不住的失落。若有所思地说："其实我一点都不想出去，孩子、老人都在家里，但迫于生计只能背井离乡。你上了交大这么好的学校，如果以后有机会能回家乡发展就好了，要是我们家乡发展好了，我们都不用出去了呢。"老乡真诚又朴实的话给了杨思琦很大的感触。

听街声，闻世况，或走俗寻常；经戈壁，过断桥，塌落泥土乡。"饮水思源，爱国荣校""选择交大，就选择了责任"，这些话时常在她的耳边回响，在她的心头荡漾。最后，她下定决心，放弃了其他的就业机会，离开上海，以基层选调生的身份回到江西，利用专业知识和一片赤诚之心，为民服务，解民之困，造福于民，一定要把那片红色的土地建设得更好。

"和我在南区的跑道走一走，走到思源湖的尽头，走到仰思坪的路口。"朗朗上口的旋律响起，歌词的故事就是昨天行程的不断重奏。开往远方的列车即将启程，杨思琦将带着对于未来的憧憬和奉献基层的决心奔向远方，带着交大人的责任，以交大人的标准，做好每一件事，用实际行动践行青春的诺言。

供稿：益友报社

叶维熊:
达则兼济天下

人物白描

叶维熊,上海交通大学机械与动力工程学院机械工程与自动化试点班 2013 级本科生。他学习优异,获国家奖学金与李天和奖学金,专业排名第二,曾任机械动力学院科技创新与创业协会的联络部部长;科研与实习经历丰富,大一就已投身国家大学生创新性实验计划项目,担任项目负责人,参加"给予 FES 和 GPS 的人体自动导航系统"项目,是全国大学生数学建模竞赛上海区三等奖获奖队的队长,已成为科尔尼管理咨询公司的 PTA;他更是心系远方的思源公益项目总监,打造了机构的新常规项目"农民工子弟小学支教";他也是上海市优秀社会实践项目"乡村夏令营"暑期实践团团长,获得阿克苏诺贝尔大学生公益银奖、上海市优秀社会实践等多项奖项。

不倦之魂,照亮他前行的方向

叶维熊高中通读了厚厚的《钱学森传》后,就深深地被钱老的精神感动,后来他如愿进入机械动力学院,也对机械有着一定的迷恋度。对创新的热情让他早早地在大一就开始了大创项目,带领团队开展项目,接触导师,"只有把眼界放到更高的高度,才能达到它,从而收获进步。"

"'达则兼济天下'对我来说太大了,但我确实一直在努力着,'做最好的自己'的同时,可以更多地帮助到他人。"叶维熊讲述了从入学以来学长学姐们对他的指导与帮助,比如在科协时的部长,以及言传身教"做最好的自己"的张轶伦学长;还有知心朋友的陪伴,"即使是已远赴重洋的钟扬,都还是会聊聊人生、聊聊理想"。在这些人对叶维熊的影响与帮助下,他一直努力使自己越来越好，并继续去帮助更多的人。

问及以后的规划，叶维熊说，想从单纯的研究机械工程转到更为全方位的学习与工作，希望能使自己成为一个"懂技术，亦懂管理"的人，这样才能更好地为工业 4.0 的浪潮贡献自己的一份力量。

务实之心，助他在支教路上远行

2015 年柳絮纷飞之时，叶维熊报名参加了交大思源公益机构去往甘肃的暑期支教团，由此开始了他的支教之路。他感叹，支教是自己本科三年来所做过的最有意义的事。

这样的一次暑期支教，他投入了三个多月的准备。从备课到培训与考核，他不断提升着自己的能力。那一次暑期支教之旅非常辛苦，可他收获了组织的归属感和对公益的认同感。叶维熊说，在思源公益，所有人都抱着一颗赤诚之心与务实之心，怀揣着同样一份信念，没有了上下级的隔阂，只有为更好地支教而做出的共同努力。

但是，暑期的支教让叶维熊感到时间太短，好像没有办法带去更多的改变。"有一个初三升高一的男孩，他在军训的某一天给我发了一条消息，是一张他被教官责骂的照片，只因为他在教官打热水的地方打了热水。"叶维熊感到心很痛，感到"我们能带去的太少太少，不能像当初所承诺的那样，给他们带去'光明、美好的明天'。或许我们离开以后，他们还是日复一日地在英语老师蹩脚的口音下念着书，或许他们还是日复一日地背诵着 cos 和 sin，做着一些无用功。"他叹息道。

所以，他开始寻求改变。近两年的支教中，他从活动组长，变为了项目总监；从参与者，变成了组织者。他打造的新常规项目"农民工子弟小学支教"，已经开设了 12 周的活动，参与志愿者逾百人。他实现了这个项目组的正常运营，拓展了机构的社会影响力。2016 年 1 月，他开始筹备"乡村夏令营"的项目，2 轮宣讲会，3 轮面试，他从 402 名报名者中筛选出了 94 名，包括了从上海、香港等许多地方的学生与老师。

理性之思，成就他兼爱的情怀

支教活动带给叶维熊帮助他人的快乐的同时，也引起了他的思考，他提出了三个问题：其一是，现在的支教团队太多，其中有好有坏，不乏一些缺少准备，无组织而动机不纯的团队。他们打着支教的名义，更多的却是去游玩。其二是，当地的环境不如校园，许多最初的想法到了当地得不到很好的实现，并且去支教的人所带去的知识又很散乱。其三是，支教是否真的可以改变当地的情况，或者说，可以在当时做出多少的改变，可以在走后留下多少的改变。经过反复的思考、实践，他认为可以用三个词来概括解决这些问题的核心，那就是：责任感、陪伴以及认识。

他在选拔"乡村夏令营"项目的志愿者时，坚持不到 25% 的录取率，即使通过面试了，在之后的时间里也还会有严格的考核机制，无法胜任的面试者仍然会面临淘汰。这正是因为他在组建团队时时刻谨记着责任感。他坚信，最终出现在支教地的会是带去最优秀的课程与活动的最优秀的团队。

这个实践项目的目的与形式皆为支教，却没有使用支教的名字，而用了"夏令营"一词。这一细节体现出的却是叶维熊对支教地孩子们的关怀与陪伴。"支教一词，好像把贫穷落后用红笔圈了出来放在孩子们的面前，被动感与自卑感会伤到他们的心。而夏令营就听起来轻松许多，我们希望带给他们的不仅仅是知识，还有陪伴与快乐。"

实践中，叶维熊首次引入了 TBL 课程理念，即 Task-Based Learning，将原本分开准备以至于太过散乱的一个个专题，变为了一个统一的系统。教授不同学科的老师以同一个主题为载体，来教授自己的学科知识。孩子们有了更多的兴趣，可以更好地记忆这些知识，同时也感受到了不同学科间的关联。

　　同时引入的还有乡土文化调研板块，从教育、医疗、水资源、食品等各个方面记录下团队所能了解到的一切。到目前为止，他们已经形成了 20 多万字的报告，并在媒体上发表。"希望这些努力可以让更多人注意到支教公益存在的问题与可以改进的方向，可以让更多人为偏远地区的孩子们带去更多改变。"

　　另外，叶维熊也提到了思源公益目前的另外两个项目。一是远程教学，每周二他们将通过视频直播，为乡村的孩子们带去一堂课，课程老师有社会上的职业人员，有交大的老师，也有学生志愿者。二是乡村图书馆，他们致力于创建一个捐书、借书、还书一体化的 App，解决捐书的不透明、借还书的不系统等问题，为乡村孩子们设立更好的书籍管理系统。

　　在出色完成学业、科研任务的同时，叶维熊始终将"公益"放在心中最重要的位置。"达则兼济天下"的宏大理想被他细化成了支教活动的一个个小行动，一次次小改进，绘制出了未来属于边远地区孩子们的美好。

供稿：机械与动力工程学院

作者：相宇昊　水崇源

袁华为：
青春正未有穷期，奋斗还须苦作乐

人物白描

袁华为，上海交通大学机械与动力工程学院 2012 级本科生。2015 年获评交大学生年度人物。热衷于社会公益的他于 2013 年获机械与动力工程学院"诚信自强之星"荣誉，2014 年获共青团贵州省德江县委员会礼聘"春晖使者"称号，2015 年获"黔籍在沪青年十大优秀志愿者"称号，2016 年 6 月获评"凡·星，让平凡发声"上海交通大学第二届励志典型人物。他是 2016 年西部计划志愿者，曾于迪庆州森林公安局负责保护区的巡山工作，保卫珍稀濒危植物与国家级保护野生动物。并在志愿服务期间，自主办理卷宗，共完成林业行政案件卷宗录入 34 起；资助贫困学生，全心全意地投入到为基层群众做贡献的事业中。

兔走鸟飞，日月逡巡。转眼之间，一年的西部计划生活已经飞逝。回顾一年的志愿服务生活，袁华为不禁感触良多。他深深地明白了一个道理：如果你是金子，社会就是大熔炉，可以把你锻炼成色；可是，社会同时也是一个大染缸，你若自信，可能会被添上有致的五彩，你若堕落，可能会被污成一篇杂乱恶作。反思自己这 365 个日夜，他庆幸自己还能坚持一段属于自己的道路，有些值得坚持的苦，更有些值得骄傲的快事。

落脚一路憧憬的青藏高原

大学时候，袁华为一直有着那一颗奔赴西域的热心，却只能从学长学姐口中，听说那高原雪山的美，听说那青青草原上牦牛的哞叫，听说那青稞酒散发出的香醇。直到自己真正踏上这雪域高原圣地，终于可以亲眼看到那接近天堂的湛蓝，可以亲耳听到佛僧嘴里念出的虔诚，可以亲口尝到藏家人盆钵里盛出酥油和糌粑。毫无掩饰，他像一个不懂事的孩子，到了自己一心一意想去的游乐场。他在海拔三千多米的香格里拉，恣意放飞一颗年轻的心。

结下一份未知的森林情怀

乘着团中央的春风号召来到迪庆，但直到团州委最后一刻宣布，袁华才知晓自己的服务工作内容。虽然心中有种释怀，觉得只要是过得充实，能实现自己服务基层的理想，就可以一心一意地"撸起袖子加油干"，可是突然的一个未知的"森林公安"职业，让他一时间有点不知所措。诚如他一直勉励自己的话：学习，是自己融入集体和提升自己的唯一途径。于是，在开始的一个月，袁华为跟着信息通讯科的斌哥，跑上跑下，学习各个办案系统，熟悉各类多媒体设备的操作。在被分配到环保治安支队后，他又跟着吴哥和武队，忙前忙后，亲历了从每一份法律文书的生成，到各类性质的林业行政案件办理的过程。再接着，是跟着同事一起下乡，真正走进一片片原始森林，真正去亲触高原的土地，真正去摸及这"三江腹地"的草木。到后来，他对自己的工作越来越娴熟，甚至还凭借自己拥有信息化知识的特长，开始为其他科室"排忧解难"。现如今，离别在即，方明白，事无巨细，但凡是用心学习，必会有上天给予回馈。或许此刻这份离别的不舍，就是最好的回馈。

从认识到别离，一年不久，弦子声声催人归；未来很长，感恩自然他曾在。换句时下的话："现在，青春是用来奋斗的；未来，青春是用来回忆的。"所以他，为自己的这份经历倍感骄傲。

积累一摞永久的生命档案

从未知，到轻松下手；从忐忑，到恋恋不舍。他在迪庆的这一年，是一个可以用数据来量化的成长过程。学习，除了实践操作，也有理论提升。

在本职工作中，袁华为自 2016 年 8 月 1 日入职以来，从零基础学习，到自主卷宗办理，共完成林业行政案件卷宗录入 34 起，其中 2016 年共完成 19 起，接近全局林业行政案件总目标数的 1/3；2017 年共完成 15 起，同样近全局林业行政案件总目标数 1/3。在刚刚结束的云南省全省森林公安半年法制考核中，由袁华为办理录入的 2 起林业行政案件，获评优秀卷宗（全省共 7 起），即《阿敌在森林防火期内违规野外用火案》（迪森公（治）林罚立字〔2017〕第 0004 号）和《阿布擅自改变林地用途案》（迪森公（白派）林罚立字〔2017〕第 0025 号）。30 多份案件卷宗，不仅是他的工作记录，每一份更是对一片森林和国土的归档，是违法人员肆意索取自然的"罪证"。

袁华为的成长，在于思想的成熟，在于工作的认真，在于对志愿服务的一路追求。每一份讲话精神的学习，每一次前辈的教诲，尤其是每一本卷宗的撰写，都是他在守护绿色森林道路上的痕迹，也是一摞永久留存在他人生旅途中的生命档案。

谱写一曲志愿的奉献之歌

此时此刻，当他再想起"到西部去，到基层去，到祖国最需要的地方去"的伟大口号，当他再想起校园里海报上大大的"把青春融进祖国的山河"几个字，当他再哼起那首激昂的《到西部去》，他感到无比骄傲与自豪。因为他确实无悔于这一年的付出，更无悔于自己曾经坚持的选择。

一年来，袁华为先后 6 次下乡，在雪地里跋涉，在高山上呐喊。到过海拔 4 900 余米的白马雪山，也克服了零下十几度的高原寒冬。就在来到迪庆一个多月的时候，他就献血 1 次，并被迪庆采血中心成功采用；提笔撰写简报 3 篇，在中国青年网上发表文章《在迪庆做一名森林守护者》，在单位刊物《迪庆森林公安》上发表《宁为草木乡中生》。2017 年 4 月，他有幸得到澎湃新闻的《西行漫记》专访 1 次，被共青团德江县委推送为"德江青年的榜样"。

作为一个从高中一路走来，被无私帮助过的孩子，袁华为始终把感恩作为自己内心笃定的选择，把回报作为自己言行坚定的方向。

2016 年 9 月，袁华为努力牵线搭桥自己的两所母校，为自己的实践母校贵州省德江县长堡中学引进来自上海交通大学的"香港思源奖助学金"10 000 元。11 月，在共青团迪庆州委的连线帮助下，他与女朋友一起在香格里拉第一中学资助两个孩子，利用周末时间，去与孩子们交流。2017 寒假期间，他回到德江故里，继续投身于"德江大学生联谊会"的春晖行动中。他们到汽车站为返乡的父老乡亲们送春联，写新年祝福；还在县城的广场上，给市民送文艺演出等。这一路是平凡的，是追求自我价值，超越自我的不断体现，他不会停下脚步，他会不断向前。

下个月，袁华为就要投入到另一份奉献事业中。"黑土麦田"公益项目，将是他的下一站归宿。未来两年，"乡村创客"是他的另一个名字，"精准扶贫"是他的新一份职责。他从乡村的泥泞中摸爬滚打而来，他想要回到乡间的巷陌小道中去，去和另一批有着同样情怀的人，扎进泥土，与木房泥瓦下的儿童和老人一起，寻找一条创造幸福的道路。

不忘初心，继续前行。三五年的公益路，袁华为才刚刚开始，正如屈子的一颗爱国心，他要坚守住自己的一颗"勤慎朴实，自强不息"和"饮水思源，爱国荣校"的心，借一句夫子的箴言："路漫漫其修远兮，吾将上下而求索。"

供稿：机械与动力工程学院

邹建锋：
那片充满梦想的深山

人物白描

邹建锋，上海交通大学机械与动力工程学院机械工程及自动化专业2017级硕士生。他怀揣梦想，踏入交大校门；他依依不舍，作别甘陇山村。风雨支教路，他是校训"饮水思源，爱国荣校"的实践者；深山公益行，他把梦想播撒给更多的人。他坚信纯粹和简单的感动，不仅是为温暖别人，也是为了安顿自己的灵魂。

"青春本该与众不同"

"当初产生支教的想法，是看到了思源公益的宣传，我想让我的大学时代多一些不同的体验。"邹建锋笑着说起这段回忆。当时的他只是抱着走向社会、认识社会的想法，在2015年暑假参加了甘肃省庆阳市的支教活动。"不要夹带其他色彩，通过简单纯粹的努力，问心无愧地把事情做好就可以了。"邹建锋参加公益活动时不会去考虑其他事情，虽然过程会有一些困难，但他的内心是充实的。

就在2015年夏季的酷暑之下，这支由十三个大学生组建起来的队伍，去往了遥远的西部乡村。学校所在的那个小镇，上山要走100多公里的山路，昼夜温差大，从镇上去学校还有不少路，而且全校只有一个水龙头。"虽然来之前已经做好了思想准备，但刚到学校的时候还是被当地贫困的生活深深地震惊到了"，邹建锋回忆道，"刚去的时候有些不适应，甚至有几位队员因为水土不服生病了。"虽然有诸多的不适应，但是这支队伍依然用最短的时间调整了状态，在艰苦的环境下，他们投入了更多热情到支教中。

二十多天的支教生活不仅是对意志力的考验，还有生活习惯上的改变。"每天要五点多起床，在学生们起床之前就要把一切准备好，平常一般12时之后睡觉，还通宵过一次。"说到自己在学校从来没有那么早起过，邹建锋不禁笑了笑。支教的辛苦没有让同学们感到疲惫，"我们总是满怀着激情"，他非常认真地说着，"在那里，我们深深地被触动。"二十多天的支教中，邹建锋从没有喊苦喊累，有了精神上的动力，他愈能享受那里的支教生活。

"我要把梦想带给孩子们"

"虽然那里条件艰苦，但孩子们都非常努力。他们都非常单纯，我们在一起相处得非常好。"经过一段时间的接触，邹建锋直接地感受到孩子们强烈的求知欲和学习热情，但学习方法和自信心的缺失让他们在学习中举步维艰。考虑到支教只有短短的二十天，团队将重点放到了学习方法和生活分享上。

"那里的孩子普遍缺乏自信，不敢说出自己的想法，而我们就是不断地鼓励他们表达自己的认识，让他们体会到学习的乐趣"。邹建锋团队配有培训师，让孩子们在一些游戏中学到知识，并在分享收获的过程中升华主题，让每一名学生勇敢地说出自己的想法。"效果越来越好，孩子们越来越喜欢这样的教学，也逐渐变得开朗、自信。"最后，他们还帮助学校建立了一个图书室，希望越来越多的孩子爱上读书。

邹建锋深知在艰苦环境中梦想对每个人的意义，特别是贫困山区的孩子，拥有一个梦想是多么的珍贵。"我们希望他们有一个梦想，这样他们就有努力的目标，激励他们更加努力地学习。"但是事情并没有想象中那么顺利，邹建锋发现每个学生回家之后都要做不少家务农活，或许因为生活的重压，孩子们都或多或少有些自卑，他们的心中没有梦想，也不敢说出梦想。支教团队在每天的课堂上都不断地努力让他们主动交流，激励他们拥有自己的梦想。

在离开之前，团队组织了高台演讲的活动，每个人都在舞台上大声喊出自己的梦想。"有的孩子想做科学家，有的想做企业家，帮助家乡。还有孩子想和我们一样，做一名支教的老师"，邹建锋不禁回到了那片片碎碎的记忆中。"孩子们的梦想就像羽毛，虽然在外人看来那么微不足道，但是永远那么纯洁，这对于那些身处西部乡村的孩子来说是多么珍贵的东西啊！"

邹建锋印象最深的是一个小男孩。小男孩的妈妈离家出走，爸爸是一个聋哑人，但是小男孩学习很好，非常懂事，生活也很简朴。虽然贫困，但是他自尊心很强，一开始帮助他的时候他表现得有些难为情。令人欣慰的是，有一名队员在为期三周的支教中，与这个小男孩建立了深厚的友谊，并表示愿意之后长期资助他，邹建锋之后也与一位小朋友建立起书信联系。在支教团队将要离开的前一天，同学们便已经放假回家了，但是临别当天还是有很多孩子从家里赶来送行，还有几个孩子合力一起搬来了一个西瓜，他们都舍不得这些与他们相处了二十天的大哥哥大姐姐。"当时我们真的特别感动，好多女生都哭了。"邹建锋说，"如果没有选择去支教，自己肯定不会有这样难忘、值得铭记的回忆。如果有机会，我还想再去一次。"

"因为喜欢，所以投入"

做好一件事，最需要的就是热情。"Just follow your heart！"让邹建锋产生热情的，并不仅仅是一次支教的经历，在平常的生活中，他也时刻保持着激情与活力。成绩斐然的他还是"联合水务校级专项奖学金"获得者、校级三好学生。

在勤奋学习的同时，他还积极参加学生工作和社会实践活动，服务同学，服务社会。他担任过院学生会联络中心主任，军训小班长。2014年暑假，他还参与了名为"对比探究上海等大城市高峰时段轨道不合理因素"的暑期社会实践项目，为了得到早高峰时段地铁人流量数据，他常常要一大早赶去地铁站。"很累，不过很有意思。"功夫不负有心人，他所在的社会实践小组获评"校优秀社会实践团队"，该项目还获上海市知行杯三等奖。

谈到兴趣爱好，邹健锋说他对健身"情有独钟"。"锻炼身体让我的学习更有效率，也能释放压力。"从大一入学开始到现在他已经坚持三年多了，平均每周去两次健身房。

在邹建锋看来，交大的生活很单纯，毕业后要能够依旧保持纯粹和简单，自己还需要好好静下心来沉淀。当我们高谈梦想的时候，一定要问问自己的内心。邹建锋的桌上里放着一封从甘肃寄过来的信，他说只要一看到信就会想到自己的梦想，想起那片充满梦想的深山。

供稿：机械与动力工程学院

作者：秦誉哲　卫宇杰

丁坚灿：
助人助己青年党员，心系家国明日栋梁

人物白描

丁坚灿，上海交通大学航空航天学院 2014 级本科生。他，心怀一份对空天梦执着的热忱；他，肩担空天院学生第一党支部宣传委员、创新创业协会会长职责；他，有着科研、长跑、公益、摄影的兴趣。曾致力于国家大创研究，获得校"三好学生""A 等奖学金"和"学业进步奖学金"等荣誉。

景行行止，助人先自助

2014 年 6 月 10 日，是丁坚灿高考结束后的第二天，丁坚灿在高中母校进行了入党宣誓，光荣地成为一名中共预备党员。现如今入党已快三年，这三年也是他在交大学习成长的三年。党校培训、转正申请、支委工作、党组织生活会……可以说，他的大学生活和党员生活是密不可分的。回首丁坚灿这三年，用"助人自助"这四个字加以描述再合适不过了。

全心全意为人民服务作为党的宗旨，丁坚灿一直铭记于心，并积极予以实践，尽管在此过程中会遇到一些力所不能及的困难，但也让他深刻意识到扎实的知识基础和提高工作能力的重要性。为此，他努力在科研创新，在组织工作和兴趣培养等方面不断锻炼自己。

科研创新上，丁坚灿养成了良好的学习自律性，乐于和同学交流学习经验，曾获校"三好学生""A 等奖学金"和"学业进步奖学金"等荣誉。在2015 年，他成为交大航模队项目成员之一，在这个团队里他不断提高自己

的团队合作和实践能力。在此期间，丁坚灿以项目负责人的身份主持了"第十二期上海交通大学大学生创新项目"，在队员们的共同努力下，他们的项目在学期检查后升级为国家级大创项目，最终在结题答辩中获评优秀项目。一年的大创项目，他付出精力和心血，他也收获喜悦、领悟和友谊。

组织工作上，丁坚灿能够保质保量地完成党支部的各项工作，积极发挥自己的作用。作为党支部宣传委员，他利用好每一次与入党积极分子或者预备党员的谈话机会，认真做好谈话记录，积极了解思想动态。他爱好摄影，因此主动负责党支部的摄影工作，也参与了支部活动的主持和宣传工作。作为组织者参与党建工作，这让他更能领悟到党员发展流程、各类会议和活动的意义所在，也更能了解各支部成员的想法和信念。

兴趣能力上，丁坚灿坚持体育锻炼，他喜欢长跑，并在今年3月完成了个人首次半程马拉松；另外，他也热爱摄影，喜欢记录生活中美好的瞬间，经常在各类活动中担任摄影志愿者。

推己及人，己欲达而达人

丁坚灿说，他清楚地记得在一次讲座中听到的嘉宾对于何为"公益"的看法。嘉宾说"公益"不仅是受帮助的一方得到好处，而是你、我、大家都受益，才叫"公益"。的确如此，丁坚灿在帮助他人的同时，自己也获得了不同的人生体验和感悟。作为一名启音志愿者，他发现即使是有听力障碍的孩子，笑容也依然灿烂，正所谓上帝关上了一扇门的同时也打开了一扇窗；作为迎新志愿者，他见证了大学新生的青涩与家长的不舍；作为春运志愿者，他懂得了在外务工人员归途的不易；作为马拉松、铁人三项等比赛的志愿者，他更是零距离地体会到了运动员的拼搏精神。

此外，丁坚灿作为创始人之一，创立了"上海交通大学创新创业协会"，力求在学生中推广"双创"意识，搭建人才交流平台，为项目团队组建提供帮助。他也有幸在协会和教务处合办的"PRP& 大创"讲座中，登台和大家分享了自己参加大创的经验，为想初尝创新实践的同学指点迷津。在双创协会的创立和运营过程中，他收获了组织管理的经验和思想碰撞的乐趣。

虽不能至，心向往之

三年的大学时光转瞬即逝，这三年是丁坚灿作为交大学子乐于助人、勤奋学习的三年，也是他作为中国共产党中的青年先锋模范感悟、学习、成长的三年。这三年里，他不仅是一名优秀的学子，努力学习，刻苦钻研，参与科研，潜心创新，他也是一名卓越的领导者与活动者，积极参与各个活动，在学生团体与团委组织中无私地发挥着自己的聪明才智与热情，在力所能及的领域帮助身边的人，用行动践行着助人为乐的高尚品质，他更是一个优秀的青年党员、模范先锋，在身体力行的实践和党团知识的学习中思索，体悟着新时代共产党员的责任与担当。

在这些年的学习与感悟中，他接触到了焦裕禄、杨善洲这样为了党和人民无私奉献的感人事迹，也在一次次与长辈与同学的交流体悟中感受到新时期落在共产党员肩头的重任，与新时代赋予年轻人的时代使命。每每走在学校的学森路上，他的脑海中总是浮现钱学森学长迫切回国的信函与回国后呕心沥血的身影，心中便自然而然地生出一分敬佩与向往。渐渐地，他对助人，有了新的理解。金庸说："侠之大者，为国为民。"助人之大者，乃是帮助一个国家，一个民族。在这个中华民族伟大复兴的重要历史机遇期里，他一下子看到了自己肩负着的责任。在中国共产党的领导下，许许多多的杨善洲、钱学森们为了祖国的稳定与繁荣，为了民族的未来，前赴后继。他们有的留下了名字，有的没有，但他们都在前方呼唤着他加入他们，用自己的才智与汗水，一同构建祖国更加美好的明天。

颜渊问仁，得闻后长叹："请事斯语矣！"虽然丁坚灿觉得自己能做的仿佛还很少，但是伟大的事业不正是从刻苦学习，努力研究，善待身边的每一个人开始的吗？虽不能至，心向往之！作为学生党员，他愿慷慨解囊，乐于助人；他愿朴实无华，为人正直；他愿大公无私，牺牲小我。日后，在学习、生活和工作中，他一定会争做一名更优秀的共产党员，从小事做起的同时心怀天下，为了祖国更美好的明天而努力奋斗！

供稿：航空航天学院

作者：汪璟琳

江永利：
身兼数职的土豆博士

人物白描

江永利，上海交通大学农业与生物学院 2018 级硕士生。身兼数职，"打工王子"发力创业；科研助梦，发表或在审论文 10 篇（6 篇 SCI），公开专利 5 项。现任院研会主席，连续 3 年担任辅导员，每年服务 300 余名毕业生；献血 7 次，赴贵州山区支教，赴阿拉善参加防沙公益活动，累计志愿服务 50 余次。获国家奖学金、献血先进个人、优秀辅导员等荣誉 20 余项。现在，他想成为交大的土豆博士，助力土豆主食化推广。

饮水思源，心怀感恩

生活的艰辛让江永利更能体会那份善意的温暖。土豆陪伴了他童年的成长，交大则见证了他青春的蜕变。2012—2018 年，正是交大的呵护让他从一名懵懂无知的山里娃成长为一名勤奋自强的交大人。赤子之心，当饮水思源。他期望能成为一个对国家对社会有用的人，将交大给他的爱传递给大家，让那一抹交大红温暖每个人的心。这就是他追求的土豆梦——像土豆一样，扎根黄土地，不断发光发热。

千里之行始于足下，尽管江永利现在力量还很渺小，但是却脚踏实地地走好每一步，竭尽所能地去奉献自我。大学期间，他积极参加各种志愿者活动累计 50 余次，义务献血 7 次，并且志愿加入中华骨髓捐献库。本科期间，志愿为两名在上海求学的外地孩子进行学业辅导，累计辅导时长超过 50 小时。他还参与学生事务中心组织的爱心家教，每周志愿到闵行小学为同学们上课，累计为 200 名同学进行了辅导。此外，他与企业合作，通过义卖生物耗材和设备的形式筹集善款，用于购买学习用品和书籍，捐献给云南洱源的孩子们。

在学院的推荐下，江永利有幸参加由日本兄弟集团组织的内蒙古阿拉善防沙治沙生态修复活动，亲手种下几百颗梭梭树。而日本农学博士富坚智老师选择背井离乡，坚守阿拉善16年，只为实现他心中的绿色梦。这和江永利心中的土豆梦不谋而合，他深受启发。回来后积极参与防沙治沙的宣传公益活动，与当地的公益组织建立了良好的联系，并通过学院进行宣传，更多的人参与公益活动。他积极号召学院师生参加富坚智老师在上海关于生态防沙的宣讲会。同时，他还和富坚智老师保持联系，通过实验室帮助检测当地农作物沙枣的营养成分，助力当地农业经济发展。

江永利说，有机会他一定要再去阿拉善，希望能为绿色梦出一份力。他将来也希望像富坚智老师一样，坚守在风沙中，扎根在黄土中。

江永利一直关心家乡发展。他说，自己很幸运，能有机会走出大山，从一个偏远的小山村来到繁华的大上海，然而他的家乡还有很多和他一样的孩子，他们也希望走出大山，渴望看看外面的世界，他们需要帮助。作为曾经的一员，他也一直在努力，一点一滴地做着力所能及的事情，希望能发挥自己微小的力量为家乡做贡献。"一套校服·一个希望——爱心贵州校服计划""黔沪青年法律公益讲堂""心系贵州情·共惜沪上缘年会"，各种活动都能见到他忙碌的身影。去年暑假，在繁忙的科研之余，他组织带队赴贵州铜仁市江口县民和镇大塘村小学支教，活动为期20天，一共有15名志愿者参加，活动得到了当地政府和村民的大力支持和表扬。支教活动结束以后，江永利还和当地的同学们保持联系，关心他们的生活学习，并积极为他们筹措学习用品等。他还参与"毕节失依儿童上海夏令营"活动，专门负责照看从毕节农村远道而来的留守儿童们。他希望通过5天的相处，能在这些孩子心里埋下一颗种子，等待将来生根发芽，帮助孩子们冲出大山。

以梦为马，不负韶华

大学四年，为了生活江永利"身兼数职"：校就业中心助管、学院助管、勤工助学部助管、爱心屋助管、校治保队、生活园区助管和兼职家教，发传单、打电话、送快递，凡是能挣钱的他都试过。别人在打游戏、睡觉、娱乐，他却总是出现在各个兼职岗位。累，却乐在其中。

早已失效的值班表，像一枚勋章永远刻在了江永利的心里；连续40天不间断工作的"壮举"，也在时刻提醒他不忘初心，砥砺前行。他骄傲地说他见过无数次交大早晨四点的太阳，也走遍交大的每个角落。

上下求索，砥砺前行

光阴荏苒，已是六载春秋。本科四年，江永利为了生活"身兼数职"，为了学习挑灯夜读；硕士两年，他为了学生工作饥肠辘辘，为了梦想创业风吹雨打，为了公益事业废寝忘食，但他的这六年却热血激昂。再一次站在选择的十字路口，下一个四年，他毅然选择留在交大，成为一名土豆博士，继续为土豆梦努力奋斗。

"十年磨一剑，一朝露锋芒"。这六年，交大教会了他敢想敢做、敢为人先，教会了他不怕苦不怕输，教会了他饮水思源，更教会了他担当和责任。现在，他选择用十年打磨自己，用一辈子去践行交大精神。

供稿：农业与生物学院
作者：徐圆融　丁志远

张楠青：
世界眼光，家国情怀

人物白描

　　张楠青，上海交通大学人文学院汉语国际教育 2015 级硕士生，荣获 2018 届上海交通大学优秀毕业生称号。她勤奋刻苦，作为一名跨专业学生仍取得专业排名第二的好成绩。她也不断在教学实践中提升自己的专业教学技能，积极参加社会实践和学生工作，而她真正热爱的是志愿工作。她参加过 2018 年国家留学基金委与联合国教科文合作项目，2018—2019 年任职于联合国教科文温得和克办公室，2020 年任职联合国教科文贝鲁特办公室。

勤学善思，专注汉语国际教育

　　在本科就读期间，张楠青接触到教育领域，并对之心生向往。在与留学生友人的接触以及相关的海外游学经历中，她体验到中国文化传播者这一角色的重要性。经过深思熟虑，她决定将研究生的学习锁定在汉语国际教育专业。

　　时光荏苒，回望张楠春的研究生生涯，她迈出的每一步都坚实有力。在研究生两年半的学习生活中，思想上，她始终不断积极要求进步，树立良好的人生观和道德观；与时俱进，认真学习党的路线，正确贯彻党的方针政策，并时刻在电视、网络、报纸等媒体上关注党和国家的发展形势，以及国内外的局势变化。她时刻以一名优秀党员的标准来严格要求自己，并不断提高自己的政治素养。

学习上，由于张楠春是跨专业学生，与已经有完善理论基础与相应教学实践的本专业学生相比要下更大的功夫。她下定决心要认真学习专业知识。记得研一课业压力的繁重几乎压得她喘不过气时，她总会提醒自己：加油，你一定可以的。"不积跬步无以至千里，不积小流无以成江海"。她为自己制定了合理的学习计划，并且按照计划严格执行。课上认真学习专业知识，课后不懂就问，并到图书馆借阅相关经典教材作为知识的扩充。遇到困难她会自己先独立思考，如果自己解决不了便会向同学和老师请教。功夫不负有心人，她的学习成绩最终排名专业第二。

研究生专业课程的丰富多样使她对专业知识有了深刻的认知，教学实践课程的安排让她在实践中运用所学的知识。她印象最深的是王骏老师的"汉语作为第二语言教学法"课程，从这门课上她不仅系统地学习到了汉语作为第二语言教学法的基本理论知识，整体上对教学法的理论框架有了一个全面深入的了解，也第一次走上了汉语二语教学的课堂。王骏老师给每位同学一次试讲的机会，她抽到了一个比较难的知识点——"趋向补语"。她心里既期待又忐忑不安，期待是因为这是她第一次走上讲堂去讲授汉语课程，忐忑不安是因为她是一个跨专业的学生，没有任何专业授课的经验，却要在这么多专业同学面前展示。拿到题目后，她开始搜寻各种文献资料，找到该语法知识点的基本内容，还在网上找相应的教学视频，借鉴其他优秀教师的教学经验。那段时间她每天都在思考如何让自己的课堂变得生动有趣，如何让学生们能够最轻松地理解她所讲的内容。每当她脑海里一有新的想法出现，她就会立刻记在自己的笔记本上。就这样不断完善，到了试讲那一天，她的精彩试讲得到了老师和同学们的一致赞许。看着老师赞许的眼光，她知道，她的努力没有白费。

除了"汉语作为第二语言教学法"外，张楠青还学习了很多丰富多样的专业课程。在"现代教育技术与应用"课程中，她学会了把现代教育技术合理且高效地应用到教学课堂中；在"教学调查与分析"课程中，她学会了调查统计的基本方法，也实际操作设计了调查问卷，统计得出了相关结论，这也为她毕业论文的撰写提供了很大的理论和技术支持；在"中外文化交流专题"课程中，她了解到古代中国文化与外来文化的交流与融合，也为她给留学生传播中国文化奠定了良好的理论基础；在"外语教育心理学"课程中，她了解到心理学在教育行业中的重要性；在"汉语测试与教学评估"课程中，她学会了汉语教学测试评估的基本方法，这门课上专业知识的学习是她毕业论文撰写得到启发的源头，她的毕业论文也是基于这堂课上所学到的知识并在课程小论文的基础上展开的；在"汉语课堂教学案例分析"课程中，她学会了分析听力、口语等不同课型的优秀教学案例；在"学术英语"课程中，她了解到英语论文写作的规范，奠定了良好的英语写作基础；在"第二语言习得导论"课程中，她学习了二语习得的基本理论，对国内外二语习得领域的主要观点和主要流派有了深入的认识；在"中华文化专题"课程中，她使用全英文的教材学习中国文化，这样也便于留学生更加深入了解中国文化；在"跨文化交际"课程中，她学习了如何在跨文化的环境中与不同文化背景的人交流和相处，如何使自己更好地适应跨文化的多元环境……无论是专业必修课，还是通识选修课，她都收获颇丰。

除了刻苦勤奋学习课内专业知识，张楠青也不断在教学实践中提升自己的专业教学技能。2016 年 2 月至 7 月，她任上海交通大学人文学院汉语国际教育中心的兼职汉语老师，负责中三级别的留学生写作课程。通过自主备课、教学和批改作业，她提高了学生的汉语写作水平，传播了中国文化，深受学生喜爱。2016 年 9 月至 2017 年 1 月，她担任东华大学国际文化交流学院兼职汉语老师，负责两个初级水平留学生班级的听说课教学，并担任其中一个班级的班主任。她还于 2016 年获得"第二届江浙沪汉语国际教育硕士汉语教学技能大赛"优胜奖。这两年半的刻苦学习和努力拼搏让她能够在各项成绩中都跻身于专业前列。

心系公益，热情投入社会实践

此外，张楠青还积极参加社会实践。2016 年 7 月，她参与人文学院"传承民族文化精髓，探寻草原文明源流"赴鄂尔多斯社会实践，与调研团成员一同开展详细的调研，并为鄂尔多斯政府建言献策；2017 年 7 月，她还参与了上海交通大学国情研习社"精准扶贫"暑期社会实践赴黄冈市社会实践，走访黄冈市、县贫困户，了解黄冈市扶贫政策，并和实践团成员一起为黄冈市政府作报告。

除了在学习和各类实践上表现优秀，张楠青还积极参与学生工作。2016 年，她任人文学院辅导员，在 120 周年校庆期间，她被借调至 120 周年校庆办公室任辅导员。在工作期间，她始终以"奉献学院，服务同学"为宗旨，以身作则，在学习和生活上关心和帮助留学生同学，留学生同学有什么问题或困难，她都会全心全意地为他们解决；同时积极组织各种活动，包括迎新晚会、圣诞晚会、同学联谊、趣味运动会等等，这些活动不仅丰富了留学生同学们的课外生活，也增进了她们之间的情谊，使得留学生同学在中国、在上海交通大学的学习和生活更加愉快、顺利。

而张楠青真正找到她热爱的事业是通过一次次的志愿活动经历。从本科开始，她便热衷于各项公益活动和志愿者活动。那时她每个周末随"爱心协会"的成员到学校旁边的福利院去照看老人和残疾儿童，帮助他们打扫卫生，和孩子们一起玩耍，因为积极参加爱心协会各种爱心活动，她还被评为爱心协会"优秀会员"。2015 年本科毕业，她参与甘肃省公益组织"彩虹公益社"的暑期支教活动，到甘肃省会宁县杨崖集乡双岘小学支教。在那里，她负责低年级（1—2 年级）一共 40 余个孩子的语文、英语及兴趣课的教学。她营造的上课氛围活泼亲切，深受孩子们的喜爱。课余时间，她还组织趣味运动会、DIY 时装秀、故事大会等趣味活动，丰富山区孩子的课余生活。此外，她还担任了公益组织"彩虹公益社"网络广播员，为寄宿制村小儿童读晚安睡前故事，用声音陪伴孩子们入睡。

进入研究生学习阶段，张楠青仍旧热衷于志愿者活动。2017年2—3月，她参与了 AIESEC（国际经济学商学联合会）海外志愿者项目，赴肯尼亚内罗毕贫民窟学校进行志愿教学。在那里，她负责五个班级的英语、数学等科目教学工作，带领学生举行辩论赛等活动。在贫民窟里，她看到孩子们困苦的生活，瘦弱的身体，于是下定决心为孩子们继续做些什么。她独立开展了众筹计划，为当地两所学校筹得善款7 980元，为约160个孩子提供两个月免费午餐、部分教科书和文具。她的善举还得到了国内慈善组织"秋茗公益"的关注，她与"秋茗公益"合作组织义卖活动，又多筹得善款近4 000元，将资助升高中的孩子的学费。

2017年7月，张楠青参与了中国联合国协会主办的第七期中国国际公务员能力建设项目，在此项目中，她学习了联合国和国际组织相关的知识，在聆听维和部队和援利比亚军医的分享时，她下定决心在国际组织工作，为世界的和平与发展贡献自己的一份力量。8月开始，她开始担任难民儿童保护组织"共同未来"运营管理志愿者，主要负责叙利亚难民儿童画展举办的工作，目前，难民儿童画展已经在北京、上海、广州、成都、台北等各地成功举办；同时，她还担任"共同未来"举办的"秉烛读书会"课程助教，引导更多人了解难民、中东历史与冲突等议题，鼓励更多年轻人立足家国、放眼世界。同月，她还参与了由哈佛大学中美国际交流协作机构组织的 Harvard Summit for Young Leader in China（哈佛 AUSCR 中美学生领袖峰会），担任课堂助教。峰会期间，她与来自哈佛的授课人共同备课，出考试试题；共同为自己学院的学生组织活动，使得学生们能最大限度地去体验哈佛课堂和校园生活。9月，经过层层选拔，张楠青从全球数千位申请者中脱颖而出，成为 Hi-World 青年国际交流社群项目大使，带领中国代表团赴摩洛哥参加2017年"非洲青年领袖峰会"，与200多位来自不同大洲的青年代表、创新者以及非营利领域的杰出专家相互交流、碰撞思想，并更深入地发现了各个地区、国家和全球所面临的严峻挑战。这些经历，培养了她的"世界眼光，家国情怀"，也让她坚定了在儿童权益保护和儿童教育领域继续发展的方向。

在交大的学习时光，张楠青要感谢她的导师宋春阳副教授，宋老师认真严谨的学术精神带领她走进学术，精益求精的工作态度指导她在学术上刻苦钻研，循循善诱的教导鼓励她在人生的道路上不断进步。同时，她也要感谢交大人文学院各位优秀的任课老师的谆谆教导，感谢上海交通大学人文学院汉语国际教育中心，感谢学院的培养和提供给她们的教学实习机会，让她有机会在教学实践中升华所学理论，结交来自世界各地的朋友，推动她不断进步。

供稿：人文学院

王潇卫：
心怀梦想，追光而行

人物白描

  王潇卫，上海交通大学物理与天文学院2019级博士生。曾任物理与天文学院本科生学生党支部的书记、班级团支书、院青志队队长、校学联联络中心副部长。在交大的四年，他荣获一次国家奖学金、两次范绪箕奖学金和校三好学生、优秀团干部的称号，所在班集体获评优秀班集体，党支部获评先进党支部。他怀着梦想，在探索、磨砺中超越自我，追光而行。

志愿服务，光耀科普

  王潇卫一直热衷于公益活动，参与院级、校级以及社区的志愿者活动50余次，并一直致力于将志愿服务与学科特色相结合，推动建立长期的志愿者服务项目。大二时，他与研究生张骞一同组织"光耀天下——光学科普系列活动"，成立物理与天文学院"科学商店"，并担任科学讲师。三年间带领学院的本科生、研究生志愿者前往上海市初中开展光学科普讲座30余次，组织科普展览、科普夏令营4次，累计服务1 500人次；前往上海市盲童学校开展志愿服务、科普讲座20余次，为盲童学校的孩子们录制科普读物音频100余册；目前，"科学商店"系列活动已成为学院特色项目，科普内容也从光学扩展至力学、电磁学、天文学，科普范围也延伸至小学、高中、社区。

  同时，王潇卫还组织同学整理归类物理演示厅的实验设备、编写讲解词、演示说明，分为古代科技、电热力光、近代物理三个展区。2017年4月物理演示厅重新开放，每周三天，王潇卫担任志愿讲解员，为有兴趣的同学进行讲解；成立 SJTU 物理演示厅公众号，目前已经推出科普推送 40 余篇；并于节假日，组织中小学生、附近居民，集中参观物理演示厅，累计接待 15 余次，每次多达上百人。

党建工作，知行合一

王潇卫曾是物理与天文学院本科生党支部的党支书，始终致力于建设学习型、服务型支部，支部获评 2017—2018 学年先进支部。得知学院同学基础课程期中考试成绩不理想，考试周图书馆人数较多、座位难找的情况，他申请将学院的会议室在平日晚上，以及考试周期间全天，作为自习室向同学们开放，并组织支部高年级党员担任学业辅导员，每周为低年级同学答疑解惑，累计服务大一、大二、大三学生近百人。线性代数、高等数学、物理学引论、热力学与统计物理等科目的平均分，均在开设学业辅导后，有了明显的提升。

针对本科支部入党积极分子较多，但积极分子与学生党员交流机会较少、对积极分子的考察培养不够规范这一问题，王潇卫与支委讨论，制定适合本科积极分子的考察培养流程，建立积极分子考核评分表，细化考核指标，同时组织开办"党员先锋论坛"活动，每月一期，通过讲座、师生座谈会、社会实践等方式，丰富组织生活形式、构建学生党员和入党积极分子在思想上的交流碰撞、思想建设与价值的引领平台，提升考察培养的计划性与持续性，积极分子参与学院、党支部活动的频次均有一个显著提升。此外，积极分子还根据兴趣爱好、时事热点，向支部建议，与党支部一同，组织了马恩经典诵读比赛、辩论赛、"我读马克思经典""我与新时代""我心中的交大"系列主题征文活动，进一步丰富了组织生活形式，示范作用显著，递交入党申请书的人数也较之前大幅提升。

为促进知行合一，引导支部党员树立服务意识、涵养家国情怀，寒暑假期，王潇卫组织成立社会实践团，带领支部党员、入党积极分子前往四川成都、贵州天眼进行考察调研、交流学习，引导支部党员树立远大志向；于双休日，带领党员、预备党员前往上海城市规划展示馆、嘉兴南湖革命纪念馆、中科院上海天文台、嘉定孔庙参观学习；带领党员赴悦苗心智障碍疗养园陪孩子们游戏、江川敬老院看望老人，还去到浦江镇永丰村的星冉爱心学堂，为孩子们提供一对一学业辅导。

同时，王潇卫负责管理运营学院党建公众号"SJTU 红色物理"，帮助学院同学了解党建工作开展情况，促进各支部间的交流学习、合作共建。过去两年，推出百余篇原创推送，并于毕业季推出"毕业远航"专栏，邀请优秀毕业生分享自己与交大的故事，以及在出国、升学和就业准备过程遇到的问题和经验；90 周年院庆之际，开设"校友寻访"专栏，走访校友、已退休的学院老师，采访回顾他们的经历、故事，对物院学子的祝福、寄语；于 2019 年 5 月，推出"小马哥那些事"主题推文活动，以马克思的职业选择、爱情、友情等视角作为切入，回顾伟人马克思的生平，旨在帮助青年学生更好地认识马克思，更好地理解马克思的人生理想以及他为此做出的选择，进而更好地理解、掌握马克思主义。公众号关注量、篇均阅读量较两年前提升了 3 倍以上，也已成为学院同学了解党建工作开展的窗口、反馈的平台。

逐梦科研，追光而行

王潇卫始终对物理学、光学有着浓厚的兴趣，大二便加入金贤敏教授的课题组，从事光量子信息与光量子计算的相关研究。因为课程较多，他便利用晚上、双休日以及寒暑假期的时间，学习量子光学的知识、搭建实验光路，并在大三大四通过旁听的方式，提前学习高等量子力学、高等凝聚态物理、量子光学等研究生课程。通过调研以及反复的摸索，他实现片上 3 × 3 port universal linear optics（端口通用线性光学）的制备，并进行了量子计算的实验演示；对实验室 C 值计算、CCD 光斑图像识别、计算的程序进行改进，将原来需要花费几周、甚至一个月才能手动处理完的数据，改进至可在几个小时之内自动完成，光斑识别的准确率维持在 95% 以上，对于部分特殊结构的判别效果，优于手动的判别。对远距离能量传输的实验结果作出理论计算与数值分析，以合作者的身份在 *Phys.Rev.Applied* 发表一篇相关文章（影响因子 11.044009）。通过机器学习的方式分类经典随机行走与量子行走，以期通过已经训练好的模型，在消耗更少的资源情况下，获得更高的判别准确率。部分模型能在 1 s 内给出分类结果，分类的准确率高达 98%。王潇卫现在正在尝试通过其他实验手段的结合，打开算法黑盒，提取分析算法获得高准确率的原因与内核。

在上海交通物理学及其交叉学科 2019 研究生招生夏令营中，王潇卫获评优秀营员，现已直博推免到金贤敏教授课题组继续攻读相关领域，将在研究生及博士生阶段对波色采样量子计算、分形结构中量子态的演化、Ising 模型光计算机，开展理论和实验研究。追光而行，他立志将青春融入祖国的山河。

供稿：物理与天文学院

作者：梁　钦　胡　苏

王钰莹：
走到白云深处的上海姑娘，
在志愿服务中度过无悔青春

人物白描

  王钰莹，上海交通大学物理与天文学院 2015 级本科生。她参加了我校第 21 届研究生支教团，赴云南开展为期一年的支教服务。本科四年里，各项志愿活动都留下了她积极参与的身影：远赴云南泸水一中开办暑期夏令营，进博会，上海马拉松，校庆，她辛勤忙碌，乐在其中。支教漫漫路途，她以热忱之心作舟。在志愿活动的大洋里，她的青春自在而精彩。

物理系里那颗滚烫的心

  初至交大，物理楼 111 报告厅的开学典礼勾勒出物理学高大的身躯。望着礼堂侧边贴着的"学物理变超人"，王钰荣突然感到一阵仰望泰山的眩晕，也就是那时，她的内心生出了一丝迷惘。她过去似乎并不是擅长物理的人，高中时学科"3+1"选择的是化学，却阴差阳错地成为物理系为数不多的女生之一。原本的薄弱学科转眼变成了自己的专业，又猛然被一众物理学霸包围，现实发展得像个荒唐的大梦。这让初入交大的她在眩晕之余，不禁感到又新奇又担忧。

  来不及多想，生活与学业接踵而来。大一的课程紧凑而密集，五院迎新、社团和学生组织招新你方唱罢我登场。作业和各式各样的邀约与面试让人应接不暇，甚至手忙脚乱。好在有老师和同学们热心的帮助，王钰莹才得以从容应对。回忆起那段时光，她印象深刻的是大一上冯仕猛老师的物理学引论，"猛爷常常启发我们去思考，去看到一个现象背后的原理。课后常常关心我们是否理解。"就这样，在老师和同学们的陪伴下，她终于在物理系这个小家里安顿好了自己。渐渐适应了大学生活以后，王钰莹还修习了第二专业。

经过大学四年的学习生活，她深刻地认识到，大学学习的目的远非机械地灌输专业知识，更重要的是培育我们的能力——一种快速学习新知识、快速掌握新技能的素养以及持之以恒的决心和卓越的执行力。这些特质在任何领域都是做出成就，获得建树的良助，是一个对社会对祖国有价值的人在任何地方都会用到的。临近毕业，纵使同学们各奔东西，选择了不同的领域，但大家身上这些四年来一起练就的品质，使得大家注定都会闪闪发光，成为祖国各个领域里的中流砥柱。

云深不知处，但见有心人

大学四年来，看似是机缘巧合，实则更由于王钰莹胸腔中那颗热诚的心，上马、校庆、暑期支教，都留下了她的汗水与笑脸。她曾为了上马的准备工作奔波在凌晨两点的交大，她曾为了暑期夏令营远赴云南泸水一中，她曾经在斯里兰卡给海龟刷澡，她曾经为特殊学校的盲童孩子们录下科普读物，她更是曾经在首届进博会论坛处为了活动的顺利开展打了上千个电话。一件件，一幕幕，回首往事，她如数家珍，志愿活动成为贯穿她大学四年始终的一件事情。

大一暑假，通过室友的介绍，王钰莹接触到了思源公益的暑期夏令营项目。尽管山路崎岖，舟车颠簸，她还是跟伙伴们一起义无反顾地来到了"云深不知处"的云南怒江。在当地的一所高中里他们与当地的孩子们一起度过了难忘的两周。如今她回想起那段时光，想起那每天破晓时分远处悠悠传来的鸡鸣，想起半夜里仰望过的星空，想起每天英语课同孩子们漫步谈天，还是对那段留在云南怒江的时光充满了向往。时隔两年，听闻曾经班上的学生考上了某所师范学校，她的喜悦和满足像是一朵盛夏的莲花，怒放在心田也盛开在她欣喜的眉目间。另外，在这次活动中她惊喜地结束了自己一个人奋斗的旅途，找到了志同道合的另一半，前路漫漫，她不用再独自启程。

又一年暑假，她和老同学整顿行囊，相约踏上了国际义工的道路。这一次，她来到了美丽而神秘的斯里兰卡，开启了一趟养小海龟的奇妙之旅。在加勒海边的海龟保育中心，王钰莹学习了海龟救助和海洋保护基本知识，进行海龟池日常维护，向游人介绍海龟保护知识。随着日程推进，她对于自然、环境和生命，都渐渐产生了更深的感悟。同时，与当地人的交流和接触中，她对那个陌生的国度逐渐有了全面的认识与了解，对地域文化与人文环境产生了全新的思考。

另外，作为物院青志队的一员，王钰莹萌生了为上海市盲童学校的孩子们录制科普读物的想法。很快，计划付诸实践，她惊喜地得到了许许多多加入者的帮助，其中甚至不乏已经毕业的同学，大家的踊跃参与，感动了她，更鼓舞了她。很快二十多本物理科普读物录制完成，这些科普的光芒能照耀到命途不幸的孩子们，她很欣慰，也感到由衷的满足。能有机会为那些盲童学校美丽的小天使们和他们渴望知识的心做一些力所能及的事情，着实让她热忱的心兴奋了许久。

谈到一次又一次堪称密集的志愿活动，王钰莹认为志愿活动不仅实现了她为别人做些力所能及的事情的心愿，同时也是一抹美好的色彩点亮了她的大学生活。"充实的学习和生活才能让一切具备更有效率的执行力。而志愿活动带给我的就是一种令人满足和愉快的充实！"她这样总结四年的志愿经历。

扎根大山深处，点亮希望之路

想法很多，一个接一个地冒出来，但大都想着"不妨不妨，来日方长"，最终不了了之。这样的状态曾经让王钰莹感到苦恼。直到第一次动身去到遥远的云南，她才如梦初醒，一下子找到了自己想要的节奏和步调。从此以后她雷厉风行，忙碌的身影穿梭在一个又一个志愿者的身份之间。也正因为如此，云南，这个她第一次支教的目的地，也就成了她启程的地方。再回去看看的想法也就随即而生，并且萦绕心间，挥之不去。幸运的是，本科毕业后，研究生支教团将再赴云南。她得知消息，果断报名，再次踏上了艰辛的云南之路。只不过这一次，是出征，也是回家。

浩荡的车队载着她的一腔热血在云南的山路里摇晃前行，最后在云南洱源的一所中学里停下。接下来的一年里，她就作为一名教授电子商务专业的老师，在这里生根发芽，与她的同学们一同生活学习。白驹过隙，一年之期转瞬即满。这一去，她既圆了从小心心念念的教师梦，也好好看了看魔都上海之外的祖国河山。

在洱源的日子里，王钰莹尽己所能地让同学们了解外面的世界，从生活日常到社会人生，极尽详细地向他们介绍她所见过的而他们或许未曾得见的世界。她抱着"尚自然，展个性"的宗旨引导学生们说出自己的想法。这一年，或许教不会他们所有的知识，但她尽自己之力教会了他们勇敢地去探索，勇敢地去寻求交流，勇敢地表达自己。

王钰莹珍惜每一个点亮蜡烛的机会。在职中一年一度的艺术技能节上，她鼓励学生以小组的形式上台演讲；作为音乐社团的指导老师，她带领一群热爱音乐的学生举办了一个又一个小而温馨的音乐活动，比如快闪招新、操场大合唱等等，点燃他们对音乐的热爱；此外，她更是以上海交大研支团的名义发起"启源未来"助学项目，志智相扶，为身边的孩子们创造走出大山的机会。

这一年的支教，绝非形式主义，而是切切实实的心与心的交融，王钰莹送去了知识与希望，收获了体悟与思考。一年的时间里，她看到了许多西部教育的局限性，更产生了找更多的机会贡献自己的一份力量的想法。她深知这一去，道阻且长，但胸中的热忱之心，再也难以扑灭那燃烧着的倔强温暖的火焰。山高路远，艰难困苦，没有挡住她一路走来的脚步，更不会动摇她就此走下去的决心。前路漫漫，她将脚踏实地地去做每一件有意义的事，继续在服务奉献中度过属于她的无悔青春。

供稿：物理与天文学院

作者：梁　钦　胡　苏

"显微知著"实践团：
是学生，也是老师，夏日里他们跨越千里河山

人物白描

2019年7月17日至8月5日，上海交通大学"显微知著"暑期社会实践团成员分别奔赴青海省西宁市、云南省大理州洱源县、宁夏回族自治区固原市西吉县开展为期十余天的暑期助学活动，为3所学校的100余名中学生和30余名中小学教师"送器材，送教材，送课程"。在近20天的实践中，实践团成员开展了实地授课和各类调研，在行万里路的征程中了解中国国情。"显微知著"将如夏夜的一点萤火，微弱而倔强，柔和而明亮，闪烁在参与其中的每个人的成长之路上。

动手实践，打开微观世界的大门

传授知识，教书育人，教师这个职业，既普通，又那么特殊。有教师，便要有学生。我们都做了十几年的职业学生，从小到大，听老师们讲解一门门相同又不同的课程。而我们之中，也有不少同学走上讲台，尝试着变换角色，做起别人的老师来。

在某年的大学暑假去西部地区，教授那里的同学们实验技巧，进行生涯规划测试，是"显微知著"实践团的许多成员先前没有想到过的事情。

但回想起那时的情景，却都如此清晰。西部的夏夜有些凉意，风丝丝缕缕地吹过，但同学们的心每天都十分炙热，大家规划、排练着一个又一个项目、一节又一节课。

在一节洋葱内表皮细胞观察实验课中，同学们需要学习如何制作装片、如何使用显微镜以及如何绘制观察到的图像。李陈珉同学在课后的日记里

写道："今天学习了怎样使用显微镜，制作洋葱表皮玻片和显微镜的观察。自己动手观察，看到了许多细胞，收获很多，十分开心。"但其实，这一过程并不像日记写得那样简单。课程刚一开始，每位同学都难免有些磕磕绊绊，撕下表皮，装片，显微镜的调节，每一步，在一开始总有些不如人意。但在实践团成员的指导下，同学们经过不断地调整最终都迈向了丰富精彩的微观世界。

一叶知秋，这一节小小洋葱内表皮的实践课中，饱含的正是"显微知著"实践团和学生们的热情与努力。

"显微知著"实践团立足于助力祖国西部中学的实验教学发展，把捐赠先进设备、开发精品课程、配套同步资料、开展支教活动作为实践的最基础内容。丰富多彩的精品实验课程，就是"显微知著"实践活动的根和茎。

在植物叶片气孔观察实验中，如何撕取合适的下表皮对于同学们来说又是一个新的难题，实践团成员们带领同学们一起思索、尝试，最终掌握了撕取的窍门。

实验台上铺满了凌乱的、厚度不均的、形状各异的叶表皮，显微镜下那清晰的时张时合的保卫细胞，同学们被汁液染绿的"浩克之手"等等，这些场景令大家都不由得大笑起来。

在"微生物培养皿作画"这一创新实验中，同学们也别出心裁，有的人从平时常用的表情包中取材，有的人仿照动漫人物，还有的人精心画出了生活中或想象中的某个场景。而培养基上描摹出的新颖有趣的图案，在恒温培养箱中培养数天后，也一一展现在大家面前。

课程开展短短一周，所能传授的知识太少。实践团更想做的是和西部的同学们一起学习，在心中埋下一颗求知求学的种子，在人生路上点亮梦想与信念的明星，就像用显微镜打开微观世界的大门一样，帮助孩子们通往人生更广阔的天地。

贴心引领，助力学生健康成长

"显微知著"的另一亮点，当属温情贴心的成长引领课程。

实践团并不仅仅把支教活动局限在科学知识的传授上，还通过体验式培训、职业生涯规划、大学介绍与生活分享等课程，让学生们在轻松诙谐的气氛中进一步认识自己，树立远大理想，这可谓是"显微知著"实践活动的花和叶。

在职业生涯规划课程上，实践团成员引导同学根据自身特点进行职业兴趣量表测试，并对测试结果和职业类型进行了详细的分析与阐释。

"以前我只知道自己喜欢打篮球，没想到我竟然还有艺术天赋！"一位同学在看到自己的测试结果后惊喜地说道。

确实，当同学们看到问卷测试所反映出的另一个自己时，除了意外，更多的是发现自己还有如此丰富的潜力时的欣喜，以及对自己的未来还有如此多种多样可能性的感慨。

同样呼声很高的还有"'百年交大'——上海交通大学介绍交流会"。在成员们的介绍下，同学们对交大表现出了强烈的向往，即使在实践结束后，实践团成员也纷纷通过网络渠道，听到同学们表达"以后也想考去你们的学校""我一定要成为你们的学弟（学妹）"的声音。

除此以外，实践团各组因地制宜，在不同实践地开展了丰富多样的活动。以云南洱源为例，实践团成员带领同学们学习飞行器的科学原理，亲手制作飞机模型。

在制作飞机模型的课堂上，同学们在做好模型后，都小心地捧着自己精心制作的飞机模型，不时扶一扶机翼，探头凝望一会儿天空，俯瞰一下大地，或许这是同学们试图模拟着飞行的轨迹。

一位实践团的同学说，那时他先放走了飞机，想要将手中的飞机送往远方，送到高处，连同他们纯真而自由的心、美好梦想的萌芽，一起抵达离太阳最近的地方，在蓝天的笼罩下，白云的怀抱里自由翱翔。

在对着飞机吹了吹热气后，同学们也用力将飞机送了出去。

飞机带着孩子们对远方的憧憬与向往，对梦想的追逐与渴望，向着蔚蓝无垠的蓝天，纯洁无瑕的云彩，心无旁骛地起飞……

不忘初心，重温红色记忆

在宁夏，实践团与同学们一同经历了一次难忘的"红色游学之旅"，足迹遍及六盘山红军长征纪念馆、西吉县将台堡红军长征会师纪念园和火石寨国家地质公园。

走出实验室，重温红色记忆，劳逸结合，走近自然重温历史，同学们阅览了红军长征中的上百件遗物、文物以及图片资料。同学们在旅程结束后也纷纷表示，将在以后的学习生活中以此为鉴，把握青春，努力奋斗。

"显微知著"实践项目除了为当地学生开设课程与开展活动，更在实践地进行地方实践，了解当地各类教学情况。通过采访、座谈、参观、体验等形式，实践团成员了解了"实践授课给当地学校及师生带来的改变""地方乡镇学校办学中遇到的问题和困境""实践地文化遗产传承情况"等与实践息息相关的问题。其中较有代表性的是云南洱源县的松鹤村唢呐传承调研。

实践团云南线成员组成调研小组，前往云南省大理州洱源县茈碧湖镇松鹤村，对当地非物质文化遗产——唢呐演奏的传承与发展情况进行实地调研。

松鹤村李家福是省级唢呐非遗传承人，负责教授唢呐吹奏的传统技艺。李家福说，现在和早年自己拜师学艺是为了谋取生计的情况早已大有不同，唢呐艺人收徒不再是为了吃饭，更多地是为了传承共同的文化。"不管多大岁数，什么民族，家住在哪，只要是真心想学，我都会完完整整教的。"实践团成员们也走进了李家福所在的唢呐传习班，与正在学习乐器演奏的松鹤完小的学生们进行了交流。

拂过祖国大地的凉爽秋风，"显微知著"暑期社会实践团走出熟悉的校园，奔赴美丽的西部，续写一段跨越千里河山的"镜中奇缘"。

用脚步丈量祖国的山河，用器材凝聚知识和希望，"显微知著"实践团希望能够用自己微薄而炽热的力量照亮生命科学教育事业神秘而惊艳的一隅，为祖国的教育事业播下一片年轻而热烈的种子。

供稿：益友报社

作者：陈天航　陈星宇　徐彦松　孟昊宇

创新创业

范晓宁：
潜心科创，全面发展

人物白描

范晓宁，上海交通大学电子信息与电气工程学院网络空间安全专业 2018 级硕士研究生，多次获得国家级、校级奖学金，发表专利一项，一作论文两篇；其研发的"基于UEFI 的计算机安全防范系统"获得上海市"挑战杯"一等奖，该项目致力于解决内核级恶意代码难以清理完全的难题，得到多家企业认可。担任中国计算机学会学生分会首任主席，组织多次专家讲座，逾 500 人次参与讲座。担任学生辅导员指导全院社会实践，并带队前往洱源支教，被当地媒体广泛报道。

上下求索，潜心科创

在本科时，范晓宁就积极投身于信息安全领域的学习和科创。在全国大学生信息安全竞赛中，他带领团队设计了面向中小企业的轻量级威胁情报分析系统，致力于缓解中小型企业面对威胁入侵只能被动防御的困境，获得了竞赛一等奖。

在研究生期间，他注意到"WannaCry"勒索病毒的泛滥使得大量企业和个人计算机受到侵害，造成了巨大的经济损失。同时，恶意代码也逐渐向计算机内核层入侵，使得传统杀毒软件被动的"封、堵、查、杀"措施不再可靠。因此，他开始思考如何能够从计算机启动伊始就保障计算机体系的安全，打造一条全程可信的启动链条。范晓宁通过与实验室学长的交流和合作，设计并开发了"S-safety：基于 UEFI 的计算机安全防范系统"，试图利用 UEFI先于计算机内核启动的特性构建一个更加安全可控的防护系统。

在具体设计中，由于 UEFI 环境中缺乏常用库，他们需要从零开始构建身份认证、内核检验、杀毒引擎等模块功能。经过大量调试，系统实现了所设计的基本功能。但这样的设计难以及时进行更新维护，装备该系统的计算机启动也常常需要一个小时以上的检查流程，因此无法在实际应用中进行推广。

他们不断思考、上下求索，彻夜讨论改进方案，重新设计了系统架构，引入基于云的匹配思想，将内核文件、病毒库等信息存储在云端，在便于及时更新的同时，也能够大幅缩小客户端所需的存储空间。为了系统的便携性和随时性，他们将客户端固写在定制签名的 USB-Key 中，利用固化的冲击响应认证代码逐层对 USB 存储区和 UEFI 进行链式检测，结合云端信息验证和双因子认证手段确保用户身份安全可信。为了提升运行效率，他们在操作系统启动之前的 UEFI 和 WinPE 环境分别部署安全方法。

为进一步提升对恶意代码的查杀效率，范晓宁创新设计了基于恶意代码的同源判定和加壳算法识别与处理，将病毒的二进制代码转化为灰度图像，利用深度学习框架对得到的图像进行处理，从而实现了对变种病毒智能识别并进行相应脱壳处理的查杀，在成熟的静态病毒库匹配基础上，有效提升了病毒查杀成功率。

功夫不负有心人，该项目获得了 2019 年"挑战杯"上海市大学生课外学术科技作品竞赛一等奖，并与北京江民、上海看雪科技公司达成合作意向，还获得了中国工程院院士、中国银联股份有限公司执行副总裁柴洪峰，上海市信息安全行业协会会长、上海众人安全科技有限公司创始人谈剑锋的高度认可。

范晓宁也在项目基础上发表了公开专利"恶意代码壳识别与静态脱壳方法和系统"一项。在上海交大学习的五年里，他排名专业前列，在研究领域发表论文四篇，其中一作两篇，先后获得了中国网络安全奖学金（国家级）、金龙鱼奖学金、荣昶奖学金提名奖以及各类校级优秀奖学金。

勇挑责任，服务为先

范晓宁在学院工作和专业服务上积极贡献自己的力量。他在学院团委担任辅导员，连续两年统筹学院社会实践活动。作为全校体量最大的院系，电院每年都会有超过 2 000 人次，100 多个团队参与暑期社会实践。他积极对接项目负责人，前期对实践注意事项进行宣讲，中期及时联系团队保障实践出行安全，并在实践结束后对实践成果进行回顾与总结，多次指导团队获得上海交通大学暑期社会实践特等奖、上海市"三下乡"重点团队和优秀组织奖。同时，他还负责 2016 级 IEEE 试点班的思政工作，并积极帮扶学业困难同学，联系重难点课程辅导，两个学期所带 95 位同学均未收到退学警告。

为了更好地服务电院同学，范晓宁还在老师的帮助下，牵头成立了中国计算机学会（CCF）上海交通大学学生分会，这是在上海成立的第一个学生分会，他担任首任主席。在任职期间，他广泛联系学生会员，团结学会力量，先后协办了"浦江大讲堂"，主办了"CCF 走进高校"、企业参观等活动，邀请浪潮、滴滴和阿里巴巴等企业的首席技术官和技术骨干到校作报告，活动覆盖近 600 人次，为电院同学在专业知识和职业规划上提供了指导。在 2019 年的中国计算机大会（CNCC）上，范晓宁作为学生分会主席代表发言，为全国 48 个学生分会的建设和发展提出建议。

范晓宁积极参加志愿公益活动，多次担任上海国际马拉松、半程马拉松活动的志愿者和参加献血活动。在 2019 年暑期，他作为领队组织策划了洱源支教活动，召集了来自上海交通大学和香港中文大学的 17 名志愿者，前往云南洱源开展以英语为主的夏令营支教，面向当地的小学、初中、高中开展不同内容、不同形式的教学活动。他常常根据课堂上的反馈及时调整第二天的教学内容，备课到深夜。很多当地的学生都表示非常喜欢他丰富的授课内容和活泼的上课形式。为了从根源上助力当地教育事业，他们还开展了针对当地教师的培训，围绕着多媒体设施的使用、教学素材的搜集和语法音标教学进行了多堂专题讲座和公开课示范，获得了当地教师的一致好评。支教活动也获得了洱源电视台的报道。

在校期间，他因出色的学生工作和志愿服务多次获得上海交通大学"优秀团员""三好学生""优秀团干部""优秀学生干部"和上海市优秀毕业生等荣誉。

兴趣广博，全面发展

范晓宁注重全面提升自身素质，他不仅在学习中多门课程获得专业第一，还选修绘画二专以陶冶情操，深入了解中国传统文化。他也曾经为班级团改金活动绘制交大明信片，利用所长帮助班级展示成果。

在课余生活中，他热爱体育运动，曾担任霍英东体育中心健身房器械经理，定期细致地对健身器械进行排查，及时报修问题设备，保证广大师生的健身安全。他热爱足球、篮球等体育运动，入选了学院的足球队和篮球队。一开始，他鲜有上场机会，但他不气馁不放弃，认真参与训练，积极向队友学习取经，刻苦锻炼，逐渐获得了出场机会，并且作为主力队员在 2017 年、2018 年和 2019 年的"体总杯"和"希望杯"等赛事中获得各类冠军 5 次，亚军 1 次，季军 1 次；在中国大学生 3v3 篮球赛上海交通大学赛区中获得第二名；篮球嘉年华技巧挑战赛优胜奖；电院"滚蛋杯"亚军。

他不仅自身坚持锻炼，还积极号召同学们一起参与体育运动，他组织策划了电院"滚蛋杯"篮球赛，动员 30 多个班级组成 16 支球队进行比赛，同时改革赛制，鼓励女生们一同加入球赛中，极大提升了毕业生班级的凝聚力和体育热情。每场比赛的观众总是爆满，近 200 人次参与比赛，得到了热烈的反响。

供稿：电子信息与电气工程学院

作者：张馨语　王青训　孙士宸

李 哲：
创业在路上

人物白描

李哲，上海交通大学电子信息与电气工程学院电子工程系 2017 级硕士生。"AEYE-GO 智眼金睛"团队联合创始人，团队所研发的菜品识别"黑科技"，为团餐、快餐行业提供高效率、低成本的计价方案，已经在各大高校食堂投入使用。目前，团队已经完成世界 500 强全球领军企业风投千万级天使融资。李哲携项目代表上海交大参加全国双创周，受到央视报道；获"创青春"大赛、"互联网 +"大赛、中美青年创客大赛等八个国家及省市级双创奖项。

"十二块五，请刷卡"

2017 年 10 月 9 日的全国双创周上，李哲正在向专家和投资人展示他的创业团队开发出的最新产品——"AEYE-GO 智眼金睛"第三代菜品识别智能计价系统。"AEYE-GO"主要瞄准的是团餐市场，可应用于各类企业、学校、机关单位的食堂及社会餐饮等场所。这样一个菜品识别"黑科技"其实来源于日常生活中的排队就餐问题。就拿上海交通大学来说，高峰时段用餐人流量可达近四万人，排队慢已经是一个老生常谈的问题，而且单纯依靠阿姨的口算，也很容易出现计价错误的情况。在李哲本科时期，有一次餐厅换了一位新的阿姨，不熟悉刷卡机怎么用，队伍直接排到了食堂外。在那天排队的经历后，他想为什么不能优化一下这个过程呢？鉴于自己的专业所长，李哲产生了用人工智能代替员工结算的想法。国内的团餐市场具有万亿规模，然而滞后的信息化水平限制了其发展。他想，可以运用自身专业知识提升一个行业的效率，为什么不做？

创业与学校里的学习科研不同，外界的信息会不断地涌过来，需要接触和联系各种不同的人。对李哲来说，一场路演可能会收到十几张名片，会有二三十个人来加微信。但是这二三十个里面，真正对他们项目感兴趣、愿意坐下来交流的人并不多。李哲认识到："你需要做的，就是要辨别他们到底是抱着什么样的目的，他们到底对你有没有帮助，尤其是我们团队在现在这样一个发展阶段，时间非常宝贵，现在的投资人也多，投资机构也多，辨别是一件非常重要的事。"

如今，团队的目标就是做团餐领域菜品识别的独角兽。"我们现在离这个目标差的还很远。现在不过是进行了第一轮融资，在这之后，我们会面对包括扩大销售团队、工厂、产线、研发人员等等很多问题。这笔钱的作用主要就是让我们比较安心吧，还能够继续走下去。当然后面的路还很长。"李哲说道。

当谈到是否有想过扩大视觉识别的技术的应用领域时，李哲认为他们还是需要稳扎稳打、逐步推进。"首先我们现在的愿景就是做团餐菜品识别领域最强的团队。我们现在主要做的还是计价方面的工作，下一步我们会收集菜品的数据，给用餐者提供卡路里等营养分析健康报告，为消费者提供更优质的服务。还有对于餐厅的管理者，他们需要清楚地掌握旗下的这些餐厅每天消耗了多少东西，哪些东西卖得最好，哪个时间段客流量最高，可以制定什么样的策略来分流，来更好地运营餐厅，这是我们后续会拓展的一些服务。当然这些还是在团餐领域，至于布局后面的东西，我觉得还太远，还是先做好手头的东西。"

漫漫求学路，砥砺前行

作为一名出生于湖南农村的 90 后，李哲的求学之路并不平坦。小学与初中的九年，他都在镇里的学校度过，父母从他二年级开始便外出打工。由爷爷奶奶养育的十多年留守时光中，爸爸妈妈每周的一个电话是他最大的期待。从村里到初中学校的路程有十几里路，李哲每周一凌晨五点起床步行上学，乡间的崎岖小道已经走过数千遍。作为一名寄宿生，12 岁时他便已经习惯了自我管理、自强自立的校园集体生活。经过中考的筛选，李哲获得了去县里重点高中的机会，成为镇里为数不多有希望上大学的人，他也得以依靠贫困生补助完成高中学业。

从村里到镇里，从镇里到县里，从县里到市里，从市里到上海，这便是李哲的求学之路。他执行严格的学习计划，如愿考上上海交大研究生；他选择高度自律的生活习惯，成为一年间减下 40 斤的运动达人；他选择任何时候都不放弃，因为出生贫困家庭的他坚信"天道酬勤，自强不息"。

创业绝非易事

在创业初期，团队每个人都是身兼数职。除了研发、管理、外联，还要面临研发产品无法得到很多客户认可的难题。"好在之前的学生工作让我有了带领一支团队冲锋的经验，否则我真的会手忙脚乱。回想起来，真的很感谢在社团经历中给予我帮助的老师和同学。团队协作的经验帮助我调配团队齐心协力去做一件事情。团队领导力是潜移默化的，在无形中让你知道应该怎么样去管理。"

从萌生这个想法到现在，李哲经历了算法验证、设计优化和拼接组装等过程。学生创新中心为他们提供了场地，便于初代产品的制作组装。"学校也非常支持我们，提供食堂窗口进行试点，收集了百万级的实验数据，到今天已经完成了三代产品的更迭。"

团队成立之初，针对团餐场景的人工智能理论基础还比较薄弱，他们确定了餐具识别的方案，即通过餐具的形状、颜色、材质等进行识别，从而完成价格信息匹配。虽然这种方案在小型的餐厅中实际使用效果较好，然而考虑到这种方案餐具种类过多、价格高昂、容易混淆出错，并不能作为长久之计，他们把目标瞄准了菜品识别。但是中式菜品花样繁多，辅料配比、烹饪方式、盛放位置、空间分布等任何一个环节的微小差别都可能导致识别结果的偏差。

"不试一试怎么知道不行！"

正是凭着这份勇往直前的信念，他们将视觉显著性与神经网络相结合，开发出了全国第一款会认菜的人工智能结算系统。在学生创新中心的支持下，他们完成了设计优化和硬件组装，并且在交大食堂首先投入使用。在投入使用之初，出现了不少问题——界面难用、易受光照条件影响、识别准确率并不高等。为了解决问题，李哲蹲点在食堂进行实测记录、与打饭阿姨进行沟通协调、采访同学形成调研报告，几乎每天都泡在食堂和实验室……通过不断收集反馈信息和优化算法，这套系统的识别准确率现在高达99%。

西红柿炒鸡蛋已经成了李哲最熟悉的一道菜，不是因为喜欢吃，而是每次与投资人交流时都要被问这样一个问题："不同食堂的西红柿炒鸡蛋，你们如何分辨？"与各方投资人的多次商讨，让李哲对西红柿炒蛋的做法已经烂熟于心，也让他一路前行，获得了2018中美青年创客大赛、第四届"互联网＋"创新创业大赛、2018上海青年创新创业大赛等八个国家及省市级双创类奖项。目前，"AEYE-GO智眼金睛"已经在上海市多个高校食堂投入使用，完成世界500强全球领军企业风投千万级天使融资。

拿下融资并不是终点，想要让团队良性运作下去，需要建立更大的销售团队、购入生产条线、聘请研发人员。"每一笔开支都需要精打细算，何时搞定下一轮融资，现金流如何维持，投入市场后的售后开支要多少……创业绝非易事，但有些事情我们终究得试一试。"

敢为人先，创造价值

说到敬仰的企业，李哲首推小米。他认为，在这家企业出现之前，智能手机市场几乎被国外垄断，价格之高令人汗颜，小米的出现打破了这个局面。李哲说："虽然有的人觉得平价的小米意味着'low'，但是在全球市场对外国厂商步步紧逼，倒逼国外企业降价的同时，小米促进了国内手机行业的良性竞争，对于社会的价值不是一个'low'就能描述的，我作为交大人，希望也能在这一方面做贡献。"

李哲表示虽然他们现在凭借菜品识别这个技术获得了融资，但是由于人工智能技术的特殊性，一家企业很难保持一直领先。所以他们希望能够提前抢占市场，尤其在目前没有太多同行的大环境中，他们要先站出来。与法国团餐公司索尼斯接触之后，对方展示出来的强烈的合作意愿，让他们更加坚定了自己的信念。

一路走来，从司空见惯的生活现象到重大突破的科研成果，再到前途无限的创业公司，李哲用自律、自信、自强完成了乡村少年到创业英才的转变。"智眼金睛"实现了对中式菜品的图像识别，其识别率和人类肉眼能力不相上下。这项技术成果未来有望引领企业、高校餐厅进行一场餐饮革命，为人们带来更便捷优质的餐饮服务，日后更可能在全球范围内加速落地，让中国 AI 服务全球。李哲希望更多的交大人能够发挥自己的专长，关注生活，创造社会价值。

供稿：电子信息与电气工程学院
作者：张馨语　胡　超　杨德盛

刘宏阳：
永远前行，永不满足

人物白描

刘宏阳，上海交通大学电子信息与电气工程学院计算机科学与工程系 2017 级硕士生。本科二年级时，其创业项目"微弹幕"便获得了一百万人民币的风险投资。随后他与创业伙伴林佛钧一同创立了武汉成启点信科技有限公司。本科四年级时，他保送上海交通大学计算机系攻读硕士学位，师从网络空间安全学院院长谷大武教授。硕士期间，他的学位课绩点达 3.88（满绩 4.0），其间以一作身份发表了 1 篇 CCF 会议文章，以合作作者身份发表了 1 篇 EI 会议文章。本科及硕士期间，他累计获得了 2 项已授权的发明专利，参与获得 2 项已授权的软件著作权，参与获得 1 项已授权的商标。曾获上海交通大学 2017—2018 年度"三好学生"称号、上海交通大学 2018 年秋季华为奖学金、上海交通大学 2019 年"年度人物"提名奖、2020 年上海市优秀毕业生等 5 项省市级奖励、24 项校级奖励、5 项院级奖励及 6 项社会服务奖励。

脚踏实地的创业者

2014 年，刘宏阳 18 岁，那时他还是华中科技大学的一名大二学生。2014 年 12 月，他与创业伙伴林佛钧凭借"微弹幕"的创业项目与深圳市的风险投资机构"创新谷"达成了 100 万人民币的融资协议，并于 2015 年 1 月成立武汉成启点信科技有限公司。

刘宏阳一方面觉得成功来得有些出乎意料——此前他从没有想过自己以后会走上创业这条道路，刚上大学时，他的计划是本科毕业后出国留学，攻读博士学位。但另一方面，他也在创业过程中收获了很强的成就感，并对创业产生了浓厚的兴趣。

仅仅在 2014 年 10 月一个月，使用他们的"微弹幕"软件进行互动的线下活动已经超过了 30 场。一年后，他们的用户迅猛增长，每年使用"微弹幕"的活动就超过了 1 万场。

起初，刘宏阳和林佛钧还常常到现场提供技术支持，后来他们意识到这样效率太低，于是开始搭建官方网站，并提供官方指南，让用户自助、免费地使用"微弹幕"软件。他想，他们的项目确实帮大家解决了一些问题。

做项目的过程中，他与林佛钧在一起的时间比和室友待在一起的时间都长。年少的他们对生活充满了热忱："那个时候会觉得未来充满了可能性，好像每一种事情我们都可以去尝试。时间好像非常慢，每一天好像很长很长。从其他同学的角度看我们，我们俩非常累，不仅得创业，还得抽时间学习。我和林佛钧是同班同学，而且在一个实验班上，他是班长，我是团支书，学业压力也挺大的。"

他们经常很晚才从实验室回来，尽管时间早已过了二十四点，但他们的讨论兴致还是很高。有时候两人就坐在楼梯上一起讨论，设想软件应该做成什么样子，公司未来怎么发展。第二天，两人也很早就去实验室，希望把前一天的这些想法尽量都尝试一遍。

"那时候哪有什么'996'的概念，我觉得我们大概是'007'。"刘宏阳自嘲道。

现在回忆起这段时光，刘宏阳还是很怀念当时的纯粹："以后我再去创业，就算做得规模更大，但它带给我的喜悦大概未必比当年更强烈。在当时的环境下，那种喜悦是极其强烈而单纯的，因为那时候，我们并不是为创业而创业，不是说我要赚多少钱，得什么荣誉，而是觉得自己做的东西有人用，这就极大地满足了一个少年所需要的成就感。当时的心态也很有趣，眼中看到的都是可能性，根本不知道也不在意以后会遇到什么困难，觉得做不成也没关系，只是知道自己做的东西别人在用就很开心了。进入这种状态是非常幸福的。我觉得这就是所谓的'初心'。"

除了校内记者团，校外的媒体比如武汉市的《楚天金报》、网络上的微信号大 V "刘健亮"都对"微弹幕"进行了报道，"微弹幕"甚至被冠以"线下活动的互动神器"的头衔。软件用户迅速增长，各种各样的需求此起彼伏地出现，带给他们成就感的创业项目一度让承受课业负担的他们有些左支右绌。

从大二到大四创业的那三年，刘宏阳没有参与太多的学生活动，他更多接触的是用户和投资人。在他眼里，学生时期其实是一种比较轻松、相对没那么紧张的状态，与创业的压力相比，课程压力还远远谈不上令人焦虑。

刘宏阳说，学生时代题目答案清清楚楚，如果做错了，跌倒了，爬起来便是，越早发现错误越好，以后有的是时间。但对创业者来说，时间以最冷酷的法则单向运行，机遇错过就是错过，任何事情都会变得更严肃，每个人的考题都不一样，不知道自己会遇到什么，没有可以参照的地方。一个错误的决定可能会影响到公司的所有人。刘宏阳说，他要对自己的决策负责，这带给他很大的压力。公开的市场，与行业里的所有人的竞争，种种挑战带来的压力让他感觉有些艰难，但是他还是坚持下来了。

那时刘宏阳渐渐开始反思，他认为"微弹幕"项目虽然也能产生社会价值，但还没有达到他的期望。他说，只有继续深造，学习计算机领域更多的知识才能创造出更大的价值。

正因如此，刘宏阳本科毕业后选择保研来到交大，在计算机领域进行进一步的深造，希望通过学习更深入的知识，未来做更有技术含量，能创造更大社会价值的创业项目。

研究生期间，刘宏阳的学位课绩点达到了 3.88（满绩 4.0），他也在实验室花费了大量时间进行研究工作，对自己研究的区块链领域进行了深入的探索。

在科研方面，刘宏阳希望能够拓展理论深度，从更理论和底层的角度研究课题。有些同学在研一、研二花了很多时间去实习，希望为将来找工作做准备。可刘宏阳宁愿把校内时光用在纯粹地做研究上。"毕竟以后做项目的时间还很长。"刘宏阳说道。

从抗量子签名算法在区块链系统中的应用，到异步网络下拜占庭共识问题，再到物联网环境下的区块链协议设计，刘宏阳都进行了深入的研究，并以一作身份发表了1篇CCF会议文章，以合作作者身份发表了1篇EI会议文章。他在科研工作上也扎扎实实，一步一个脚印。

读万卷书，行万里路

在刘宏阳眼里，有些人出发是为了越过边界获得自由，有些人出发是为了抵达梦想的究极之地，而他的一切出发，都是为了经历过程本身。

"活着的唯一目的，就是为了活着本身。对吧？"刘宏阳说道。

2018年，刘宏阳带领三人小队代表上海交通大学前往韩国首尔，参加由韩国成均馆大学主办的三八线160千米徒步活动。整支队伍由上海交通大学、韩国成均馆大学以及北京大学的同学们组成。

7月，正是韩国天气最炎热的时候，户外温度高达35℃，体感温度甚至超过了40℃，每个人的头顶都冒出清晰可见的水汽。徒步队伍穿过了乡村的田野，在暴晒下沿着军事隔离带的铁丝网而行，知了不停的鸣叫让疲惫不堪的他们有些烦闷。柏油路上蒸腾的雾气，令人头晕目眩。

每天都有同学的脚上起了水泡，大家利用休息时间去找医生挑破水泡，包扎一下，然后继续前行。七天的徒步结束之后，每个人都已习以为常，还相互调侃，看谁脚上的水泡更多。

一天，猛然抬起头，刘宏阳看到了一个个哨所岗亭，韩国的同学告诉他，青山那边就是朝鲜。

在那一个星期的时间里，中韩两国的学生分成一个个小组，每组8~9个韩国学生，1~2个中国学生。他们共同生活，相互支持，文化差异在这群年轻人中慢慢消失。刘宏阳还成为自己所在小组的队长。

晚上到营地后，主办方搭起了舞台，每个小组的组员都准备了节目在其他小组面前表演。在欢歌笑语中，白天的疲惫似乎荡然无存，每个人身上都迸发出蓬勃的朝气。这些画面混杂在一起，组成了一个散发着热气的梦，各种元素碰撞，爆发出青春的美感。

除此之外，刘宏阳还带领三人小队代表上海交通大学前往内蒙古参加由北京大学主办的库布齐沙漠徒步活动。作为野外生存协会的领队，他曾带领30人前往浙东大峡谷徒步露营。他也曾自行组队，和同学一起去美国、日本、意大利、法国、德国、新西兰等国。

不仅如此，渴望提升自我的刘宏阳在课余时间坚持通过阅读充实自己。从2014年1月到2020年10月，他累计读书超过280本，累计读书笔记达280篇。热爱阅读的他对各种类别都有涉猎，但对他影响最大的其实是他儿时自己买下的第一本书——《论语》。那个时候的刘宏阳觉得背书是件好玩的事儿，就用初一一年的时间把整本《论语》背完了。当时有很多话完全不理解，但是随着年龄的增长，他慢慢理解了这些话是什么意思，结合现实生活也觉得受益匪浅。

喜爱健身运动和爱好人文艺术，在一些人看来是不太相容的两种特质，但刘宏阳认为，一个人格完整的人，应当同时拥有深刻的思想和丰富的内心世界，除了对力量与美的追求，对物质世界的探索，也应当通过人文艺术的熏陶让精神世界有相当的延伸。而这两种探索的过程是能够相互协调的，一次次旅途与阅读的经历让他在科研与创业的时刻有星空可以眺望，而在现实世界中的探索，又让他回忆起书中灵犀一闪的无数个瞬间。

早早脱离象牙塔，去社会熔炉之中历练过的刘宏阳具备着超出同龄人的成熟与清醒，他认为，无论是科研还是创业都只是途径。"穷则独善其身，达则兼济天下"，对社会产生积极的影响，为人类创造出更大的价值，这便是刘宏阳的人生抱负与追求所在。

供稿：电子信息与电气工程学院

作者：李江龙　张舒涵

赵家鑫:
做一个对他人有帮助的人

人物白描

赵家鑫,上海交通大学机械与动力工程学院新能源科学与工程专业2014级本科生,曾在日本早稻田大学交换学习能源与环境政策。他致力于中国与世界环境事业,曾作为助理研究员就职于上海市环保局、全球环境信息研究中心CDP、深圳市建筑科学研究院等机构,开展过关于低碳城市、企业环境信息披露和城市水污染治理的研究工作。

立志奉献社会的青年

赵家鑫成长于一个平凡的家庭。父亲待人接物的宽厚热诚深深影响着他,也使他潜移默化地养成了温和善良、乐于助人的性格。在同龄人还不知道自己能够做什么的年纪,赵家鑫便在潜意识里树立起一个目标——做一个对他人有帮助的人。

初入大学的赵家鑫在选择新能源这个专业的时候,只是看中了它广阔的发展前景。但是经历了一次次的实习、国际会议和赛事,他越来越深入地了解和认识到能源和环境行业的发展对人类的影响。他渐渐意识到,环境和能源问题不仅仅是科学技术上的难题,更是政策和经济的研究课题。赵家鑫终于找到了凭借自己的专业技能为社会作贡献的方法,他决心深入学习研究环境能源与经济问题,希望有朝一日能够解决中国乃至世界能源与环境问题。这一目标给他带来无尽的热情和动力。这也许正是罗德奖学金①青睐他的原因。一直以来，罗德在世界各地寻找着那些想要为世界作出贡献的青年学者，支持他们在自己的领域做出突破。"一百多年来，罗德培养了许多成功人士，但培养的更多是那些在世界的各个角落或多或少为世界带来改变的无名者。而这也正是我的理想和目标。"赵家鑫如是说。

经历丰富的"老实习生"

2016 年，自一条思政老师转发的实习招聘信息起，赵家鑫开始了他丰富多彩的实习生活。

三年里，他做过五份实习：迪士尼中国研究中心、全球环境信息研究中心 CDP、深圳建筑科学研究院上海研创中心、上海市环保局、法国能源企业 ENGIE。赵家鑫常常是同时做着两三份实习工作。丰富多样的工作类型不仅使赵家鑫积累了丰富的工作经验和专业知识，也使他对行业的整体情况和运行方式有了深入的了解。在 CDP 实习时，他每天和世界各地的人们举行会议进行合作，对全球环境治理的架构日益了解；上海市政府的实习则让他对中国的环境治理模式和政府组织形式有了更深刻的认识。

"有了这些经历和经验，我更清楚自己要做什么了，对日后的职业规划也有了一定想法。"赵家鑫这样总结自己的实习生活。

其实，赵家鑫如此丰富的实习生活始于"偶然"。对于第一份实习投递的简历，赵家鑫如今谈起自觉不足颇多；而第二份 CDP 的实习更是来自他在某次校外导师专题讲座后的大胆一问——"先生，我可以去您的公司实习吗？"

---

① 罗德奖学金由英国政治家、商人塞西尔·罗德自 1902 年创设，旨在资助"卓越、勇敢、仁爱以及拥有领袖气质"的世界青年精英赴牛津大学深造。

"走出去尝试，有了第一步就会有第二步、第三步。"回顾自己的实习经历，赵家鑫这样告诉我们。"当然，也不是每一个人都要去实习，有自己的目标就好。"

全面发展的综合性人才

"带领团队参加中国国际太阳能十项全能竞赛是大学期间对我影响最大的经历。"大二时，赵家鑫开始带领上海交大和 UIUC 的联合团队筹备这场太阳能竞赛。这一竞赛要求团队在短时间内建造有创新价值的符合工业标准的太阳能建筑，涉及知识跨越多个学科，对学生的专业性要求极高。赵家鑫作为一个本科生，带领着以硕士、博士为主的核心团队，他感到压力极大。虽然因为赛事延期，赵家鑫和其他团队成员最终没能成功参加这场赛事，但在两年多的备赛过程中，他在专业性和职业性方面都得到了锻炼和提高。

丰富的实习和竞赛经历固然锦上添花，但赵家鑫在学习方面也从未放松。当他意识到竞赛的准备耗费了他太多的精力而无法保证他的学习时间时，他果断选择休学一年。在这为期一年的 gap year（间隔年）里，他也没有因为竞赛和实习放弃学习，而是申请前往日本早稻田大学交流学习能源与环境政策，以进一步提升自我。

几年来，赵家鑫获得了国家奖学金、上海市荣昶学者称号、唐立新奖学金等多项奖荣誉。

除此之外，赵家鑫还是一位跑者和辩者。他曾担任上交跑虫俱乐部副会长和学生教练、学院辩论队队长，带领机动辩论队获得上海交通大学新生杯和联合杯辩论赛冠军；他热爱长跑和骑行，完成了上海全程马拉松和川藏线骑行。

2019 年赵家鑫前往牛津大学攻读环境变化与管理硕士。谈及未来，谈及罗德，他说，罗德带给他们的是社交资源，是前辈的帮助，是优秀的教育资源。罗德聚集了一群同他一样的"理想主义者"，这将使他有力量有支撑，去实现自己的目标，做一个对社会有贡献的人。

供稿：机械与动力工程学院

作者：杨　浩

马 昭：
风雨兼程，砥砺前行

人物白描

马昭，上海交通大学机械与动力工程学院2020届硕士毕业生，研究方向为智能飞行机器人。学习成绩名列前茅，参与多项国家重大专项课题，手握三项发明专利，夺得大学生科技创新顶级赛事"挑战杯"特等奖，先后获得本科生国家奖学金、研究生国家奖学金、唐立新奖学金、荣昶领导能力奖学金、上海市优秀毕业生等荣誉。他是创新创业教育的践行者和推动者，服务数千名创业者。

夯实基础，培养学科兴趣

2013年，马昭以优异的成绩考入上海交通大学，并选择了交大的王牌专业——机械工程。入学初，他便在机缘巧合之下接触到了无人机，并由此开启了一段长达六年的无人机之旅。

对马昭来说，无人机的起航，意味着梦想的起航。

大一时，马昭作为项目负责人参加大学生创新创业训练计划项目，从基本工具使用到飞控调试、试飞，马昭事事亲力亲为。该项目最终在众多项目中脱颖而出，获评优秀。尽管该项目获得了成功，但马昭明白，在无人机领域他依然有许多知识空白。因此，在专业课程的学习上，他未曾有一丝懈怠。本科期间，马昭的专业课成绩几乎全部A+，以傲人的成绩名列年级前茅，并且先后获得本科生国家奖学金、研究生国家奖学金等交大最高级别的奖学金。

兴趣是最好的老师，无人机作为高度复杂的机电系统，需要太多方面的知识储备，为此，马昭将课余时间都花在了工作室。功夫不负有心人，他在极短时间内掌握了固定翼、多旋翼、直升机设计、控制及飞行等专业知识，也正因如此，他在本科期间便参与、主导了众多研究生才能接触到的项目：2015 年的南海岛屿电力缆绳牵引无人机项目，2016 年的燃料电池无人机项目。

硕士期间，他继续以无人机作为自己的研究方向。得益于深厚积累和独特见解，马昭在研一时参与国家"核高基"科技重大专项课题项目；研二下学期参与申报"新一代人工智能"重大项目"地外探测无人系统自主智能精准感知与操控"，并独立完成了空中精准柔顺操作子课题的预研工作。

坚韧不拔，挑战科创巅峰

坚韧不拔，是马昭对待科研的态度，亦是他对待生活的态度。

大二开始，他坚持每周 3 次体能训练，与同学利用空闲时间重装徒步，负重十几公斤行走于深山之中。当重装徒步无法再"满足"他时，他向雪山发起了冲锋。5 100 多米的海拔、80 度陡峭的岩壁无法遏制他前进的脚步，在经历重重险阻之后，他成功冲顶海拔 5 355 米的技术型雪山——四姑娘三峰。

攀登过程是令人绝望的，但绝望尽头往往是希望。

科创的道路亦是如此。"无挑战，不青春"，2017 年，马昭加入"基于漩涡水动力特性的触须集群式海底集矿装备"项目团队，备战科创领域的"四姑娘三峰"——挑战杯。在项目中，他全面负责系统验证机的机械设计、机电控制、导航控制及设备调试。在这个既陌生又熟悉的领域，他请教上海交大船建学院参与"蛟龙号"研制工作的老师，并将自己所学的机器人技术融会贯通，按照"蛟龙"标准对系统验证机进行设计、试制、实验，并不断改进。

炎夏试验池周围蚊虫肆虐，寒冬里池水冷到刺骨，项目进展也并不是一帆风顺的，设备漏水、电路短路等问题接踵而至。面对这样艰苦的环境，他凭借坚韧不拔的毅力以及"面对困难绝不服输"的挑战杯精神，披上外套抵挡蚊虫，穿着大皮裤在冷水中坚持试验。在攻克了一个个难关后，他最终带领团队完成验证机，实现了水下作业能力，达到预期的指标参数。在"挑战杯"国家竞赛现场，当评委老师们得知作品全部由团队成员从零开始自主设计后，纷纷对这项作品给予认可。最终该项目从全国高校数万件作品中脱颖而出，夺得第十五届"挑战杯"机械组特等奖，引起了国际深海采矿主席的高度关注。

全面历练，致力创新创业

作为一名科创达人，马昭在创业之路上也走出了自己的道路。2014 年，他与老师一同创业，研发了国内首台科普级 C919 模拟驾驶舱。2016 年，他主导农业无人机创业项目，带领 5 位志同道合的同学研制可垂直起降、高效喷洒农药的固定翼无人机。尽管由于对市场信息把握的偏差，项目遗憾中止，但这并没有阻挡马昭创新创业的热情，反而引发了他对大学生创新创业的思考。

他意识到，光有技术上的创新远远不够，真正的创新应源于产业需求，并融入项目管理、团队合作等软技能。同时，大学生创新创业更应注重过程中学生综合素质能力的提升，而不是囿于创业成果。因此，在 2016 年，他发起并成立交大双创协会。协会定位从 0 到 1 陪伴创业者，发展了 600 多位会员，掌握着交大学生最全的初期创业资料，促成了 10 多个团队的成员配对，培养了数十位交大创业新秀。同时他担任学校创业学院辅导员，累计组织 30 余场创业辅导，直接服务学生超 1 000 人。此外，在他的参与协助下，交大成立"慧谷"创业工作室，定期开展创业辅导，协助交大项目获国家级创业大赛金奖等 34 项市级以上荣誉。

矢志不渝，出战新征程

这些优异成绩获得的背后，离不开他日常生活中坚守初心、矢志不渝、勇于挑战、身体力行的精神，离不开他自律、积极、向上的生活态度。

如今，马昭将华为作为职业选择，开启了新的征程。凭借着对机械系统的深刻见解与创新实践，他获得了华为优拓（Find Star）offer，将参与到新一代高端旗舰机的整机结构设计中去。对于勇于挑战新难度的马昭而言，这份选择充满了机遇和挑战。他相信通过自己以及团队的努力，必将征服"智能手机"这座高峰，并做到身怀家国梦想，以科技强国、实业兴邦为己任，将青春融入祖国大好山河。

供稿：机械与动力工程学院

作者：梅哲源

孙加桐:
金字塔底的工匠

人物白描

孙加桐，上海交通大学机械与动力工程学院 2016 级本科生，2020 届上海市本科优秀毕业生。对一个机械工程的学生而言，日复一日的努力，是为了堆砌一座属于自己的金字塔。工科的顶峰令人欣羡，它让飞船遨游于无尽的太空，让舰艇巡航在深邃的海底，也能让机器人成为新世纪人们生命中不可替代的一部分。但所有这些都是由一个个数学公式，一条条力学定理，一行行程序算法，一张张工程图纸拼凑而成的。大学本科期间纷杂的基础课和专业课，总让工科生成为其他人口中所谓的"高四生"，意在调侃工科生繁重的课程压力。但唯有凭借这种对所有课程都精益求精的态度，才能铺好金字塔的每一块砖，进而向新的高度稳步前进。四年本科生涯，孙加桐保持着最初的工匠之心，心如止水地打造着这座建筑的基底。

专业学习，铸就基石

大一是孙加桐本科学业中最重要的一年。这一年中，他非常幸运地遇到了本科期间对他影响最大的陈克应老师（教授"数学分析"课程）和胡其图老师（教授"大学物理"课程）。两位老师带给他的不仅是工科生必备的强大数理基础，更是一种潜心钻研的态度。孙加桐深受他们的影响，直到现在依然会对自己运用的每一个结论性公式进行一步步地详细推导，保持自己从他们身上习得的那份对于知识的虔诚。

大二时，他开始接触机械工程专业课。这其中不乏一些对孙加桐职业规划影响颇为深远的课程。两学期的"设计与制造"课程使他的专业认识得到全面提升，这是他从理论学习迈向实践应用的全新突破。"设计与制造Ⅰ"选题上反复的推倒重来让孙加桐深刻理解了产品设计的核心：一切产品都要为需求服务；"设计与制造Ⅱ"则培养了他严谨负责的团队合作意识，每周定期召开的组会和撰写的报告让他的课余生活有条不紊地进行着。

在决定以机器人作为主攻方向后，自认为在机器人的编程控制方面仍然有所欠缺的孙加桐修读了计算机第二专业。大三下学期，他又选择了丁烨老师的"Matlab及其工程应用"专业选修课，学习到许多重要的算法。接着参与四旋翼无人机的轨迹规划课程项目，将机械和计算机的知识融合运用，编程能力大幅提升。

四年的本科学习，带给孙加桐的是丰富的数理知识和牢固的工程基础。而这些正如同金字塔底部的巨石，毫不显眼，但不可或缺。

科创竞赛，成就高度

专业学习之外，科创竞赛也对孙加桐产生了较为深远的影响。

大三上学期，他加入上海交通大学Robomaster机甲大师赛"交龙"战队。本着提高自己在机器人自动化控制上的能力的目标，他加入了视觉部，用两个月的时间精读过去几年的开源代码，钻研基于OpenCV的视觉算法。

或许是因为有着专业知识所搭就的基石，孙加桐的金字塔在科创的方向上越垒越高。他成为"能量机关"项目的负责人，从零开始逐行搭建机器人的云台控制算法，并且在实战中进行了反复调试。他还被任命为"步兵竞速与智能射击"单项赛队长，直接领导小队进行工作。当然，他也经常会因为"bug"而被困扰许久，每当这时，那句"一切的bug都是因为自己还不够强"激励着他继续前行。最终，孙加桐领导的"能量机关"项目成为"交龙"战队的制胜法宝，帮助团队取得了2019全球总亚军的好成绩。

"日拱一卒，功不唐捐"，这是交龙战队的队训，也是孙加桐在战队拼搏的这十个月的真实写照。他在这个物欲纵横的时代里，潜下心去搞科创，用自己对知识的虔诚去体悟金字塔的高度。取得的一切成就，都是源于他自身不断积累和不断攀登的行动。

学生工作，共同进步

大学四年，他始终坚持参与学生工作，担任过学生会副主席、班长等职务。在学生工作中，他培养了领导能力和社交能力，也培养了乐于助人的品质，和身边的伙伴一同进步。

大二上学期，孙家桐成为学院学生会文体中心副主席。从大一的干事向大二主席团成员的转变，促进了他领导能力的飞跃。过去的他只是完成自己分内的工作，而现在却是要有强烈的大局意识。他开始形成自己的主见，担任每一场活动的总策划，调动团队里每一个人的积极性，并作为代表去和其他部门进行交流。一年的任期内，他主办院体育文化节，组织学院校运会团队选拔，举行院学代会、提案研讨会和许多其他的学院活动，践行为同学服务的精神。

孙加桐并非只专注于自己的金字塔，他还学会了如何走进社会，为更多的人奉献自己的力量。他加入了学神学霸俱乐部，遇到了一众学业能力出色且乐于分享经验的学长学姐们，获取了许多关于学习科研的建议和出国申请的经验，明确了自身的未来规划。同时，他也欣然向其他同学分享经验。老师对孙家桐有着这样的评价："作为班上成绩最突出的同学，他努力带动班级同学一同进步，平日分享学习笔记，期中期末时组织小组学习，还带领班级同学参观飞机强度研究所，培养班上同学的专业兴趣。"

除了搭建自身绚丽的金字塔，孙加桐更是带动了身边人，与他们一起组成了一道靓丽的风景线，彼此映衬，相辅相成。

课余生活，增光添彩

马拉松比拼的不仅是速度，还有耐力。即使是最出色的工匠在搭建金字塔时也需要劳逸结合。

孙加桐不是一个枯燥乏味的金字塔铸造者，他的课余生活十分丰富。大一他便加入了上海交通大学"525"街舞协会。大学期间，他先后参与了十余场演出，在舞台上留下了自己的印记。大一时，他以"popping团"成员的身份参与AUDC亚洲高校街舞锦标赛，帮助学校获得上海赛区第一名的优异成绩。此后他也不断拓宽自己练习的舞种，把街舞作为生活中不可或缺的元素，用来调剂心情、强身健体。作为一名体育爱好者，他也广泛参与校运会、体育文化节、致远篮球赛等活动。

丰富的课余生活宛如金字塔周边郁郁葱葱的树林，让金字塔在一望无垠的黄沙之中更加闪亮。

四年时间，孙加桐已然打磨好了自己金字塔的基底。日后，他定然会在这坚实的基底上铸造出辉煌的金字塔。我们，期待那份耀眼的光芒。

供稿：机械与动力工程学院

作者：李仁鹏

张钦圣：
坚持与专注的背后是热爱与向往

人物白描

　　张钦圣，上海交通大学机械与动力工程学院 2015 级本科生。创建并担任交大 RoboCup 小型组队伍 SRC 队长，带领团队在 2017 年名古屋世界杯中斩获交大历史上第一个 RoboCup 世界冠军，随后又带领团队获得 RoboCup2018 年中国公开赛冠军。在接触智能机器人的一千个日子里，他从最初的爱好走向竞技比赛之路，夺得多项桂冠后又立志投身智能机器人领域。他的坚持与专注，是在学生创新中心调试设备的日与夜，是在坚持备战 RoboCup 的分与秒，是对智能机器人的明天最真切的热爱与向往。在创造交大机器人比赛历史之后，他对智能机器人的探索，却远不止于此。他立志以智能机器人改变人们的生活方式，参与仙知机器人 AGV 无人车开发，开发的机器人领先国内行业水平，成功在 2018 中国国际工业博览会展出。

金工机械赤子心

　　智能机器人，这个新闻中的尖端高科技已经开始走进我们日常生活之中。广义的机器人包括所有能够自动化的机械结构，大家喜闻乐见的 AlphaGo 其实也可以算作是一种"特别"的机器人。狭义的机器人分为三个部分：Perception，感知或接收环境中的原始信息，相当于机器人的感官部分；Cognition，推断或思考，对感知到的信息做分析和处理；Acting，行动，针对所得到的信息作出反馈操作。这三部分听上去比较简单，但技术实现上却十分艰难，即使是目前最尖端的技术也无法实现拿起棋子下棋这样看似稀松平常的操作。

在交大的日子里，张钦圣通过很多渠道走进智能机器人领域。大一时的机动学院的新生杯机械赛，他在实践中学会了如何做一个遥控机，遥控一辆小车，完成一些基本操作。在自由度机器人协会，张钦圣向学长学习了很多单片机的知识。从零开始，从兴趣出发，张钦圣认识了一批志同道合的伙伴们，这样的经历为他之后在智能机器人领域的探知奠定了坚实的基础。

从大一起，张钦圣就和工程训练结下了不解之缘。他不仅经常参加工训中心举办的各种活动，还选修了机器人控制的相关课程。DIY 当时学校暂缺的 3D 打印机，参加各种机器人比赛，张钦圣和小伙伴们胆大心细地"玩"进了机器人世界的大门。

如果说大一的时候是以兴趣为驱动，那么张钦圣在大二时则更加系统地学习了机器人的相关知识。没有老师系统地教授专业知识，对于新领域的新知识与新技能，一切都是靠张钦圣自己一点一点地啃，坚持每天编程成为他的专属必修课，近乎三年未曾中断。张钦圣不仅辅修了计算机科学第二专业，求知若渴的他还在大三就提前修完了大四的课程，且保质保量。他主动学习斯坦福大学的"机器人学"和苏黎世联邦理工大学的"移动机器人学"等相关课程，每天训练自己的代码技能与调试技术。这样高度自律的生活让张钦圣在智能机器人领域的知识储备大为丰富。这份坚持与汗水，使得他对机器人工作的理解逐渐超越了兴趣，能够站在更高的角度看待并理解这个领域。

竞赛场上显锋芒

张钦圣坦言，比赛的趣味性与竞争性是促使他进入这个领域的核心原因。比赛的过程不仅仅是自己技能的磨砺，还是和其他对手的同场竞技。相互切磋，交流经验，他在竞争与合作中飞快成长。

RoboCup 机器人世界杯赛是当今国际上级别最高、规模最大、影响最广泛的机器人赛事之一，每年来自 40 多个国家与地区的近 3 000 名选手共同角逐比赛的桂冠。除此之外，RoboCup 机器人世界杯中国赛也是我国国内最具影响力、最权威的机器人竞赛之一。强者如云的赛场风起云涌，危机四伏。张钦圣带领上海交大 SRC 战队一路披荆斩棘，以创新的思维、非凡的勇毅和卓越的智慧征服了这两座险峰，带领团队一举夺得世界冠军和全国冠军两项桂冠，填补了上海交大在机器人赛领域的空白。

自决定参赛 RoboCup 世界杯赛起，张钦圣及团队的备战时间仅四月有余。尽管有前期的研究作为硬件基础和各方社会资源的鼎力相助，但是软件方面的工作几乎是一片空白，这给张钦圣和他的团队带来了不小的难题。

备赛期的最后一个月，时间紧张，任务繁重。张钦圣几乎每天就地睡在实验室的地板上。工训中心四楼的实验室，直射的太阳光使得房间内异常炎热。他们只好白天睡觉，晚上调试，过着黑白颠倒的日子。身处在这样的环境之中，还要承担着备战时间短，机器人算法编写、调试任务重的压力，张钦圣带领着团队夜以继日，攻坚克难，解决了一个又一个技术难题，填补上了软件部分的空白。回忆过往，他直言那段日子令他刻骨铭心，终生难忘。

同年 7 月份，他们启程奔赴日本参赛。第一次出国的张钦圣，在人生地不熟的环境下，遭遇了许多挫折与困难。不仅要搬运数百斤的设备，还因酒店选择失误，在赛期的六天之内更换了七家住宿的宾馆。

赛场上，张钦圣与 SRC 战队面对的境况也是险象环生。RoboCup2017 决赛，他们的劲敌是由业内顶尖教授指导带领的德国战队，拥有最优的硬件，车辆性能远好于上海交大的 SRC 战队。张钦圣回忆道，当时团队反复观看比赛的录像，发现了德国队的一些战术选择，并针对他们的战术制定相应的策略。由于六台战车的配合没法通过临场调节，队员们修改程序忙得三天没有睡觉，光发角球就研究出了三十套战术。在张钦圣看来，"机器人是人的一种延伸，是我们赋予了他们生命力。与其说是机器人在打比赛，不如说是我们和德国人在打比赛，拼的是智力。"

比赛过半时，由于程序设计与比赛规定问题，SRC 队有两台战车因为超速而相继被罚下，最后呈中德四对六的危险对局。千钧一发之际，队员们冷静应对，以扎实的防守保持了 2：1 的领先优势，捧起了冠军奖杯。就这样，由三个本科生一个研究生组成的队伍战胜了"大魔王"级别的德国战队，以全胜的战绩创造了上海交大历史的又一个奇迹，在世界杯赛场上为祖国争得了世界冠军的荣誉。这是交大历史上第一次夺得 RoboCup 世界冠军的称号。

赛后，张钦圣自豪地说："虽然在男子足球这样的项目上，中国队暂时落后，但是我们在足球机器人上赢回来了！"

匠心独运鸿鹄志

谈及机器人行业的前景，张钦圣充满了憧憬与期待："我看好机器人行业的未来，这也是我热爱它的原因。但现在，机器人的发展遇到了瓶颈，从感知、规划到控制等领域，在未来应该都会有很大的爆发。而且未来生产需要自动化，现在国内的工业机器人发展很快，这是大背景。"诚如此，在信息技术飞速发展与人工智能到来的时代，以机器人科技为代表的智能产业将成为经济转型的全新增长点。作为全球第一大工业机器人消费市场，我国正处于智能机器人产业发展的重要机遇期，同时也面临着愈发激烈的国际竞争挑战。

张钦圣并不满足于赛场上针尖对麦芒的智力交锋。在比赛的光环背后，他寻求的是一线工作的真实体验。赛场是一片新奇想法丛生的雨林，而行业则是让有价值的想法生根发芽的沃土。

专注与追求，面对机器人这个平台，面对潜藏在黑暗中的无数未知的问题，需要不厌其烦地调试，需要小心翼翼地摸索。回首过去的汗水与收获，张钦圣更是感慨良多："首先要热爱这个行业，只有热爱它才能有坚持下去的动力。"

"将平凡的事情做得不平凡，也是一种伟大。"最初的那份好奇，在坚持与探索的过程中，被打磨成熠熠发光的荣誉与嘉奖。从竞技到产业的转变，创新与专注的精神却不曾止步。相信若干年后，曾经那个青年仍能初心不改。他口中那番"平凡"的智能机器人事业，历经恒年累月的坚持与追求，仍能像在世界赛场上夺冠时一般，光芒闪耀。

供稿：机械与动力工程学院

作者：包素平　杨　浩

上海交通大学深海资源开发装备技术创新团队：
红船精神孕育蓝色梦想

团队白描

深海资源开发装备技术创新团队于 2008 年成立，对接国家建设海洋强国战略需求，围绕深海油气和矿产资源开发装备，研究新概念、新技术及关键水动力学问题。当前团队由 29 名研究生、本科生以及 5 名指导教师组成。近三年，他们七次斩获国际、国家级竞赛最高奖项，其中包括第 15 届"挑战杯"特等奖、美国国际大学生数学建模竞赛（MCM）特等奖；在国际重要期刊发表 SCI 论文 70 余篇；申请国际、国家发明专利 100 余项；参与国际、国家重大前沿课题 17 项。创新成果已应用于世界最先进第七代深海半潜式钻井平台等数十座大型海洋工程装备研制，以及我国最大深水气田——陵水 17-2 等世界主要海洋油气产区资源开发，并制作出一台新型深海海底集矿原理验证机，服务于我国重大战略需求——深海采矿。

敢为人先，挑战前沿科技

上海交通大学向来以"敢为人先"作为学生培养的核心精神导向，团队成员也一直以敢为人先的精神要求自己，继往开来，不断超越。团队在深远海油气开采平台的监测领域做了大量工作，克服了一系列难题，达到了国际先进水平。这其中，团队学生奋战在项目一线，作出了巨大的贡献。

团队成员刘磊从研究生一年级起就投入了"海洋石油 981"平台的实时监测工作。海洋平台现场监测需要克服台风等复杂、极端恶劣的海洋环境，同时要求系统长时间不间断稳定测量，这些对海洋平台的实时监测都是极大的挑战；放眼世界，实现万里之外海洋平台的远程实时监测，在国际上没有先例，困难异乎寻常。面对这些挑战，刘磊表现出多于常人的兴趣，他主动挑起了项目研发的重担。2014年和2016年，他曾两次奔赴南海登上981平台，进行现场考察和系统调试。刘磊和其他团队成员整整一周几乎没有休息，很多细节问题被逐一解决。目前，实测系统已经实现从远海到陆地的实时远程监控，成为团队的标志性成果，在业内具有很高的影响力。

团队成员胡智焕和吴丞昊是2014年同时加入团队的，他们对海上安装实测系统有着极大的兴趣。如何将长达200多米的安装船开入两侧间隙只有几公分的导管架，在茫茫大海中实现经纬度偏差小于千万分之一度的定位，是世界级的难题。根据如此严格的工程需求，胡智焕和吴丞昊带领团队成员充分发挥聪明才智，在系统原理、实施方案、稳定性保障、综合调试等方面作出很多原创性的贡献。为了确保系统在海上使用时万无一失，他们夜以继日地在校园的空场地上测试。最终，在他们的辛勤努力下，团队自主创新研发的浮托安装进船引导系统在实测过程中真正实现了厘米级的引导定位，获得了马来西亚国家石油公司、韩国现代重工、中远海运特运、DNV GL、ADPS等国内外同行的高度评价，标志着上海交大海上实测技术已达国际先进水平。海洋平台实测技术的研发过程，凝聚了团队多名同学的汗水。大家在创新之路上不断奋斗、不断收获，越走越有劲。

勇于担当，培养一流人才

团队队长赵国成学习成绩优异，理论基础扎实，连续6年排名专业第一（所在专业国际排名第一）。他想象力极为丰富，乐此不疲地参与科技创新活动和工程研究课题，常常与经验丰富的工程师共同探讨技术难题的解决方案，从中锻炼了创新思维和解决实际问题的能力。近三年，他5次夺得国家级竞赛最高奖项，作为骨干成员参与国际前沿研究课题5项，将创新工作凝结为国际、国家专利 67 项，发表学术论文 9 篇。其中二十几项专利技术已经投入实际应用，装置优异的工作性能曾获得美国埃克森美孚公司技术工程师的好评，他也因此被评为最年轻的上海新生代优秀发明人，同时被聘为湖南省怀化市科技特聘顾问，致力于科技报国。

赵国成正以国家的重大战略需求——深海采矿作为自己的研究课题，带领团队成员展开大量的试验与分析工作，为发展我国深海采矿这一新兴产业贡献力量。他发现现有的海底集矿装备研发仍处于摸索阶段，粗放式的开采模式严重破坏海底生态环境。通过查找相关研究报告，他得知"如何在不破坏脆弱的海底生态环境和那些生活在古老海洋生物的前提下挖掘海底的矿产资源"，是深海采矿的关键所在。他联想到了龙卷风这一自然现象，尝试将漩涡水动力特性应用到海底集矿技术创新中。理论分析支撑了他的想法后，他使用 3D 打印机将仿真效果优良的模型制作出来，在寝室楼的长方形水槽内进行了微型试验。

在微型试验成功之后，他把自己的创新想法告诉了导师肖龙飞老师，获得了导师的肯定和支持。于是，他将以前参与国际前沿课题学习到的试验思路、试验仪器使用方法和数据处理分析技能应用于自己的创新验证工作。他先是设计搭建一套严谨的测试系统，使用高精度传感器捕捉关键物理量，运用控制变量设计几百组工况进行测试。为了进一步验证新型水力集矿头的优越性能，他和志同道合的几位团队成员一起设计相关实验，完善想法，并制作验证机。

为测试水下抽吸模块工作性能、缩短设计周期，寒冬里他们不畏冰凉的水温，穿着防水皮裤浸在水里，单次下水就是几十分钟。有时为了搬起水底的重物，一弯腰，凉水便会从防水皮裤两边灌入，即便是刺骨难耐，他和队友们也都坚持着把试验做完再上岸。天道酬勤，当前他们取得的研究成果已获得多位中科院、工程院院士的支持，并先后获得国内和国外深海采矿领域负责人的关注和赞赏。

坚定信念，塑造一流团队

"深海资源开发装备技术创新团队"依托海洋工程国家重点实验室成立了学生党支部，支部践行"提高能力，科研强国""爱国奉献，献身海洋"系列主题教育活动。党支部根据实验室自身专业特色，充分利用实验室丰厚的试验资源，敢想敢做，将科技创新与海洋强国相结合，以深海开发中最前沿的科技创新（深海矿产资源开发、极限海况畸形波、海洋波浪能、风能以及潮流能装备研发等）为典型案例，培养支部成员科研创新精神，提出创新设计，提高学术水平；同时采取与本科生互动的方法，培养本科生的科研兴趣，增进研究生科研能力与本科生创新意识的融合与相互启发，形成指导教师、研究生、本科生协同工作、共同创新的学术风气，从而进一步激发学生党员和积极分子的科研热情和积极性，树立优良学风。

此外，团队特别注重培养学生的责任意识，熊凌志是团队 2012 级的博士生，建设海洋强国是他一直以来的梦想，他期待有一天能为我国南海的开发建设贡献一份力量，让我们的祖国能足够强大。在面临就业选择时，曾有多个机会可以让他留在北上广等大城市。当得知地处中西部的广西壮族自治区在北部湾的建设急需船舶与海洋工程专业人才时，他毫不犹豫地放弃了大城市的工作机会，决定只身前往广西北海，参与北部湾建设。作为一名交大学生，他感觉重任在肩；作为一名船舶与海洋工程专业的博士，他看到了广阔的舞台，海洋强国梦的实现就在眼前；作为一名党员，他用自己的实际行动来响应国家和学校的号召，做到以青春之我，创建青春之国家。

长风破浪，驶向未来彼岸

"祖国的需要是科研的源动力和催化剂，超越的背后是持之以恒的追求。"

团队指导老师、上海交通大学海洋工程国家重点实验室主任杨建民教授时常这样教导同学。如今，深海领域是当今世界强国的"兵家必争之地"，深海技术领域是各个世界海洋强国的"国之重器"，是海洋工程皇冠上最蓝的"宝石"。面向未来，团队同学深知肩上重担，指导老师们也给他们提出了两点要求：首先，研究选题要注重对接国家重大战略需求的实际重大研究项目；其次，要培养自己敢于攻克世界前沿理论和方法的精神，要有面对世界级难题时勇于挑战、永不言败的精神和勇气。

首创精神是核心，是动力之源；奋斗精神是支柱，是胜利之本；奉献精神是本质，是政德之基。深邃的海洋有着无尽的宝藏等待着我们去探索，服务"海洋强国"战略我们更是责无旁贷。未来的路还很长，但"红船精神"将在团队每一个同学身上传承，激励着同学们去追求那蓝色的梦想。

供稿：船舶海洋与建筑工程学院

作者：赵国成

钱 运：
所谓追梦，就是将不可能变为可能

人物白描

钱运，医学院 2011 级临床医学八年制学生。以第一作者在国际顶级期刊发表论文 10 篇（累计影响因子 66 分），主要研究方向为周围神经损伤修复及新型再生材料研发。开展医工结合研究，自学工科知识，研发新型生物材料。获上海市"明日科技之星"奖，提出"三维导电支架加强生物电传导促进神经再生"假说。

临床难题，暗下决心

"所谓追梦，就是将不可能变为可能。"

已经严重受损的神经，究竟有没有修复的可能性呢？

那些因周围神经损伤而失去运动能力的患者，究竟还有没有再度抬起双手的可能性呢？

当大多数人都认为某件事不可能实现的时候，你是否还有勇气去面对它呢？

对于这些问题，来自医学院的钱运用自己的行动给出了答案。

研究生阶段，钱运师从上海市第六人民医院骨科范存义教授，并作为助手参与了近 500 例肘关节松解及成形手术，这期间，他不仅掌握了肘关节僵硬发病机制及诊断和治疗的方法，还对其主要并发症周围神经损伤有了更加深刻的认识。

周围神经损伤，特别是长段缺损，广泛发生于车祸和其他严重外伤后，会使患者丧失感觉与运动功能，治疗效果极差。目前临床上主要采用神经移植的治疗方法，但由于移植用神经来源有限、异体排异反应、尺寸不匹配及对供区损害等原因，这一技术并未广泛应用。严重周围神经损伤已被公认为"不可能治愈"的疾病。看到许多来就诊的患者常常不经意间烫伤自己的双手，甚至连拿筷子夹菜的力气都没有，钱运为不能治疗他们的疾患而感到心痛不已。他暗暗许下心愿，一定要攻克这一临床难题，让患者重获新生。

科研探索，攻坚克难

面对这一难题，钱运首先想到的解决手段便是组织工程，即利用组织工程技术，桥接神经缺损断端，并提供良好的营养微环境，诱导轴突相向性生长，这就需要研发三维神经导管。

作为一名医学生，开展工科研究是极大挑战，钱运选择了跨学科自学。"刚开始的时候是很痛苦的，主要的学习方法就是查阅文献，一有时间就会去闵行校区的新图书馆找相关的书籍来看。"钱运说，"那段时间最好玩儿的事情就是每天要听两首歌：一首是晚上图书馆闭馆时的音乐，另一首则是一楼全家便利店的'好饿歌'。有时候看书入迷了，连吃饭都顾不上。"

在导师的联系下，钱运与药学院课题组展开合作研究。为了兼顾临床学习，钱运选择在半夜去实验室做实验。他的手机里常设凌晨 3 点的闹钟，每天至少要花 3 个小时在细胞实验上，直到早上 6 点再次赶到病房，查看病人的情况，翻阅新的化验单，开始又一天的临床工作。

"大家都说，医生是超人，生物钟颠倒，然后还能在半夜里开刀，白天继续干活。"钱运说，"我觉得，我们没有超人的体魄，但却有超人的意志。"

夜以继日，长期的超负荷工作并没有立刻带来成功的喜悦。在从事科研工作初期，钱运经常遇到材料性能不稳定、细胞生长不理想等情况。在连续经历了半个月的反复挫败后，承受着巨大压力的钱运默默地在寝室里留下了泪水。就在此时，一个清晰的声音从心底响起：伟大的梦想都需要勇气去实现，没有困难和挫折，就无法证明成功的意义！

重新振作起来的钱运认真地分析了失败原因，针对性地做出改良，并调整了实验设计。实验的情况逐渐好转，他先是在体外细胞实验及大鼠体内模型中证实了聚己内酯支架负载石墨烯与金纳米颗粒等导电纳米材料后能有效促进新生血管形成，极大地提升了传统材料的修复疗效，随后又创新性地选择了不外加电刺激，以导电材料刺激生命体本身恢复电流传导，明显地改善了雪旺细胞迁移的水平，由此提出了"三维导电支架加强生物电传导促进神经再生"假说。

从 2017 年 10 月至今，钱运以第一作者（不含共同第一）身份发表SCI 论文 10 篇，累计影响因子 66.4 分，其中有 4 篇论文单篇影响因子超过10 分；以共同第一作者身份发表 SCI 论文 2 篇，累计影响因子 9.66 分。其中，发表于 *Advanced Functional Materials* 的文章受到威利出版社的视频摘要特别报道，发表于 *Advanced Science* 的论文被选为 2018 年 4 月刊的正封面文章。

精益求精，创新转化

钱运不满足于论文发表的成功，他深知自己是一名医生，需要将科学研究所得向临床转化，真正的价值和梦想都需要在不断的挑战中实现。他进一步评估导电生物材料在动物体内的长期安全性表现，并相应地做出材料结构调整和表面修饰，目前已申请 2 项国家发明专利。他凭借出色的导管成品和创新的研究理念一举夺得上海市"明日科技之星"桂冠，并获得上海市科委官网、交大医学院官网和"青春交医"微信公众号的多方报道。目前他和团队正在进行临床前研究，希望能够早日实现临床转化应用，真正为饱受神经损伤的患者带去福音，使他们获得新生。

科研的魅力，除了探索，更在于分享。除了本身的科研临床工作，钱运目前还是英国皇家化学学会（RSC）会员、中国生物材料学会会员，并担任SCI 期刊 *Frontiers in Pharmacology* 编委以及 *Journal of Materials Chemistry B* 等多本国际期刊审稿人。处理稿件的过程是对别人研究的学习，提供修改意见更是加深自己对专业的认识。把握每一个机会，汲取每一份养料，这是他的成长与快乐，在与不同作者互动交流的过程中，总能有新的思想碰撞出科学的火花。如今，钱运还在申报医学院学生科创工作室，以期搭建一个科研创新的平台，提供科研沙龙和科普讲座活动，吸引更多的本科同学走近科研，寻找兴趣点，实现梦想。"我当初也是一点点走过来的，万事开头难，但是有想法，有决心，再加上引导，就能往正确的方向前进。"

爱好广泛，全面发展

钱运的爱好十分广泛，对于学习英语的兴趣尤其浓厚。2014 年，他通过了上海市高级口译考试，目前负责医学院英文官网的新闻稿翻译工作，还曾作为会议翻译参与 2016 年全国手外科医师年会和 2017 年六院—加拿大医学教育论坛。英文的学习拓宽了钱运生活的边界，压力大的时候，他时常会读一些英文短诗，去感受诗歌中对幸福生活的描绘和文字语言的美丽。

除此之外，健身和游泳也是钱运一直在坚持的爱好，他十分享受这种既能放松身体又能放空大脑的活动。"我还要为祖国事业健康奋斗五十年。"

坚守信念，执着追梦

钱运对我们说，他一直想成为一个有灵魂、有温度的卓越医学创新人才。"这是医学院院长陈国强院士的寄语，同时也是我个人的奋斗目标。"

在追逐梦想的道路上，钱运从未停下脚步，他不仅要做一名医生，更要成为一个优秀的医学科学家，用富有创造力的思想改变现有的临床诊疗困局，为周围神经受损的患者带去恢复健康、感受幸福的机会。"医学是科学，同时也是哲学，人文的关怀必须贯穿每一次诊治过程。有时去治愈，常常去帮助，总是去安慰。这就是我们的人生信条。"

切莫踌躇不前，定要把握时间。钱运依旧在坚持不懈地奋进着，头顶是理想的星空，眼前是努力就能够到达的彼岸。

供稿：医学院

陈　曦：
为打造最先进的大国重器而奋斗

人物白描

陈曦，船舶海洋与建筑工程学院船舶与海洋工程专业 2013 级博士生。陈曦多次获得上海交通大学博士国优、光华奖学金、校级各类奖学金，并获评 ISOPE-2017 最佳学生论文奖、2016—2017 年度学校十大"三好学生标兵"等。

从硕士到博士，陈曦在科研上秉持执着认真的精神，坚信在国内通过努力也可以做出国际一流的成果。凭借准确的选题、创新性的方法以及充足的准备，他在 2017 年美国旧金山举办的船舶和海工行业内全球最大最权威学术会议之一（每年有超过 1 000 名学者专家参会）第 27 届国际海事与极地工程大会（ISOPE-2017）上对波浪中两船旁靠作业的水动力干扰研究得到数百位业内专家、同行的一致认可，从欧、美、日、韩等传统船舶工业技术强国中脱颖而出，获得会议唯一的最佳学生论文奖（Best Student Paper Award），与国际著名水动力专家 Chiang C Mei 和 Yonghwan Kim 同台领奖，成为上海交大校史上第一位获得该奖项的学生。

热血青春，潜心科研

攻读博士期间，陈曦在朱仁传教授课题组工作学习，基于三维非线性势流理论和高阶边界元法研究了船舶耐波性和定常兴波两个船舶水动力分析中的主要问题，参与多项科研项目；自主开发基于三维时域 Rankine 源高阶面元法分析波浪中相邻多浮体水动力数值程序，能够用于准确计算海上安装、补给作业中两船运动和载荷；自主开发非线性定常兴波数值预报程序，计算准确考虑了船舶航行姿态变化以及流动非线性的影响；开发并完善了有航速船舶耐波性计算的三维多域高阶边界元法数值程序，对传统理论和数值方法均提出了改进，显著提高了数值预报精度、效率和稳定性，使波浪中船型快速优化成为可能。

这些研究成果不仅处于国际先进水平，而且对于改善船舶性能、促进船舶节能减排和安全运营均具有非常重要的现实意义。陈曦撰写了多篇学术论文，内容详实，具有创新性，其中 4 篇被 SCI 业内知名国际期刊（2 篇 A 类，1 篇 B 类）收录，7 篇被 EI 收录。

扬帆大海，投身军船

"苟利国家生死以，岂因祸福避趋之。"选择交大就是选择了责任，这是作为交大学子应有的担当。陈曦觉得自己进入船海领域学习是幸运的，他从小就喜欢组装军舰模型，研究机械装置。扬帆大海是梦想，投身军工是责任，理想与国家利益得以合二为一。

十年科研求学路走来，陈曦一直全身心投入船海科研领域，百倍努力，潜心钻研，甚至周末都要去实验室，他坚信科学技术也能守卫海疆。他曾多次参观刘公岛北洋水师旧址，每次参观对他而言都是心灵的荡涤与信念的坚定，那段屈辱的历史不断坚定着他投身军船、报效祖国的决心。也正因此，他放弃了毕业后出国深造的机会，毅然投身军船研究。在家国梦面前，个人生活利益的得失显得微不足道。陈曦是一个容易满足的人，他不追求高收入的工作以及过于富足的生活；但他也是一个不易满足的人，因为他的心里怀有更加远大的信念。

中国船舶工业还有新的使命需要年轻人去担当，还有新的高峰需要年轻人去攀登，他说，"为打造最先进的大国重器而奋斗——此志终生不渝。"

角色转换，不断成长

夫孝，德之本也。在陈曦的少年时代，"孝"字就深深刻在他的心里。离家求学十几年，他坚持每天与家人通电话，从未间断，在接收母亲关心的同时给予家人更多的精神陪伴。陈曦从小就在母亲的影响下，对自己严格要求。组建家庭后，陈曦在儿子、丈夫与父亲之间进行角色转换，这也让他变得更加成熟，责任感更加强烈。家人们的无限支持，也让陈曦更加安心地追求船海梦。

工作之外，陈曦的爱好十分广泛。他是十五年资深足球迷，喜欢踢球后的酣畅淋漓；擅长台球，曾获得上海交大船建学院台球比赛第 4 名；游泳可连续游 1 千米；擅长平地花式轮滑；玩转魔方，可在 40 秒内复原六面魔方；在动漫方面也有涉猎。

而今，回望青春时节，不论是混迹动漫社的花样少年，还是踩着滑轮的追风少年，亦或是奔于球场的热血少年，还是埋头实验室的科研青年，或是陪伴家人的成熟男性，那都是陈曦担当的角色。

褪去青涩，怀揣家国梦，陈曦始终坚持，为打造最先进的大国重器不懈奋斗。

供稿：船舶海洋与建筑工程学院

刘鑫旺：
浩瀚数海的泛舟客，漫漫研途的领航人

人物白描

刘鑫旺，船舶海洋与建筑工程学院船舶与海洋工程专业2016级博士生。本科期间曾获2015年全国大学生数学竞赛总决赛全国二等奖、2016年全国大学生数学竞赛总决赛全国一等奖。曾获2016年第七届全国大学生数学竞赛总决赛全国一等奖、2018年全国研究生数学建模竞赛全国二等奖、2019年第十二届全国大学生周培源力学竞赛全国二等奖等奖项。

数海遨游，以乐为舟

刘鑫旺表示，相对其他科目而言，数学更锻炼思维。从小学开始接触奥数后，刘鑫旺仿佛开启了新世界，从此对数学情有独钟。

刘鑫旺的数学成绩一直十分优异，读研期间他能做到一学期内所选四门数学课全部A+，GPA高达3.96。对于数学课程的学习，他有着自己的技巧和方法："首先是对定理的理解，包括适用范围、证明思想等等，之后通过做一定量的题目来巩固记忆，加深理解，并且要有自己的思考和总结，这样才可能做到举一反三。"

被问及如何提升数学时，他说："题海战术是一方面，另一方面是要懂得思考与总结。做题可以巩固知识点，而及时反思与总结才是数学的精髓，懂得举一反三能更有效率地学习。"他还补充道，思考与总结的时候要及时把思维过程记录在纸上，有时候我们以为自己学会了其实并非真正明白，后面很可能又会忘记，因此及时记录下来可以很好地避免这个情况发生。

在考前复习时，他认为："首先要把书上的知识点总结一下，结合作业题、历年考题等等进行查缺补漏，有针对性地把自己遗忘的、不清楚的点进行进一步巩固。"对于目前网课学习的现状，他说："网课学习与课堂学习还是有一定区别的，对于学生而言，在上网课时记下来哪个部分没跟上或者没完全听懂，课下可以反复'回顾'课堂，是非常方便的。"

在数学竞赛方面，刘鑫旺也分享了一些心得体会："数学竞赛的内容和期末考试的内容不大一样，虽然考试大纲是一样的，但是题目明显更注重数学思维，证明题以及综合性的题目占比会大一点，这就更加要求对所学知识的充分理解，并且要有自己的思考总结。"数学竞赛对于不同知识定理的结合和应用有着很高的要求，需要做到触类旁通，"并且还需要有数学的感觉，考场上的灵机一动，可能会有意想不到的收获。"正是在这样的理念指引下，刘鑫旺在对学生进行学业辅导时，也会注意培养学生在各方面的能力，通过改变条件、增加限制，锻炼同学们的数学思维。这种逻辑性强、灵活多变的思考方式不仅有助于数学课程的学习，而且对于以后的学习、科研也会有很大的帮助。

学术交流，行以致远

刘鑫旺 2018 年曾赴日本参加国际会议，主要是分享学术论文，而 2019 年 6 月份又前去美国参加国际会议。他说，最大的收获是开阔了眼界。在晚宴上会遇到很多曾经拜读过的文献的作者，就像追星见到真人，与这些学者专家交流文章中不理解的地方，收获非常大。

从研究生开始，课题组老师就鼓励大家多多参加一些学术交流会议，刘鑫旺在积极参与的同时也发现了几点好处，一是可以定期总结自己研究的成果，二是可以在会上和很多学者专家交流，学习一些新的想法和新的思路，三是会后可以领略当地的景色与文化。会议上还会有优秀论文的评比。去年在美国夏威夷开的一个会议，刘鑫旺就获得了 ISOPE（国际海洋与极地工程师学会）杰出研究生学术奖学金。这一奖项是综合了现场学生的表现、论文的质量以及研究成果后评选出来，在当天的学术晚宴上进行公布的。作为参会学生中四个获奖学生之一和中国大陆地区第二个此奖项获得者，刘鑫旺表示十分骄傲，这一奖项既为课题组和学校争了光，也让他感受到了各位专家学者对课题组工作成果的认可。

被问及写论文的技巧时，刘鑫旺大方地分享道："确定选题后一定要有充分的调研，就是要多阅读文献，有一定的文献储备；除此之外还要有新的思考点，可以从其他文献的假设和总结下手去扩展，或者对于同一个问题使用其他方法重新对比验证等；最后就是论文写完要懂得总结有价值的东西，也就是能让别人学到的、不看你的文献就会不明白的东西。"

谈及时间规划，刘鑫旺表示，硕士相对博士项目比较少，博士期间一些数值计算的项目是比较占用时间的，平时参加一些竞赛也算是科研之外的兴趣，但是也没有多少时间来准备，竞赛期间要利用好时间，提高效率，同时也要有平时的知识储备和积累。科研方面要有自己的规划，多多查阅文献，做好文献调研，与师长们多多讨论，梳理自己的研究思路与脉络，制订阶段性的计划表，比如做一些有针对性的仿真计算，通过编程实现一些算例等。

薪火相传，热心辅导

刘鑫旺本科阶段曾担任院系学生会学术部部长，曾出过模拟试卷、期中期末测试卷等，也有过举办期末考前辅导讲座的经历。"我本科时对数学很感兴趣，自认为学得还不错，读研期间也感觉到数理基础对理工类学生的重要性，因此，我非常乐意将我学习高数的经验分享给学弟学妹。"由于学习成绩优秀和学习兴趣浓厚，刘鑫旺在本科和研究生期间都有过课业辅导的经历。他还在生活园区学霸营担任高数的学业辅导员，为同学们提供学习辅导，为大家答疑解惑。

在辅导学业的过程中，刘鑫旺有着幽默而灵活的教学风格。在线上进行辅导，如在 qq 群交流时，他会在给出问题解答的同时，点出题目主要运用的知识点、每个步骤的注意点，并进行总结。在线下辅导时，如举办考前讲座等形式，他会在提前准备好讲稿的基础上，全程讲解板书。讲解过程中，他很会活跃气氛，同时也会对题目进行拓展、临场发挥。"比如我会说，如果我是出题老师，这个题目可以这样改一下，我可能这么出会更难一点，因此经常会'压堂'。"

多年的学业辅导经历，为刘鑫旺带来了许多珍贵的收获。"比如有同学考前非常紧张，有很多问题，因此我在辅导前做了充分准备，辅导的时候也尽量讲得通俗易懂，给他们树立了信心，也解决了很多问题。考后，很多同学第一时间跟我报喜说考得不错，对我说了一些感谢的话。我也非常欣慰，感觉我的辅导是有意义的，也更加坚定了我继续做学业辅导的决心。"

为同学们提供辅导和帮助，对于刘鑫旺自己的学习成长也有着很大的帮助。"有时同学会问到我当场无法解决的问题，通过和大家思维的碰撞，我对所学的知识会进行进一步的学习，有进一步的理解。此外，学业辅导锻炼了我的沟通能力，也增强了我的信心。"

学业辅导之外，刘鑫旺还很重视期末的学科培训。"这个讲座和线下答疑不太一样，线下答疑是学生拿着一个问题来问，我们去解答。而讲座是专门针对复习点，把需要复习的题型和知识进行总结。交大目前好像还没有这样的讲座，我觉得可以办一个。"在他的努力下，原本逐渐流于形式的期末学科辅导逐渐从无到有，走向正轨并发扬光大。连续三年的"研之有理"期末专项活动场场爆满，广受好评，刘鑫旺扎实的数学功底、系统的知识体系总结、引人入胜的讲座风格与细致耐心的性格都逐渐成为船建学院与研会"研之有理"系列活动的名片。年复一年，数学辅导会正从船建学院一步步走出去，帮助着一届又一届的学弟学妹学好数学，决胜期末；引领着一批又一批的沿途新手们了解数学，走近数学，爱上数学。

在学业辅导与期末讲座的过程中，刘鑫旺感受到了数学的全新魅力，这是一种传承的魅力。他不再只是自己醉心于数学研究与科研学术，而是感受其无穷力量，同时也与人分享这份奥秘。薪火相传的过程中，他切身感受到"饮水思源"校训的内涵与真谛。赠人玫瑰，手有余香，让更多人了解数学，迷上数学，并真实感受到他们的快乐，可以收获满满的成就感，这是只着眼个人的"小确幸"所感受不到的。未来刘鑫旺将继续在自己的岗位上担负责任，将自己的知识与热爱不断传承与分享，将自己的才能奉献于对国家、对社会有意义的职业生涯中。

供稿：船舶海洋与建筑工程学院

作者：杨卓然

任桐鑫:
从逐梦人到助梦人

人物白描

任桐鑫,上海交通大学船舶海洋与建筑工程学院 2018 级硕士生。数模赛事大满贯得主,斩获 2018 年美国大学生数学建模竞赛(MCM/ICM)特等奖、INFORMS 特别奖,2019 年"深圳杯"数学建模挑战赛唯一特等奖,刷新上海交大记录;创立上海交大数学建模协会,举办超过 20 场培训讲座,为来自 15 个学院的 113 支竞赛队伍答疑解惑,指导协会成员代表上海交大首次获得 2019 年美国大学生数学建模竞赛 COMAP 奖学金(1 万美元奖金);联合国内领先的数据科学协同创新平台"和鲸社区",共同打造数模在线学习平台,致力于为 20 万数模学子谋福利。人生路上,从逐梦人到助梦人,他是有灵魂、有温度的"任公子"。

邂逅:初露头角,羽翼未丰

2019 年 4 月,任桐鑫带领队伍在"深圳杯"数学建模挑战赛中,从 800 余支参赛队伍中脱颖而出,斩获全国唯一特等奖和 B 题一等奖,为上海交大取得在该赛事迄今为止的最好成绩。而获得了如此闪耀战绩的任桐鑫却并非科班出身的数模选手,他与数模的不解之缘皆源于一场意外的邂逅。

"我第一次参加数模竞赛是在大三,当时是应两位同专业好友的邀请,本着尝试的心态参加了全国大学生数学建模竞赛(国赛)。我和两位队友都是零基础,对编程、可视化和数学模型都知之甚少。为了参加比赛,这些知识我们既要从头学习,又要立即运用,整个过程中的心理压力都很大。"苦战 96 小时后,任桐鑫与队友们完成了人生中的数模比赛"处女秀",并获得上海市二等奖，"这个成绩可以说非常一般，但是四天密集紧张的比赛过程，以及从零到一用理论解析现实问题的过程，让我感到既充实又满足。"

正是这场偶然的参赛经历让任桐鑫开始感受到数据和模型碰撞的乐趣，"数模不同于教科书中一丝不苟的数学理论，需要选手们根据实际问题，搭建数学模型，提出最优的解决方案。这种探索的过程让我感到兴奋。"

求索：数模大神，绝非偶然

2016年的国赛后，任桐鑫便主动报名参加了2017年美国国际大学生数学建模竞赛（MCM/ICM，简称美赛）。然而，这次尝试却没有第一次那般幸运。"2017年美赛的比赛时间是腊月二十四到二十八，那时同学们基本上都已经回家准备过年了。但是，为了保持比赛过程中的畅通交流和高度集中，我们队伍的三个人放弃了提前与家人团聚的机会，期末考结束后就留守学校专心备赛。然而，一刻不停的备战没有带来惊喜，反而带来了惊吓，我们仅仅拿到了最低等级的成功参与奖。"不尽人意的赛果，夹杂着留校备赛积累的疲惫，让任桐鑫饱尝了逐梦路上的苦涩。

初战美赛的失利并未让任桐鑫就此放弃数模，他通过赛后复盘意识到了自学的局限性，"要想提高自己的能力就必须系统地学习相关的知识。"在这个想法的推动下，任桐鑫抓住一切可能的机会提升自己的建模能力和理论水平：跟随"青年千人"李晔教授进行华东地区可再生能源的建模研究，选修Python程序设计思想，旁听数学系的"数学实验"，并在工程创新中心跟随IBM和Intel的工程师，学习数据分析、机器学习和图像识别课程，更是在本科期间提前修读完为研究生开设的数学课程。这期间他一边学习一边总结，不同于前两次参赛的莽撞，开始尝试摸索数模比赛真正考察的能力和知识，并在每一次总结之后积极规划详尽的学习任务。

"作为交大王牌工科专业——船舶与海洋工程的学生，我觉得其实我们专业本身的课业、科研压力也比较大。为了系统化搭建数学模型的理论体系，我会选择先高质量完成专业的课程作业和科研任务，再抓紧时间加强自己在计算机和数学理论上的积累，往往不知不觉中就学到了凌晨两三点。过程虽艰辛，但现在回想起来，这些奋斗的经历已成为宝贵的人生财富。"

2018 年，已经大四的任桐鑫作为队长带领团队斩获第 34 届美赛特等奖，并同时获得国际运筹学与管理科学学会授予的 INFORMS 特别奖，这些荣誉为他的本科生涯画上一个圆满的句号。主动求索，坚韧不拔，这是任桐鑫所具备的优秀品质，也是支撑他在各项数模比赛中屡次打破纪录的精神源泉。

回首：饮水思源，助梦扬帆

回首自己从数模小白到顶尖选手的成长之路，任桐鑫坦言自己作为非科班的学生着实走了不少弯路，这也让他开始对交大学生参加数学建模比赛的现状产生了新的思考。数学建模竞赛作为交大学生最热衷的学科竞赛之一，参赛人数逐年上涨，参赛同学的背景也十分多元，既有同学来自数理强势的理工科，也有同学来自相对弱势的人文社科。此外，参赛同学的年级跨度也很广，上至临近毕业的博士生，下至刚入学的大一新生。持续走高的参赛人数，多样化的专业背景，无不展现了数学建模这一交叉学科比赛的普适性和包容性。然而，庞大的参赛人数背后也隐藏着选手们参差不齐的编程、数理水平。虽然学校层面高度重视并组织了各项比赛的赛前集训，但是仍旧难以满足同学们多样化、个性化的疑惑和实操问题。

"一方面是同学们日益高涨的参赛热情，另一方面是老师们日益紧迫的培训压力。作为交大土壤滋养出的老选手，我始终在想自己能否也为交大新人们的备战尽一份力？事实上，我所熟悉的往届获奖同学或成绩优异致力于科研，或胸怀远大服务于社会，却常常忽略了回过头来饮水思源，将自己的经验教训传递给新生代的交大人。"出于感恩回馈的想法，任桐鑫在数学科学学院的支持下创办了数学建模协会，旨在通过学生数模爱好者团体的形式补充各专业培养计划课程之外的建模知识，以老带新，为新生代交大人分享经验，助力其掌握数学建模思维和对应的工具。这些数理思维和建模工具不仅可以应用于数模竞赛，也可以成为他们今后科研的敲门砖。

2018 年年初开始，数模协会先后举办了 MATLAB 编程、LaTex 排版、常用数学模型等主题的 20 多场讲座，累计培训 113 支队伍、共计 500 余名来自不同学科背景的同学。其中，参加了协会培训营的大三学生陆昊成、梁力佳、卢栋希三位同学获得 2019 年美赛特等奖，并代表交大首次拿到 COMAP 奖学金。目前这三位同学也已经在任桐鑫的邀请下加入协会，和他一起把对数理知识的热情传递给一代又一代的交大学子。竞赛之外，还有多名参加过协会公益培训的同学将数模知识运用在了自己的专业领域，成为大创、PRP 项目的立项负责人。任桐鑫表示协会正在招募更多在数模上有丰厚经验的比赛达人，希望通过团队的力量助力更多交大人的建模之路。

对于参加数模比赛的意义和前景，任桐鑫有自己的看法："参加竞赛获奖不是终极目的。诸如数学建模这样的交叉学科竞赛，开设目的是以赛促学。灵活使用数理方法建立模型、数据可视化展示、高强度短时间解决问题并形成文档的能力，数学建模所锻炼的无疑是当今社会最需要的技能。如何能够帮助更多人认识数模，学习数模，爱上数模，是任桐鑫在协会运营中一直在思考的问题。如果仅仅依靠线下培训，显然受众面是相对狭窄的，即便是学校最大的教室，也只能容纳几百人，在线教育一定是未来数模学习的新模式。"

2019 年，任桐鑫辗转联系到已获得千万级融资的数据科学平台"和鲸社区"（交大校友范向伟和殷自强创立的国内最早的数据科学平台之一），商讨建立可能的在线数模分享社区。目前，协会不仅联合和鲸科技共同在交大校内举办了线下的数据可视化的专题讲座，双方也已经达成合作共识，由和鲸科技旗下的 K-lab 提供技术支持，借助交大校内优秀的数学建模人才和资料积累，打造数学建模在线学习交流平台，立足交大，辐射全国，致力于把数模精神分享给更多建模学子。

有灵魂、有温度的"任公子"

日常生活中，顶着"竞赛大神"光环的任桐鑫在同学们眼里是个谦和的人，因此大家都习惯叫他"任公子"。他参与发表国家发明专利 15 篇、SCI论文 2 篇，曾连续两个学期担任本科生核心课程的助教，荣获三好学生、优秀团员、优秀军训小班长等众多荣誉。热心公益的他还积极参加各类志愿者活动。2016 年 8 月，他参加了由耶鲁大学学生组织的"同在蓝天下（Building Bridges）"暑期支教活动。他将在交大选课学习到的体验式培训导入支教课堂，收获了学校师生的一致好评。本科和研究生期间，他还先后四次参与献血活动，累计献血量达 800 ml。

忙碌的科研和竞赛之外，任桐鑫还积极参与多元文化的交流活动。2017年 7—9 月，他以"吴大猷学者"的身份赴台湾地区新竹"清华大学"电机工程系参加暑期科研见习，研究台湾地区的风电发展。2018 年暑假，他作为上海交大国际夏令营的志愿者，与来自法国和加拿大的访问学生共同学习进步。2019 年暑假，他在国家留学基金委的资助下，赴以色列理工学院进行为期一个月的研修，主要研究机器学习与数据挖掘。跨学科、全方位的学习经历塑造了他多角度、多元辩证思考问题的能力，而这正是他能够在交叉学科竞赛中获胜的核心要义。

谈到数模带给他的收获，任桐鑫认为是全方位的，"数模比赛考察的是短时间内建立模型、编程实现和重构展示的综合能力，备赛培养的数理素养让我在所学专业上得心应手，参赛锻炼的时间意识让我提升了高效完成任务的能力。"

因为数模，他收获了人生一次又一次的高光时刻；因为数模，他将视野放置全国，将自己的经验分享给更多的人。四年的时光已让任桐鑫与数模结下不解之缘，数模对他的意义绝非单单的一次比赛，更是与他的未来紧密相连的一部分。

谈及未来，任桐鑫说他虽曾因数模而受挫，但也在数模中成长，他希望把关于数模的美好体验带给更多人，让严谨务实的数模精神在更多人的心中开花结果。

供稿：船舶海洋与建筑工程学院

周昕毅：
乘风破浪，科研之路永不止步

人物白描

周昕毅，上海交通大学船舶海洋与建筑工程学院船舶与海洋工程专业 2018 级博士生，师从李铁教授，上海交通大学第四届研究生"学术之星"，十大"三好学生标兵"。2016 年以专业第一推免硕博连读（1/257），2018 年转入博士阶段，博士期间以第一作者身份发表 SCI 论文 7 篇，EI 等论文 7 篇，入选参加"2020 年新加坡全球青年科学家峰会"。曾蝉联本硕博国家奖学金（近 5 年 4 次），获第三十届全国部分地区大学生物理竞赛一等奖、美国大学生数学建模竞赛一等奖、中国内燃机学会第九届学术年会优秀论文一等奖、唐立新奖学金，上海市奖学金，申请国家发明专利 13 项，已授权 6 项。

初探科研，扎实基础

2015 年 9 月成功保研交大后，周昕毅便树立了"愿未来五年在交大能做出成绩"的志向。回顾这几年的硕博时光，他也确实一路乘风破浪、砥砺前行。

回忆起大四毕业后的那个暑假和同学一起搭建实验室的经历，周昕毅说："现在想想还是挺不可思议的。自己当时能全心全意地投入精力和勇气去把东西搭起来，这对我来说是挺难忘、挺美好的记忆。"

那时他刚到实验室，课题组计划搭建两套可视化定容燃烧装置，导师将其中的一项工作交与周昕毅负责。对于刚刚步入科研大门的他来说，最为忐忑的是要负责装置的设计校核工作。装置能否如期搭建直接影响到后续课题组和合作伙伴的时间进度，再加上高昂的造价，容不得马虎和失误。

　　到了装置验收的那一天，他们原本有很高的目标期待，但是在加压测试的关键环节，装置却出现了密封问题。"当时感觉天都黑了，这可能比我后来真正做学术研究更感觉迷茫吧。"经历了这一次失败，他前前后后又想了多种改进的方案，多次与导师和同学进行讨论，终于达到了预期的目标。

　　在这一过程中，周昕毅也有所收获，他说："在项目管理的过程中，涉及的不仅是技术本身的问题，还包括项目进度、工作对接等技术之外的部分；既需要很强的动手能力，又需要很好的统筹规划能力，有过这样的经验对自己课题的把握肯定也有促进作用。"在此类项目管理实践之中，周昕毅总结出来的经验、形成的设计思路也为之后一系列专利的产生奠定了基础。

青涩岁月，破浪前行

　　周昕毅不是一个深陷于失败和焦虑之中的人。回顾之前的学习生活，他说："尽管这中间会有很多小的波折，当时也会难过，但当这些困难一个个被解决后就又明朗了。总体来说，没有一件事会困扰我很久很久，我觉得我不太容易放弃。"正是这种乐观和坚毅使得他一路披荆斩棘，在学术之路上不断前进。

　　在学弟们的印象中，周昕毅论文写作能力强且效率高。但其前期论文写作的训练过程却并非一帆风顺。让周昕毅印象深刻的是自己投出的第一篇关于理论推导的英文会议论文。论文完成后，导师指出了他论文中的很多低级错误。这篇论文前前后后经历了十几次的修改，到最终定稿时已与初稿大相径庭。

　　正是这次的经历，使得周昕毅在之后的论文准备中不断地总结经验教训，例如想到一个问题，先自己独立构思解决方案去求证，进行一些理论推导后，再积极地与导师和同学进行讨论交流，进一步理清自己的思路；在阅读文献的过程中培养自己的批判性思维，多去思考论文中的理论推导、实验方法等背后的原因，在反省后提出自己的解决方案；在实验进行前，提前有一个心理预期的实验结果，避免产生大量冗余的数据，影响实验的效率；在论文撰写完成后，多花时间进行反思和修改，精益求精，形成一篇高质量的论文……正是这些经验的总结使得周昕毅较为顺利地完成了之后的第一篇 SCI 论文的撰写和发表，并在它的启发下，形成了后续的论文成果。

师弟们在评价师兄周昕毅时说他"数学、物理等理论能力很强"。扎实、出色的数理能力，使得他在进行理论推导的过程中能够游刃有余。2019 年，周昕毅提出的发动机现象逻辑瞬态喷雾发展模型，得到了学术界的一些认可，这一成果就得益于他出色的理论推导能力。

此外，周昕毅还经常通过研究权威学术文献的理论推导，为自己的理论推导寻找新的灵感。而这种能力与他扎实的专业课程学习以及大学期间的竞赛经历是密不可分的。他曾多次获得本硕博国家奖学金，并在全国大学生物理竞赛和数学建模竞赛当中斩获佳绩，学业的出色和竞赛的成功进一步增强了他的自信，这种对于自我的肯定使得他在研究遇到瓶颈时也常常会用"这个工作我努努力应该可以做出来"来激励自己。

热情低调，纵横球场

如果你认为这位学霸的生活只有学习和科研，那你就大错特错了。周昕毅夜以继日投身科研与实践，也热情拥抱生活的美好。篮球对于周昕毅而言，更像是一种陪伴。他对于篮球的热爱始于初中，之后即使学业繁忙，他也会坚持每周挤出时间打篮球。进入大学后，他依然沉迷篮球，大一时代表学院参加了校篮球赛，在半决赛最后时刻打入了扳平球，最终获得了校篮球赛冠军，帮助学院取得了三连冠。

尽管取得了如此出色的成绩，周昕毅却并没有因此而沾沾自喜。"我始终把篮球当作一种业余生活的热爱，当我意识到自己在篮球领域即使投入更多精力也无法做到更好时，我开始把重心放在学习和科研，并因此获得了回报。从某种意义上而言，篮球帮助我找到了对自己更清晰的定位。"

当然，篮球给他带来的也不全是甜头。他坦言曾经因为打球眼角受过两次伤，但自己仍然热爱篮球。篮球已经成为他生活的一部分，帮助他释放压力，找到另一个自我。

洗尽铅华，再次扬帆

导师无疑是周昕毅学术科研和个人发展道路上的一盏明灯。他说，导师对他的影响是潜移默化的，导师会帮助他把关实验方案、论文撰写等方面的每一个细节。"包括我参加'学术之星'竞选的答辩 PPT，导师都一个字一个字帮我看。"

正是这样的细致和耐心让周昕毅在不知不觉中也养成了严谨认真和独立思考的好习惯。现在在把论文拿给导师看之前，他会自己先反复对论文进行修改和推敲，"会先看五到十遍吧，也是一个字一个字地看。""我一般会先给自己设立一个比较高的目标，并努力去完成它。"优秀于他而言，已经成为一种习惯。

2019 年 12 月 14 日，第四届"学术之星"圆满结束后，周昕毅在朋友圈中写道："有幸当选，感谢李老师！"一如既往的谦逊背后，是这三年多来洗尽铅华，不断想要突破自我的勇气和毅力。正如他所说的，"越努力越幸运！"

在新加坡举行的第八届全球青年科学家峰会中，周昕毅全程参加了为期四天的大会报告、圆桌会议、小组研讨等活动。参会后，周昕毅表示，通过聆听近二十位来自各领域的顶尖科学家的报告，他更为充分地了解了优秀科学家们是如何在科研的道路上排除万难，并最终取得重大发现的心路历程。通过与他们面对面的交流互动，周昕毅进一步树立了科学理想！

如今取得的成就并不能让周昕毅停止前进的脚步，他依然继续扬帆起航，在科研之路上不断拓荒。谈到是什么一直激励着他在科研的道路上走下去时，他说："我喜欢科研给我带来的新鲜感，我想知道在科研道路上自己的上限在哪里。"语气充满着对探索未知的坚定。

生活科研各放异彩的背后，是他对学术科研始终如一的热情，是他在困难面前愈挫愈勇的执着，是他对自己高标准严要求的习惯，也是他对生活热烈而简单的坚守。周昕毅说，要感谢的人很多，感谢自己亲爱的家人，感谢敬爱的导师和实验室一起合作的小伙伴，也感谢陪伴他多年、同甘共苦的爱人。我们期待一个在未来更加闪闪发光，也更加认真拥抱爱与生活的周昕毅。

供稿：船舶海洋与建筑工程学院

作者：吴铖毓　苏　晨　张凯娣

潘崇聃：
用科技践行公益

人物白描

潘崇聃，上海交通大学密西根学院2016级本科生，VEX机器人队伍队长，VEX机器人亚洲公开赛冠军和世锦赛世界冠军。作为队长，他坚韧不拔，愈挫愈勇；作为伙伴，他幽默风趣，平易近人；作为对手，他以赛会友，彰显风度。

最后的机会

“总觉得自己再也没有机会了。”潘崇聃笑着说。

2009年，潘崇聃第一次到VEX世锦赛的现场参加初中组的比赛。虽然比赛成绩不尽人意，但是比赛现场的热烈气氛给他留下了深刻的印象。一颗种子，悄然埋下。

VEX机器人比赛，是世界上参赛人数最多、规模最大的机器人比赛。VEX世锦赛，是最高级别的VEX比赛，其规模多次刷新了吉尼斯世界纪录。2019年，有来自45个国家的1 673支队伍、上万选手参赛。

小学二年级开始接触机器人活动，三年级第一次外出参加机器人比赛，初高中多次参加VEX、RoboCup Junior等赛事……机器人，是潘崇聃从小以来的爱好，也逐渐变成他渴望终身追求的志趣。

自从参加VEX比赛以来，潘崇聃就一直希望能够拿一次世界冠军。小学、初中、高中，他陆陆续续参加过几次VEX比赛，但是成绩都不理想。他“非常想赢”，但是，有时就是因为一些小失误，一着不慎，满盘皆输。在

2019 年上海交大主场的全国赛决赛上，机器人程序的一个小毛病让潘崇聘的队伍遗憾失利。每个阶段的 VEX 比赛结束时，潘崇聘都感到巨大的遗憾与失落。"总觉得自己再也没有机会了，再也没有机会拿到 VEX 的世界冠军"，因为他不确定升学后学校里还有没有 VEX 的队伍，不确定以后还有没有机会参赛。可是，生活却奇迹般给了他一次又一次峰回路转的机会。

"没想到，自己大三的时候，学校开始组建 VEX 队伍，当时我感到很兴奋：终于有机会实现自己的梦想了。"从自己组建起一支队伍，VEX 校内赛夺冠到 VEX 全国赛亚军，再到 VEX 亚锦赛冠军，最终，潘崇聘拿到了 VEX 锦标赛世界冠军。昨日的遗憾化作今日的动力，一步一个脚印，潘崇聘终于摘得了心中的桂冠。他说："我真的非常感激上海交大，是交大给我提供了支持，提供了这样一个平台，给了我实现自己梦想的机会。"

以失利到革新

2019 年 VEX 全国赛，上海交大第一次做东道主，派出了四支队伍，只有潘崇聘的 SJTU1 队进入了决赛。

决赛在霍英东体育中心举行，满座都是摇旗呐喊的交大学子。SJTU1 队完全有实力夺冠，此前的比赛中，SJTU1 队几乎取得了压倒性的优势。可是，小失误导致了失利，家门口的冠军奖杯被西安交通大学捧走，有的队员当场泣不成声。潘崇聘感到，他们对不起前来加油助威的同学。

痛定思痛，潘崇聘决定改变。

首先，改组队伍，调整架构，并投入使用协同办公软件。这样一来，男女比例更加均衡，新队员的团队意识和凝聚力得到提高，队伍更加正规化，也更有家庭的温暖。"大家的心更齐了，也能更开心地通宵了"，潘崇聘笑着打趣。

其次，吸纳新知，决意创新。随着新规则放开对使用材料的限制，潘崇聘所在队伍率先在材料上寻求突破。SJTU1 是全国第一支将 3D 打印、钣金铸造、CAD 建模、飞轮设计等技术融会贯通的队伍。而在此前，各队伍使用的都是组委会提供的标准化铝件。SJTU1 队，在 VEX 领域带起了一股新的风尚。大家纷纷抛弃传统铝材，采用 3D 打印、钣金铸造等技术。

3 000 余小时，迭代近 20 代机器人；近 2 000 场操作对抗训练，积极备赛，SJTU1 队甚至将设备搬进酒店通宵调试……与革新相伴的，是潘崇聘与队员们精益求精的打磨、倾尽全力的付出。

合理的队伍架构、新颖的机械设计，加上夜以继日的不懈努力，是潘崇聘队伍脱颖而出的最大倚仗。2019 年 2 月的亚洲公开赛上，SJTU1 队战胜老对手西安交大的队伍，以全胜战绩夺冠。再之后，SJTU1 队踏上 VEX 世锦赛的征途，最终站上世界冠军的领奖台。国赛失利的遗憾逐渐远去，喜悦与荣耀如期而至。

VEX，薪火相传

SJTU1 队有一个自己设计的 3D 打印的活页本，用来记录他们的工程笔记。潘崇聘笑称，这就是他们的"制胜宝典"。将近 300 页的笔记，每一页都是他们的经历与心得。他希望把这个本子传下去，因为经验与心得十分宝贵，是他们为下一代队伍蹚出的路。"这也是一种传承。"

作为队长，潘崇聘在分配任务时除了做到分工明确，还希望每位队员都能跳出自己负责的部分，学些新东西，培养综合能力，争取让每个人都能熟悉并操作整套流程。比如负责美工设计的队员，潘崇聘会教他使用 3D 打印。"所以说，我对队员们还是很放心的，"潘崇聘说，"他们的综合能力培养起来了，又有了丰富的参赛经验，即使有一天我离开队伍了，他们每个人都能独当一面，能撑得起来。"

过去一年，潘崇聘参与组织策划了 1 次校内赛，1 次学院展览，2 次上海城市赛和 1 次全国赛，并从比赛中发掘、选拔新队员。他在学院组建了 VEX 社团，并共同创立了学院创新中心运营团队，希望能为学校培养更多的科技人才，在赛场上为交大争得更多荣誉。

"传承"的理念，贯穿潘崇聃的交大VEX生涯始终，无论是国赛失利之前，还是世锦赛夺冠以后。一年内，4届比赛、2次世锦赛冠军、3次亚洲冠军、1次全国亚军，潘崇聃希望将这份荣耀延续下去。潘崇聃致力于在交大校园内形成一种VEX文化，希望上海交大VEX代表队不是昙花一现，而是能够薪火相传。

冠军是新的起点

世锦赛冠军，是潘崇聃VEX队伍一年来辛勤付出的最好回馈，更是潘崇聃VEX十年苦尽甘来的甜美果实。冠军，是一段旅程完满的终点，更是下一段旅程绝佳的起点，对上海交大的VEX队伍而言如是，对潘崇聃而言亦如是。

经过思考，潘崇聃决定大四继续留在VEX队伍里，既是想为冠军再冲刺一次，更是希望更好地完成队伍的衔接、传承。

临近毕业的潘崇聃准备走海外深造的道路。在每张海外院校的申请表上，机器人科学都是他的第一选择。日后，他希望自己能在硬件、软件与人类的交互上贡献一份力量，并通过这种交互理念改变人的生活。

升学后，还会继续参加VEX比赛吗？"会吧，如果学校里面有VEX活动开展一定会参加，到时候变成交大的对手也说不定呢。"潘崇聃笑道。

"我能够在交大参加VEX比赛，心里是充满了感动和感激的。VEX夺冠之后我接受采访，采访者说：'你是你们学校的骄傲。'我感到十分自豪。"说到这里，潘崇聃眼眶有些湿润了。"包括以前培养我的老师、支持我的同学们，他们没有为我白白付出这么多心血。我希望，能够拼尽全力去实现自己的梦想，回馈自己获得的机会，回馈这个社会。"

供稿：密西根学院

作者：汤启昊　林鸿展　李韵瑶

校园文化

"一屏多显"研究团队：
视觉魔术，眼见为"虚"

团队白描

　　"一屏多显"研究团队来自上海交通大学电子信息与电气工程学院，以作品"基于视觉信号分解与融合的单屏多通道显示技术及应用"夺得第十五届"挑战杯"中国银行全国大学生课外学术科技作品竞赛信息技术组特等奖。团队紧密合作、攻克难关，最终将"一屏多显"技术带到人们眼前，备受瞩目。团队采用独创的光视调制显示方法，可以在不改变现有显示设备（如电视、投影等）的条件下，实现一个屏幕同时显示多个画面的全新功能。

　　"基于视觉信号分解与融合的单屏多通道显示技术及应用"项目的核心是"一屏多显"技术。通过一个镜片，同一个屏幕上，一个人所看到的和另一个人所看到的，可能是完全不同的画面。在不改变电视、投影等现有显示设备的情况下，该技术可以实现一个屏幕同时显示多个画面。项目队长是信息与通信工程专业的陈远春，除此之外还有来自电子信息与电气工程学院硕士和本科的李想、陈琦、杨泽锐、张浩翔、曾益和王鹏博。团队的指导教师是翟广涛和王延峰。

　　"一屏多显"技术有多重应用领域，例如信息安全显示。目前，已有的防窥技术，多是采用某种光学技术，将可视区域控制在某个范围内，从而保证只有机主自己看到手机内容。但它不能防止来自身后的窥视，而且，亮度不均及对比度降低容易对眼睛造成损伤，不适合长久使用，而"一屏多显"技术则有效避免了这些困扰。

　　除此之外，该技术可以防止影院偷拍。"一屏多显"技术通过提供一种基于视觉信号分解与融合的防摄像偷拍的视频播放方法，利用人眼和数字视频采集设备之间成像机制的差异性，在电影里植入一标志信息，该标志信息在视频播放时不能被人眼视觉系统看到，但能够被数字视频采集设备采集；如果这些电影被数字视频采集设备偷拍记录，这个植入的标志信息可以被提取出来作为识别盗版源头的依据。

随着电影制片技术的不断发展，越来越多的电影被制作成 3D 版本，但由于播放技术所限，老人和孩子等人群观看 3D 时往往会感到眩晕。而当观看者摘下眼镜时只能看到一个重影的画面，影响正常观影。基于空域视觉信号分解与融合技术，技术团队设计出一套 2D、3D 兼容显示系统，使得用户在观看 3D 电影并摘下眼镜时，也能看到 2D 效果。

除此之外，"一屏多显"技术还能应用于影院多字幕显示。该系统可以同时向佩戴不同调制眼镜的用户提供英文、中文和韩文三种字幕，同时针对不戴眼镜的用户提供一个清晰的裸眼画面，不受干扰。

本硕博各司其职

获奖的作品基于陈远春的研究项目，在正式参加挑战杯之前，陈远春在该方向已经获得六项专利，发表五篇国际会议论文，两项 SCI 在投。翟广涛作为指导老师看到了这个项目的闪光点，觉得很符合挑战杯的主题，项目就这样确立起来。

紧接着，同一实验室的李想也参与进来。项目预选通过后，仅仅两个人的队伍显得有些捉襟见肘。恰巧，这个时候电院的几个大二学生也正想进入实验室，跟着学长们做一些项目锻炼自身，陈远春便把他们拉进了队伍。

团队的分工非常明确。作为项目研究的负责人和组长，陈远春主要负责开发和算法实现，一手搭建应用系统。李想作为团队的展示成员，主要负责前期的论文撰写、中期的论文修改及后期的项目展示任务。他总能高效、高质地完成任务，是靠谱的队友。五名本科生中，陈琦和曾益主要负责PPT的制作及系统开发，其间两人还分别发表了一篇国际会议论文；张浩翔主要负责设计说明书的撰写和更改，杨泽锐和王鹏博主要负责应用系统的搭建和调试。

就是这样一支由不同专业，不同年级，不同性格的成员组成的团队，一起走过了历时一年的挑战杯。刚开始组建时，他们是并不熟悉的学长和学弟；大赛过后，他们已经是相互信任的队友。

六十次的蜕变

除了项目的技术本身，展示也是一个非常重要的方面。展示包括答辩、整理相关材料等环节，需要提交申报书、设计说明书和附件。附件又包括跟企业合作的证明材料、专利证明、论文证明、创新性报告以及国家电视数字中心颁发的鉴定报告。

团队修改最多的是申报书，修改了不下五六十遍。难度来自字数限制：作品主要内容、创新点、技术特点、优势以及应用领域等，每项都限制在两百字以内。团队必须把废话都去掉，而且不能影响整个逻辑结构。

由于"一屏多显"的原理比较晦涩，又不能长篇大论，所以前几十次讲稿都不尽如人意。听不懂是主要问题——本科生听不懂，研究生听不懂，辅导员也听不懂。五六十遍的修修改改，最终总算是有了完美的呈现。

睡在办公室的老师

翟广涛是团队的指导老师，也是队长陈远春的导师，可以说，这个项目的每一环都与翟老师紧密联系。在算法的建立、理论的完善、系统的实现、展示的过程中，翟老师都给予了巨大的帮助。另一位指导老师王延峰除了学术指导外，还从大方向把控和参赛准备等方面为团队保驾护航。

电院之前已经连续三届获得特等奖，分别在仪器、自动化、软件专业，但是电子系从来没有。

身为学院的教师，手头还有许多工作，但是翟老师在完成本职工作的情况下，尽可能多地把精力都投入到团队中，指导完善理论和系统实现，以及指导答辩。

在这期间，翟老师模拟了评委的问辩流程，手把手教队员们如何展示，向团队提出了 400 多个问题来切实提升团队的问辩能力。连续几天不回家，在办公室过夜，是翟老师在指导期间的生活常态。

此外，电院团委邵宪一老师在挑战杯总决赛开始前两周，也把工作的根据地从学院团委转移到团队的实验室。那段时间，邵老师和翟老师一起指导辅助团队的展示和问辩，和同学们建立了深厚的友谊。

熬夜，挑战的必经之路

挑战杯的过程注定艰辛。队员们印象最深刻的是在参赛前两周，因为参赛展示的场地是两米乘两米的规格，所以原本的计划是带两套系统：电视机的一屏双显以及投影仪的一个信息安全显示系统。但是，队员们后来考虑到市场上的相关技术已经实现了两显，团队的作品并没有突出多这个字，因此必须要再搭一个系统出来，比如一屏三显、一屏四显，这才能叫多显。这是一个比较大的挑战，因为现有显示设备性能有限，要保证眼睛能够看到的一个画面都是 60 赫兹，那四显的话用传统技术应该要 240 赫兹。但市场上并没有刷新率 240 赫兹的硬件。考虑了多个方案后，团队决定采用投影仪系统，用另一台来作为补偿，这才把一屏四显搭建出来。

为了搭建这个系统，整个团队连着熬了两个通宵，连续工作三十多个小时。

突破重重关卡

在交大层面上的筛选本身是很残酷的，要由最初的几百件作品最后筛选出参赛的 6 件作品。

学校为此举办了"钱学森杯"大学生科技创新竞赛，经过层层选拔，整个交大选出了 12 支种子队伍。接下来还有下一轮选拔，由林校长作为主评。最终，12 支队伍只能留下 6 支代表交大出战。

用陈远春的话来说，这个竞赛就像是一个串联的电路，每一次筛选都是一个开关，每一个都通过才能使最终的灯泡能亮起来。幸运的是，他们的灯泡亮了。

几乎失之交臂

比赛第一天上午，系统由于前一天突然断电，出现了问题。作为技术核心的陈远春在闷热的系统后台调了几十分钟，仍然没能成功，而评委已经快到了。

那时整个团队觉得天昏地暗，不能向评委展示，相当于前面一年所有的工作都是白费。据陈远春描述，他把双手攥成了拳头，强迫自己冷静下来。他突然想到，播放软件设置的通道不对，导致了信息混淆，这可能是一个诱因。抱着最后的希望，他颤抖着手重启、设置、运行……恢复了！

团队的其他同学赶紧去追回本来已经离开的评委，无数遍的展示练习已经让他们熟能生巧，从而顺利拿下了这来之不易的特等奖。

有人说，现代人的生活都离不开屏幕。"一屏多显"首创基于时域和空域的视觉信号分解与融合技术，不仅可以极大地改变人们的生活，并且有望改变世界，演绎精彩的未来。

"路漫漫其修远兮，吾将上下而求索"，这次挑战杯大赛虽然已经结束，但可以预见，他们的挑战之路还将上演更多精彩。

供稿：电子信息与电气工程学院

作者：李　哲　刘张鹏

SJTU-BioX-Shanghai:
十年 iGEM，九块金牌

团队白描

2018 年 10 月 28 日，上海交通大学代表队 SJTU-BioX-Shanghai，在国际基因工程机器大赛（International Genetically Engineered Machine Competition，iGEM）中再次夺得金牌。这是团队 2009 年组建以来，第九次摘得金牌。在 Bio-X 研究院的平台支撑和贺林院士等指导老师的带领下，团队创下了"十年参赛，九金一铜"的辉煌纪录。"其实拿金牌并没有那么难，难的是十年九块金牌。这在全国、全世界范围内都是少有的。"一个个学生自主提出的课题，一个多年传承、团结一心的团队，一间 24 小时运转不停歇的实验室，或许他们的秘密正是一颗又一颗努力、创新、热爱、包容而坚定的心。

十年，九块金牌

iGEM 大赛是以合成生物学为核心，将工程设计原则应用于新生物的系统构建，涉及数学、计算机、统计学等领域交叉合作的跨学科国际学术竞赛。它要求参赛者敏锐把握社会需求，建立有效的数学模型，实现对精致复杂人工生物系统的预测、操纵和测量，并用最生动明了的方式展示成果。至今，比赛已经开展了 15 年，吸引了全球三百余所高校参加比赛，比赛项目受到《科学》《自然》《科学美国人》《经济学人》等顶级杂志的关注及专题报道，具有广泛的国际影响力。

中国高校 2008 年首次参加该比赛，上海交大队伍于 2009 年开始踏上 iGEM 的探索之路，至今，已有整整十年了。

2018 年 10 月 29 日，美国波士顿海因斯会议中心。大屏幕上两次出现的

SJTU-BioX-Shanghai，用最无可争议的方式向全世界宣告了他们的决心和努力。在建队十周年之际，他们不仅收获了第九块金牌，而且更进一步，将队伍送上了最佳医学诊断项目提名奖的舞台，实现了建队十年以来的又一次突破。

严谨的科研结果需要大量实验的支持，而生物实验恰恰最消耗时间。尽管大赛对实验量没有纸面上的硬性规定，但精益求精的他们计划了相当于其他队伍二至三倍的实验量，这也对实验的效率和成功率提出了很高的要求。在暑假的实验黄金时间中，实验组的同学分成上午、下午、深夜三班，实现实验室多实验并行，24 小时不停歇地运转。实验的结果也全部以科研论文的标准严谨表达。队伍的工作量和严谨性使评委惊叹不已。

十年，九块金牌，不可谓不耀眼。而这些金牌背后，正是一年又一年参赛同学对生命科学的热爱和脚踏实地的努力。每年的荣誉，又成为下一年沉甸甸的责任。SJTU-BioX-Shanghai 的每一位队员，传承成就而不为过往所累，一如既往又始终保持对更高荣誉的渴望，这是他们成功的秘密。

我们是一个团队

由于 iGEM 是一场实验、建模、设计、社会交互融合的竞赛，2018 年 iGEM 的成员共来自十二个专业。生命科学技术学院、生物医学工程学院、药学院、医学院、农业与生物学院、设计学院的同学走出各自的实验室、制图室，相聚在生科院一号楼的办公室里。不同的专业背景固然增加了团队的多样性，却也造成了磨合的困难。而在队长的组织下，队员们迅速从陌生到熟悉，开始了默契无间的配合。

巨大的工作量催着实验进度，而实验又不总是尽如人意。不严谨的实验设计、不合理的实验流程，都可能导致两三周的实验前功尽弃；而分子、细胞、动物、超声四部分实验的接力，意味着一步失误就要所有人从头再来；

实验的进展又直接决定了社会交互、网页设计的方向和工作进度。在这样的压力下，所有的人都不得不加倍小心努力，正如一位队员感慨的："有一种回到高三的感觉。"

住在实验室，几乎成了部分实验组成员的假期日常。实验最紧张的时候，实验组的组长刚通宵了三天，一个电话又被叫回实验现场。"晚上是 iGEM 的黄金时段，我们最终拿到的数据，大多都是晚上做出来的。"2018 年的团队成员萧家宜说。她还记得有一天早上 7 点来到实验室，再抬起头来，迎接她的已经是晚上 11 点的满天星辰。

"倒不是觉得多累，而是突然发现自己竟然没觉得这有什么，感觉自己已经习惯这种强度的实验了，并且只对最后的结果感到十分开心。"在卢湾校区的队员郑书钰，在九月课程开始之后为了推进实验进度，常常下午 4 点赶来晚上 11 点返回，一周数次往返于两个校区之间，完成了实验计划中重要的一部分。

在名为 iGEM 的夏天里，质粒构建、western blot（蛋白质印迹法）、冷冻切片、小鼠造模、荧光显微镜下的粘附都有序完成，在中国上海和加拿大渥太华两地同时开展的医院调查、合成生物学科普暨建队十周年纪念展、项目主题明信片的绘制等工作也完美收官。他们的夏天，是汗水、白大褂、实验图、折叠床，但最弥足珍贵的，是他们在这段共同奋斗的日子里结下的友谊，而这种友谊在比赛结束后，依然延续，历久弥新。

iGEM 的经历带给每一届队员浓浓的归属感。会议室里、实验台旁，常常见到往届的老队员不论是否被聘为"顾问"（advisor），都热心回来看看，帮助队员们攻坚克难。参加过两届比赛，已经前往波士顿深造的老队员，在答辩前夕提着每人一份的"功夫茶"来指导答辩准备。熟悉的奶茶甜味和学姐的关心给予了深夜不眠的大家莫大的鼓励。

一年 iGEM 的征程，尽管在漫长的人生旅程中只是短短的一瞬，却是当下生活中浓墨重彩的一段经历，对于有志于学术之路的同学们来说，更是一次难得的共渡难关、共享喜悦的机会。每年 iGEM 让一群个性迥异又同样热爱生命科学的人因爱相遇，因为 iGEM 建立的深厚革命友谊，永远镌刻在每个人心底。

创造，而非被创造

iGEM 建议参赛项目使用新的研究，十年参赛的交大 iGEM 团队，奉行的第一条标准便是项目全部由本科生原创。

实际上，SJTU-BioX-Shanghai 本就是一个由学生提议组建的团队。从 2009 年几位生科院的学生向贺林院士递交组队参赛的申请开始，交大的 iGEM 队伍，就一直秉承自行立项，自发组织，自由讨论，自主完成的精神。团队的指导老师也坚持"只给建议，不拿主意"的态度，充分尊重学生们思维碰撞产生的火花，为火花变成燎原之火提供条件。

iGEM 让学生自己体验组织实验室的平台，凭借着热情和责任完成基本由本科生独立设计的项目，这样的机会也算得上是难得一见。有人说，整个比赛难度最大的正是研究课题的确定过程："因为面对的可能是无数个方向，摆在面前的几乎是一张白纸，你的课题既要有创新性又要有可行性，这是不容易的。"但也有人说，这正是比赛里最激动人心的部分——一个完全由自己选择的课题并自力更生完成的项目。

一屋子本科生聚在一起，在天马行空的讨论、争执后产生一个个富有灵感的项目，这或许正是 iGEM 比赛最艰难也最迷人的部分。也正是对于科技的相信与热爱，iGEM 队员们在每年比赛结束后，仍然在课题下做着更深入的挖掘，为生命科学的发展增砖添瓦。

生活和现实永远是我们的出发点

不同于其他很多选题的天马行空，SJTU-BioX-Shanghai 团队的项目选题一直基于生活和现实。去年 iGEM 团队聚焦土壤和污水的重金属污染探测，今年他们转向了疾病的痛苦，力图找到能够早期探测结直肠癌的方法。

"以生活和现实为出发点，这样的科研才更有现实意义。"有人想要通过生物学改善野生动物动物的生境，有人想要利用生物学保护公众的健康。iGEM 队伍就是这样一群对于生物有着兴趣与爱，坚信它可以让世界变得更好的人。

2017 年队伍的队长钟博子韬说："最初选择生物学，正是因为这个'上帝创造的学科'有着其独具吸引力的神秘性，这个领域有太多潜在的未知的东西等着我们去发掘，而我们团队要做的就是挖掘生物学在生活中的应用，我们相信充满智慧地利用科学成果，便能创造一个美好的世界。"

2018 年的答辩人之一萧家宜也说："从参加交流会到波士顿答辩，认识了很多不同学校的 iGEMers，突然觉得自己身在一个很酷的团队，也觉得自己似乎正在和这群人一起透过 iGEM 去尝试解决一些现有的问题，让世界变得更好。"

这正是 iGEM 比赛设立的初衷——利用学生们的想法与创意推动现有的合成生物学研究与应用的发展，推动科技对社会的改变。这是参赛者、评委、所有相信和热爱生命科学的人的心声。十年 iGEM 征程，队员更迭，课题变换，但交大 SJTU-BioX-Shanghai 始终在书写精彩的故事，字里行间的初心未曾改变。

沉舟侧畔千帆过，属于生命科学的未来，等待他们掌舵。

供稿：益友报社

作者：孟昊宇　赵美淇

SJTU 喵汪：
我们为交大 120 只流浪猫狗找到了家

团队白描

SJTU 喵汪—上海交通大学小动物关爱协会（以下简称"喵汪"），是由在校学生自发组建的校园公益组织，致力于改善交大校园流浪动物的生存现状，旨在推动校内人与动物的和谐共处。他们提倡用绝育免疫代替暴力捕杀，用领养代替购买，科学救助和管理流浪动物。

送它们"回家"

2020 年是喵汪成立的第四个年头。这四年里，喵汪已累计为交大校园里的约 60 只狗、60 只猫成功找到领养家庭。

他们定期在微博、微信公众号上为亲人温顺、适合领养的猫狗发布领养贴，并对申请人的领养条件进行初步审查和核实。有稳定住所和稳定收入，住房有纱窗和封闭阳台（猫），取得家人、室友或房东同意，并承诺科学养宠、不离不弃，是领养的硬性条件。

除此之外，"当事"猫狗的意见也很重要。

2019 年春天，交大校宠、曾经的流浪狗"毛毛"被领养了。毛毛还在交大时，喜欢在西 16 楼下徘徊。住在西 16 的男生们会在宿舍偷偷煮鸡胸肉带给它吃，雨天时在车棚安抚它入睡。得知毛毛要走，交大小动物关爱协会的同学们自发组建了"毛毛亲友团"。他们半开玩笑地"威胁"领养人戴婧怡："要是你对毛毛不好，我们就去你家楼下拉横幅。"

"虽然舍不得，还是希望毛毛在新家能开开心心的。"这是"亲友团"的心声。

在戴婧怡一家之前，也曾有过一位爱心大叔一眼相中毛毛并提出了领养申请。毛毛在洗澡的宠物店门口奋力挣脱了项圈和狗绳，这次领养最终以失败告终。"这是毛毛用自己的智慧作出的选择。"喵汪前社长文艺笑着说道，"可能冥冥之中它知道还会有更合适的人会出现。"

喵汪负责人朱晓辰将此归结于流浪猫狗与领养人之间互相成全的缘分。

2019 年 12 月，喵汪的工作人员在交大校园里捡到了一只走失的哈士奇："周围干净的地方它也不待，就躺在泥水坑里一动不动。这么大一只狗，偏偏喜欢低下身子来咬人脚踝。"

就这样一只"不好惹"的"社会狗"，曾经吓跑过两个领养人。但是，它在现在的领养人调教下也能乖乖听话，很快就学会了坐下和握手等简单指令。

回　访

送养没有在猫狗跟领养人回家的那一刻结束。喵汪定期组织回访，对猫狗在新家的适应程度和生活状态保持密切关注。而刚到新家的头几天，是最让人担忧的。

才到新家，毛毛便在遛弯时受了惊吓，一下子挣脱了狗绳，冲出了小区的大门。它不会看红绿灯，径直横穿车来车往的马路。戴婧怡没办法，只能跟着他横穿马路。毛毛在前面跑，她在后面追，追了整整四个小时，也没有成功追回毛毛。到后来戴妈妈差点急哭："毛毛在学校虽然苦了点但也没有生命危险，可别到了我们家反而出事情了。""毛毛亲友团"的成员们收到求助之后，二话没说就从普陀、徐汇和闵行赶来一起帮忙，最后"半哄半骗"地把毛毛带回了家。

所幸在之后的这一年里，毛毛逐渐适应了家养狗的身份。"从前在学校的时候根本不会躲雨，下雨还是跟在同学屁股后面乱跑，现在不穿雨披根本不愿意出门。"

在猫狗适应新家的生活之后，喵汪也会逐渐淡出领养家庭的生活。当然，领养家庭也会自发地在微信群里分享猫狗的有趣动态。

临 时 寄 养

每年的寒暑假期，是学校里的流浪猫狗最难熬的时节。喂养志愿者们大多回了家，学校里也很难找到食物。因此除了送养之外，喵汪还负责在假期为学校里的流浪猫狗寻找临时寄养家庭。

很多猫狗便是在这个时候与领养人结下了缘分。

biubiu 就是这样一只幸运的小狗。它曾一度患有严重的肠道内出血，肝功能及肾功能严重受损。虽然经全力救助恢复了健康，但这一场大病也使得biubiu 从此只能靠处方粮填饱肚子。

由于 biubiu 特殊的身体状况和饮食要求，很多有领养意向的人都由迟疑变为放弃。每个月的领养推送，草坪上的领养日，老外街的领养活动上，乖巧听话的 biubiu 是最稳定的存在。

喵汪的成员们也没有想到，短暂的寒假寄养让 biubiu 迎来了"狗生"第二春。

biubiu 在临时领养人家中度过了愉快安定的一个月，然而寒假寄养结束，重新回归流浪生活的 biubiu 表现出了巨大的不适应和心理障碍，终日郁郁寡欢。好心的领养人不忍心看 biubiu 受这样的苦，便正式领养了 biubiu，把它带回了家。

假期寄养是临时的无奈之举，并非长久有效，也并不是每一只猫狗都能像 biubiu 一样幸运地被寄养家庭领养。适应家养生活后重新回归校园流浪状态可能会对小动物造成二次伤害。

"如果你真的想帮它，就要选择正确的方式"

虽然假期寄养的临时主人们对流浪猫狗充满爱心，但因为各种条件限制无法给予它们最理想的生活。

在宿舍养宠更是如此。而谈及为何要在宿舍养宠，出现频次最高的原因是"喜欢"。大部分在宿舍养宠物的学生，在刚开始饲养时都曾承诺过绝不遗弃，然而"事实是半数以上的宿舍宠物其结局都是丢失、遗弃或者死亡，最后能得到妥善安顿的只有不到 10%。"

喵汪成员们常常接到这样的求助："我在寝室养了只猫 / 狗，阿姨不让我养，你们总不能不管吧。"这样的道德绑架总让喵汪成员们很无力。遇到这种情况，喵汪作为学生社团能做的也非常有限："最好的情况是找到领养人，不然就只能让小动物重新回归流浪"。

对于已经被驯化、习惯家庭生活的动物来说，如果遭人遗弃，它在社会环境中就没法和种种未知抗衡。"在它生命刚开始时给它一个家，在它适应之后再抛弃，让它重新回到风里雨里，甚至不如让它一直流浪。"

喵汪创始人倪霓在接受萌洞采访时这么说道："我们想让交大师生理解和尊重这些小生命的存在，让爱心有正确的渠道去表达。"

对于在校学生来说，表达爱心也有更理性的方式：宽容校园里小动物的存在，有可能的话加入喵汪救助队或是以募捐的方式向它们伸出援手。但是最好的方法还是为这些小动物们找到稳定的家庭。

说来也怪，毛毛跟领养人回家的当天下午，救助队在交大校园里发现了一只和它长得很像的奶狗，喵汪的同学给它取名叫小毛毛，"这在某种程度上开启了新的救助与领养的轮回"。

而现在，小毛毛也找到了新家。

供稿：益友报社

作者：潘译文

"情系新疆·践行使命"赴新疆基层社会实践团：
为脱贫贡献青春力量

团队白描

《人民日报》在《风雨无阻创造美好生活》文章中提到："在中国共产党领导下，中国人民战风斗雨，一次次攻坚克难、一步步勇毅前行，书写了光照时代的历史篇章，创造了属于自己的美好生活。"党的十九大提出了打好精准脱贫攻坚战、决胜建成小康社会，为中华民族伟大复兴不懈奋斗的号召。上海交通大学历来鼓励学生在祖国最需要的地方建功立业，奉献青春。为决战决胜脱贫攻坚发挥积极作用，上海交通大学"情系新疆·践行使命——赴新疆基层社会实践团"应运而生。

正值盛夏，实践团长途跋涉，抵达距上海近四千公里外的新疆维吾尔自治区和田地区塔瓦库勒乡。这是交大首支赴南疆基层开展社会实践的团队，旨在与地方基层长期合作交流，为南疆脱贫和发展注入持续的交大力量。实践团成员由九名来自不同地域不同民族的博士、硕士、本科生组成，在当地开展为期两周的十九大精神主题宣讲、小学国语教学、入户基层调研等多项活动，深入了解了当地社情民情，实地探寻新疆脱贫攻坚。

主题政策宣讲

2018年7月30日，在驻村工作队的统筹协调下，实践团成员希尔艾力·努尔麦麦提和努尔古再丽·阿力木为当地群众带来了一场别开生面的宣讲。

希尔艾力·努尔麦麦提是和田墨玉县走出来的交大学子，他以知识改变命运的求学经历给乡亲们讲道："在党和国家对少数民族的优惠政策下，只要勤奋学习，就有机会接受更好的教育。我们要始终怀着对党和国家的感恩之情。"他发自肺腑的分享鼓舞了乡亲们，赢得阵阵掌声。

努尔古再丽·阿力木也是自强不息的新疆学子的代表。她坦言，自己的学习道路并非一帆风顺："我没有考上新疆内初班，当时哭了很久。在母亲的支持下，我决心努力学习，最终收到了三份高中录取通知书，但是我还是选择了内地新疆高中班。"在内地高中老师的悉心教育和细致关心下，天道酬勤，她考入交大，实现了求学梦想。

入 户 调 研

在驻村工作队带领下，实践团走访了包括 4 户贫困户在内的 6 户村民家庭。村民们用采摘的新鲜葡萄、核桃热情接待实践团成员，一位维吾尔族妇女用不太流利的普通话讲道："你们就是我们的亲戚，亲戚来家做客，我们就要热情款待。"谈到工作队进驻以来的变化，当地村民纷纷表示称赞。交流中，实践团成员细致讲解政府的政策，如异地搬迁、教育升学补贴、就业引导、居住补贴的优化引导等政策，让村民对国家惠民政策的落实有了更直观的认识和更深入的了解。

初入巴克墩小学

巴克墩小学是全乡 11 个村级小学之一，现有在校生 214 人。初进巴克墩小学，首先映入眼帘的是三排平房、泥土操场和正在兴建的教学楼。孩子们的欢声笑语给这所简陋而干净的小学增添了不少活力。该校共六间教室，位于其中的两幢平房中；食堂和教师办公室在另一排平房。学校硬件设施不齐全，教室里没有任何多媒体设备，因为正在修建新的体育场地，孩子们课间的娱乐场所也仅限于平房教室前的一小块泥地。实践团成员走在路上，可以听到小朋友们在支教老师们带领下的朗朗读书声。据了解，虽然教学条件不好，但是学生们的学习热情非常高涨。作为教育扶贫的最后一公里，该校也是南疆基层教育现状的一个缩影。实践团成员牙里亲·亚力昆表示，作为来自新疆的交大学子，希望尽己所能，通过传授知识为当地学生带来希望。

7月31日上午，上海交通大学团委副书记钱文韬专程来到塔瓦库勒乡，与自治区团委驻巴克墩村工作队第一书记、工作队队长、自治区团校党委书记许有龙共同为"上海交通大学—巴克墩小学社会实践基地"揭牌。

入 户 日 记

"除草、喂牛、伐木，交大人与住户同吃住，共劳动。"

在塔瓦库勒乡的这些天里，除了协助巴克墩小学开展教学工作，实践团还走访了5个村落。走访期间，实践团成员入户看望了贫困家庭，还与扶贫第一书记、自治区团委驻村工作队进行了座谈交流。虽然每个村子有相似的脱贫任务，但是结合每个村子的具体情况，却有着不尽相同的举措，因此，每次走访都收获满满。入户经历，对成员们而言，是更全面的体验和更丰富的收获，可以说实践团从村民身上扎扎实实学了一堂课。

"访惠聚"工作队队员说，入户参与村民的日常生产生活，早已不是什么新鲜事。就在2017年，新疆维吾尔自治区党委部署的"同吃同住同劳动同学习"活动是"访惠聚"工作的重要组成部分，对密切党群、干群关系，巩固民族团结有着积极作用。对大多数实践队员来讲，这样的经历还是第一次。

8月7日晚，实践团在巴克墩村村委会门口集结，与之前不同的是，这次大家不仅带着笔和本子，还带着洗漱用品和背包。在自治区团委驻巴克墩村工作队的安排下，实践团师生分别在6户贫困家庭中开展了一天的同吃同住同劳动活动。

阿依努尔·阿卜拉和努尔古再丽·阿力木在日记中写道：

从昨天晚上入户到今天下午离开，我们深深感受到了巴克墩村村民的热情与勤劳。我们入户的家庭为单亲家庭，一家五口人，最小的孩子是5岁。得益于国家的各项优惠政策，母亲顽强地撑起了这个家。交流中我们还得知，她刚做完手术，出院才两天，所以我们主动做起了家务、农活。打水、给花生地除草、喂牛羊，这是我们第一次做的农活。虽然天气炎热，但想到我们可以通过自己的劳动来减轻这位坚强母亲的负担，就非常喜悦。

麦吾兰江·阿不都瓦衣提和希尔艾力·努尔麦麦提写道：

与艾则孜哥哥深夜畅谈中，我们了解到他之前在广东从事干果生意，收入稳定。他不时地感谢当地社区工作人员对他的关心和照顾，让他感受到了民族团结一家亲的温暖和关怀。

返回家乡后，他重拾祖传技艺，成为当地木工带头人，为庭院改造贡献了自己的力量。与此同时，他在驻村工作队的引导下种植辣椒和花生，进一步改善了家境。他的辛勤劳作、多才多艺，让我们看到了用勤劳的双手创造美好生活的精神。

阿力木·安外尔和程睿杰写道：

晚饭后不久，夜色逐渐浓了起来，巴克墩村一改白日里的燥热，天气凉快了许多。按照先前的安排，我们与驻村工作队队员一起来到村民家中。女主人热情地招呼我们，虽然不懂维吾尔语，但还是能感到宾至如归的亲切。在简单的交流中我们得知，作为20世纪末就搬迁到本地的几户家庭，他们在这里已经生活了近三十年。虽然家里有行动不便的老人，也有残疾的儿子，但是他们全家人相亲相爱，积极地生活着。大叔特别感谢党和国家的惠民政策，除了盖安居房、补贴牛棚、发放牲畜等举措，大叔还提到，自己的孙女就在我们支教的小学读书，小女孩很喜欢支教的汉族老师。

虽不富裕，但这户人家十分友善。刚刚入席，大婶就端上了切好的西瓜。得知第二天早晨要早起放羊，我们赶忙说要一起帮忙，大叔说怕我们不习惯，笑着没答应。

在沙漠边缘的土地上，野草的生命力出奇的强，而且总会长在花生苗的附近，拔起来还是很不很容易的。忙活了一个上午，我俩搞定了几垄，没想到自己效率这么低。这些杂草也没扔在地里，大叔说可以捡起来喂牛羊，包括一些修剪下来的枝。大叔的好几个孙女一起来帮着捡草、投喂，小小年纪十分懂事。

虽然劳动时间不长，体验维吾尔族老乡的一天，我们却感受颇深。党和国家对南疆极度贫困地区的支持意义非凡，而驻村工作队把政策一点点落到了实处，细微之处体现的作风，以及对群众负责的态度很值得我们学习。从老乡身上看到的那种对美好生活的向往，相信也是这片土地摆脱贫困最持续的驱动力。

牙里亲·亚力昆、祖力牙尔江·亚合甫写道：

与驻村干部一起到达村民家时，出门迎接我们的是一位老大哥。在谈话中我们了解到，这户村民家里有五口人，最大的孩子在上小学五年级，最小的出生才三个月。今年年初，他们在村两委的帮助下住进了安居房，大叔介绍说，自己每天都会去村里的工地打工，妻子一般留在家里干农活。为响应村里脱贫攻坚号召，家里种植了花生和辣椒，由于自己身体状况欠佳，对田地疏于管理，作物长势不尽人意。

聊到孩子时，大叔大婶希望他们能继续深造，去内地好的大学学习前沿知识。我们以自己的求学经历介绍了党和国家对少数民族的优惠政策，告诉他们不要有后顾之忧。

一大早，大叔就去了工地，大婶留在家里带孩子。吃过早饭后，我们帮大嫂干起了农活，进花生地之前，大嫂悄悄为我们准备了手套。当我们累得直不起腰时，大嫂还是干劲十足。简单的午饭后，我们一起完成了两亩地的工作。虽然有些疲惫，但是想到能为这个家庭做点力所能及的事，我们心里很满足。

入户时间虽短，我们的收获却很多。脱贫攻坚，任重道远，需要全社会的共同努力。我们相信，每一个向往美好生活并为之奋斗的人，都值得拥有更灿烂的明天！

热米拉·阿扎提写道：

我在驻村工作队两位队员的带领下来到了住在巴克墩小学附近的一户农民家中。出来迎接我们的是一位大婶，我们亲切地称她为"阿恰"（维吾尔语里表示"大姐"）。她邀请我们进里屋还说给我们切西瓜吃。看到天色已晚，大婶赶忙招呼我们："你们工作一天都累了，吃完西瓜赶紧睡吧。我们给你们把床铺好。"

我们都明白，干了一天农活的大婶，其实比我们所有人都累。为了不劳烦她，我们便自己把床铺好开始休息。夜里，和驻村工作队的队员们聊天时了解到，他们入户不只是简单问几句"收入多少""有什么困难"，他们一边走村串户，解决群众实际问题，一边挽起衣袖帮助村民喂牛、喂羊、提水、烧火、做饭，密切党群干群关系。

第二天一早，我便开始跟着大婶干农活。大婶家的后院种了白菜、大葱、辣椒和花生。我们花了一上午在花生地里除杂草。第一次下地干活的我，已经快直不起腰来，大姐动作非常利索，除完杂草全家人一起出动，开始修盖房顶以防漏雨。

就是在这样的辛苦劳动中，我们亲身体验了村民的喜与忧，也是在这样的朝夕相处中与他们交上了朋友，听到了真话实话心里话，并了解到精准扶贫以来农村的基础设施和村民精神面貌发生的变化。最后想用驻村工作队队员的一句话表达自己的感受："工作是干出来的，百姓的认可也是干出来的，心存百姓才能锤炼出务实肯干的作风。"

祝愿巴克墩村的明天更美好！

赛福鼎·阿力木写道：

习近平总书记说："中国人民是具有伟大创造精神、伟大奋斗精神、伟大团结精神、伟大梦想精神的人民。"通过亲身参与为期一天的住户，我在农民身上看到了"四个伟大精神"的烙印。贫困从未阻挡他们前行的道路，贫困从未削弱他们的意志。正因为贫困路上的脱贫干部和贫困户具有伟大奋斗精神，全国上下才能在2020年实现脱贫从而全面建成小康社会。与此同时，我也深切体会到了全区号召"同吃同住同劳动同学习"的初心，在和田地区和田县塔瓦库勒乡巴克墩村，我找到了属于这个新时代、属于我自己的"梁家河"。同人民一起开拓、同祖国一起奋进是时代赋予青年的使命。经过为期14天的南疆基层实践调研，我更加坚定地相信中国梦终将在一代代青年的接续奋斗中变成现实，愿巴克墩村越来越好！愿巴克墩村的村民生活越来越幸福！

最后我想用《人民日报》刊发的"宣言"署名文章《风雨无阻创造美好生活》中的内容表达住户心得：今天的中国，正经历成长的风雨。"莫听穿林打叶声，何妨吟啸且徐行"，无论什么样的风雨，都无法阻挡中国人民奔向美好生活的脚步。

行万里路，知中国情

2018 年夏天，上海交通大学 828 支暑期社会实践团队分赴全国各地以及部分境外国家和地区，开展不同形式的实践活动。

2018 年交大暑期社会实践超过 8 300 人次学生参与，461 位教师指导，通过将社会实践导论课、分论课等理论课与社会实践的第二课堂相结合，上海交大优化社会实践板块设计，鼓励学子深度参与实践，力求通过自己的行动解决国家和社会发展的实际问题。

最东去往黑龙江佳木斯，最西去往新疆喀什，最南去往海南三沙，最北去往黑龙江鹤岗……幅员辽阔的祖国大地，遍布着交大学子的足迹。

行万里路，知中国情，交大学子在路上！

供稿：学生工作指导委员会民族学生工作办

作者：阿力木·安外尔

国旗护卫队：
十年磨一剑，铁血筑精神

团队白描

国旗护卫队成立至今已走过十个年头。每年都有一群热爱国旗、有责任、有担当、身姿挺拔、意志顽强的同学加入其中。他们承担了学校内所有升旗任务，同时代表交大参与校外中小学、上海市级大型活动的升旗仪式。他们文体兼修，加入《钱学森》话剧演员、"一二·九"幕间剧演员、晚会主持人的行列中。他们认真对待每一次升旗，专注细节，精益求精，将交大的风采展现给大众。他们每个人以国旗护卫队的严格作风要求自己，为周围的同学们树立了顽强拼搏、永不言弃、追求卓越的榜样。

众虎同心，百炼成钢

从 2009 年建队起，每年有 48 名队员经过严格选拔在大二军训时加入交大国旗护卫队，他们以最严格的标准接受最艰苦的训练。八月份的胡法光体育场，跑道被烈日烤得发烫。军姿、定腿、扛枪、正步，每一个动作，他们重复再重复，4 000 多分钟的艰苦训练只为 55 秒的完美呈现，自始至终的严格要求为的是出旗时的身姿挺拔和步伐统一。

"所有人的脚达到绳子高度，脚尖下压，腰挺直，脖子往后顶，眼睛目视前方！"十几分钟的定腿训练容不得丝毫放松，连长一遍遍耐心地纠正动作，队员们咬牙坚持着。"排面对齐，落地的声音一致！"每个人绷紧神经，专注于每个动作，生怕因为自己的失误连累全队。

炎炎赤日下，队员们在操场上站着军姿，任由汗珠从脸颊滚落，双手依然紧贴着身体，目视前方。经历一上午的艰苦训练，很多队员已经被晒伤。

他们从医院拿来晒伤药膏，涂上后立马又投入到下午的训练中。第一天队员们就感受到训练的严酷，但这也更加坚定了挑战自我的决心。本以为从光体走到四餐吃饭时能放松下双腿，却因为脚底磨出了泡而变得步履艰难。尽管训练艰苦，他们从不抱怨，一心坚持。

一起流汗，一起淋雨，一起苦中作乐，来自不同学院的他们成了同甘共苦的"战友"。休息时，他们挤去衣上的汗水，瘫坐在一起。"还有一个小时，再坚持下，加油！""加油，加油！"相互的鼓励让他们斗志重燃。拉练时，暴雨倾盆而下，历经磨炼的他们放情高歌，"他说风雨中这点痛算什么……"一首《水手》唱出了他们风雨同舟的豪迈激情。千锤百炼中，他们筑成戮力同心的铁血团队。

不辱使命，光荣担当

国旗护卫队在校内外的每一次亮相既是对训练成果的检验，也是对交大风采的展示。

晨光熹微，他们起床赶往场地熟悉环境，细心检查国旗和绳索并做好标记，为升旗的任务做好准备。"明天早上 7 点前集合彩排。"命令一出，第二天队伍就早早到齐。医学院的队员带着惺忪的睡眼乘第一班公交从黄浦赶到闵行，一开始训练，睡意就瞬间消散。在队长的带领下，队员们一遍又一遍地训练，力求每一个环节的精准和流畅。"我们动作还不够整齐，再多练会儿吧。"队员们心照不宣，纷纷点头。所有人都很清楚，每一分付出都是为了升旗时的完美表现。

"千万不能失误"是他们出旗时唯一的念头。在观众们的行礼注视下，队员们踢着正步将国旗护送至旗杆下，望着五星红旗冉冉升起，飘扬空中，队员们的激动和自豪难以言表。

世界大学生赛艇锦标赛的开幕式上，他们圆满地完成了出旗任务，让世界看到交大青年"宏图在胸，重任在肩"的担当。国庆之际，他们踏入闵行区的两所小学，在小朋友们的注视和仰慕下升起国旗。小朋友为队员戴上了红领巾，这不禁让队员回忆起当年渴望着亲手升旗的自己。

交大原创的《钱学森》话剧的舞台上也能看到他们的身影。"中华人民共和国国防部第五研究院全体人员集合完毕！请首长指示！热烈欢迎钱学森同志！"随着一声口令，全队立正敬礼，迎接剧中的钱老回国。为了念好这句激动人心的台词，何天墨试着把自己代入剧中的情景，从语速和语调到音量和气势反复地练习，真切地感受钱老的爱国报国之情。台前，他们器宇轩昂，演好每一个动作，演出军人的爱国精神；台后，他们细致入微，负责道具的布置，记好每一个时间点，不出丝毫差错。历经更多磨砺的他们肩负着更重的使命，始终以身作则，在各处散发自己的光芒。

十年坚守，赤胆忠心

每年，一批批有梦想、有担当的交大青年怀着赤诚之心加入国旗护卫队。小时候在天安门看过升旗仪式的陈柏润在八月份的军训中成为国旗护卫队的一员。当他亲自守护着五星红旗，看着它冉冉升起时，心中的自豪之情汹涌澎湃。范子琦高中时就是国旗班的一员，来到大学，他继续担起了护卫国旗的光荣使命。每年国庆，何天墨都会在家门口挂上国旗。2019 年，他代表交大，在菁菁广场第一次参与了国庆升旗仪式。

2019 年是中华人民共和国成立 70 周年，国庆首日升旗仪式的重任又落在国护队的肩上。和往常一样，队员们很早就来到思源门口集合列队，只是心中的激动伴随着紧张比往常更加强烈。仪式尚未开始，天忽然下起大雨，队员们的军装很快被打湿。站在路中央待命的他们依旧保持着立正的姿势，目视前方。出于对队员的敬意，也出于对国旗的爱意，人群中的两位叔叔阿姨上前为队员撑起了雨伞。雨中坚守的队员们守护国旗的精神感动着人们，他们守护的是国旗，也是人们的拳拳爱国心。

随着音乐响起，他们正步走向仰思坪。队员们站成两列，目视着国旗；升旗手紧握手中的绳索往下拉，目光更加坚定。"冒着敌人的炮火前进！前进！前进！进！"国歌奏毕，五星红旗又一次升起，在旗杆顶端随风飘扬。

仪式结束后，队员们回到房间，换下被淋湿的衣服，心情仍然难以平复，"激动！为祖国激动！"这是每一个队员共同的心声。

交大国旗护卫队成立在中华人民共和国成立 60 周年之际，已与祖国共同走过十年历程。队员们始终传承着这份国护精神。每年的入队选拔，迎来的是一代代热血奉献的年轻队员，而不变的是深刻于每一名队员心中的那份爱国荣校、自立自强的坚韧品格。他们以火红青春谱国旗礼赞，用赤子之心捍国旗尊严。

供稿：益友报社

作者：潘厚齐　石京成

科幻协会：
在生活与星空之间

团队白描

科幻是什么？是一种特殊的电影小说门类，是一种虚空中的畅想，抑或是一种遥远而颇具距离感的事物？对于科幻爱好者而言，科幻就在生活之中。十余年来，上海交通大学科幻协会迎来一批批科幻爱好者，他们始终怀抱着对科幻的热忱。

伤 心 者

郁程是交大幻协的第四任社长。在写作自己的博士论文的某个深夜，翻阅着一份份文献，电光石火间，他想到了何夕的《伤心者》。

《伤心者》是中国科幻四大天王之一的何夕在 2003 年发表的一则经典短篇科幻小说，主要讲述了一个数学天才怀才不遇，他的研究在去世一百五十年后偶然被一个物理学家发现，被用于解决大统一理论的故事。

小说中有这样一段话："两年前的某日我送十一岁的小儿子去上学，当时他们的一幢老图书楼正被推倒。在废墟里我见到一套装在密封袋里的书，后来我才知道这套书已经出版了一百五十年，但是当时它的包装竟然完好无损，也就是说从未有人留意过它。如果当时我不屑一顾地走开，那么我敢说世界还将在黑暗里摸索一百五十年。但是好奇心让我拆开了它，然后你们可以想象我当时的心情，就像是一个穷到极点的乞丐有一天突然发现了阿里巴巴的宝藏。"

郁程的博士论文以船舶侧推为主题，相关的研究在二十世纪五六十年代曾经火热一时，后来囿于技术水平和高昂的实验成本，该领域渐渐冷却下去。

他解释说："一轮轮实验后，成本实在是很高，也并没有什么进展。大家就觉得做到这个程度就可以停下来了，不做了。"

但近几十年来随着计算机技术的发展，研究也有所回暖，研究者开始试图使用模拟方法去进行研究，这时，那些当年的结果就成了用于验证研究有效性的极其重要的材料。

那时郁程正需要找一个实验的结果用于验证论文计算方法的有效性，但资料很少，找来找去，最后只找到一位日本学者在 1963 年发表的文章，恍然至今，已逾半世纪。他试图去查这位学者的生平，却一无所获。

这难免让人想起小说中的那句："世界沉默着，为了这些伤心的名字，为了这些伤心的名字后面那千百年的寂寞时光。"

"这也算是科学研究上的文章千古事。写了一篇论文，或许过了一段时间看似过时了，但是可能过了几十年几百年又有人把你翻出来了。"郁程说，这对他自己的科研要求也有很大影响。

郁程第一次读到《伤心者》时还在高三，在《科幻世界》杂志上。看完后，他当即流下泪来。他当时所在的理科竞赛班里，喜欢科幻的只有两三个人。那时在大部分同学眼里科幻就是空想，他也很难向他们解释清楚。直到看完《伤心者》，他拿给一个后来数学奥赛得奖的同学（现在已经从清华大学土木系博士毕业，参与过鸟巢设计），说你无论如何看一下这篇。

"他读完后立刻承认，以前对科幻的想法都是偏见。"

但郁程自己并非没有质疑过科幻的意义。

郁程从小学五年级开始订阅《科幻世界》，不断地阅读科幻作品。他在 2004 年加入交大科幻协会，2005 年做了幻协的第四任会长，又协助创建上海高校的科幻联盟——上海科幻苹果核，他的人生里似乎充满着科幻的身影。

"大概从 2009 年开始，科幻相关的小说也好，活动也好，我都接触得比较少了。"

那时的他不得不开始重新思考很多事情，人生规划，学术道路，在一场又一场焦灼的脑内激辩里，他觉得读了那么久的科幻，对解决问题完全没有一点帮助。

"某些时刻我甚至觉得这是一个应该舍弃的无用爱好。"

2013年，他心血来潮去参加了在太原的全球华语科幻星云奖，这也是他第一次参加大型科幻活动。在火车卧铺上，他和复旦大学、东华大学等高校的朋友一道，占了两个卧铺间。有人弹琴，有人读书，有人谈科研谈科幻。

他说了很多话，突然间他意识到："科幻能让我更快乐，不管是独自阅读还是跟人交流，这是很宝贵的。"

在太原，他第一次看到那些小时候在杂志上反复出现的人，活生生地站在面前与他交谈合影，这带给他很大的震动。

"我小时候所敬仰的那些作家，十几年后还在这个领域深耕不辍，痴迷不已，我却转头觉得从他们身上汲取的养分都不重要。然而这是真的吗？我发现可以对自己抽象地说科幻不重要，但我很难在一篇篇具体的小说面前那么说……"他说，"……我无法想象跟这些小说失之交臂。"

从那以后，郁程决定，要继续为科幻做点什么。

激 光 琴

2017年，在拿到上海市科普作协和蘑菇云创客空间的赞助后，交大科幻协会与华师大科幻协会以及蘑菇云创客空间一起合作做了一把激光琴。琴的制作，其实也是出于机缘巧合。他们在参加蘑菇云创客空间时，发现有很多很好玩而富于幻想的东西，譬如整面墙大的琴，于是便想要自己也来做一个。国内绝大部分的科幻社团大多集中在文学的方向，像交大幻协这样去和创客空间交流动手的活动方向，似乎并不多见。

"科幻本身确实是一种文学题材，但是它跟传统文学不一样的地方，就是它要有一定的科学成分在里面。现在像 3D 打印、激光切割等技术都已经很成熟了，自己动手做点东西还是非常容易的，亲手去实现自己的想象，也是不错的方式。"他们这样说。

激光琴的演奏方法是用手指挡住激光琴弦，这时琴就会发出声音。跟普通的琴不一样，激光琴的声音可以自己设置，他们预设了一百多种不同的音乐在其中。做完以后，科幻协会还以激光琴为主要道具，排了一场科幻舞台剧《无弦琴》在科学会堂演出，作为上海高校幻想节闭幕式的压轴节目。

他们此前并没有排练舞台剧的经验，一切是从零开始。而激光琴需要用激光制造激光琴的外形，涉及传感器触发，还要预先存储一些曲子，对于大一大二的本科生而言，着实也并不简单。整件事耗费了他们很多心力。

"但是还好最后的效果还不错。"

看到舞台剧的结果，他们觉得，或许还可以尝试下去。在电院老师的鼓励下，交大科幻协会与华师大科幻协会又一起拍了校园背景的科幻短片《眼镜》，还拿到了中国科幻三大奖项之一水滴奖。

微电影剧本的灵感来自一篇有关人脸识别犯罪系统的论文。论文中，研究者试图通过人脸识别，进行一个人犯罪可能性的识别，但是在当时引起了很大的争议。

"让我想起少数派报告来。"他们想借着电影去表达自己对于这项研究的态度。

谈到对自己的科幻创作的时候的看法时，他们说："很多科幻作品和想法，就像是刘慈欣和江晓原关于'吃人'的辩论，这样的假设其实相当于是真实世界的一面镜子，在虚构了很多之后，他能反映出更直接的人的问题，文明本身更本质的东西。"

他们补充道，直接脱离现实世界，用物理法则改变这样的硬核内容，当然也更好："比如说，如果现在 F 等于 ma 的平方会怎么样？"

交大科幻协会第十六任社长马宁蔚花了很久去组织电影的拍摄，最终拿到了水滴奖，算得上是对于他们努力的一大认可。

就像是星云奖给郁程的触动那样，水滴奖的现场也给了去领奖的马宁蔚很多新奇的体验。"我没有想到会有这么多喜欢科幻，又一直在思考和默默创作的人，感觉大家对科幻都非常热爱，感觉还是要努力啊。"

限于经验不足，他们觉得片子有很多地方依旧不尽如人意。今年，他们还打算在电院老师的帮助下拍摄一部科幻题材的 VR 短剧。

科幻到底是什么？

科幻协会以网络联络为主，偶尔组织观影、写作和翻译，跑团是他们比较经常的线下娱乐活动。

跑团是一种桌上角色扮演游戏，设定好背景后，玩家可以自主设计进程。

"相当于你在玩一些角色扮演游戏，跟电脑游戏的最大区别就是你跑团的话，有可能发生一些意料之外的事情，这时候就需要主持人来判断。"这些剧情有很大的不确定性，为跑团增添了很多乐趣和可能。

"像乔治·马丁在创作《冰火之歌》的时候也参加了好多次跑团，然后把一些跑团中发生的事情作为他自己素材的一个来源"，马宁蔚说道，"但其实我们这个只是算一个玩乐的活动，没有什么很正经的产出。"

此外还有很多脑洞大开的游戏，比如大家坐在一起，共同描述一本虚构的书。每个人轮番描述书的内容："比如说第一个说话人说，'那本书实在是太惨了，为什么主角就死了呢？'所有人都要跟前面的人说的内容自洽，在不断补充细节的过程里，不能产生矛盾。"

这类有趣的活动总是受到这些充满幻想和点子的爱好者的喜爱。而幻协也的确走出了一些比较成熟的创作者，譬如新锐的科幻作者念语，正是科幻协会的第十四任社长。

幻协也会有翻译的活动，大多是找到一些不涉及版权的经典科幻小说，一起来翻译。2008年，他们把翻译的成果结成了一个小小的A5开本的一个册子，在东区大转盘进行义卖，一本10元，卖到800多块钱，全部捐给了灾区。

"其实科幻影响了我的三观。"马宁蔚说。刚上大学时，她只专注于一些科幻小说，加入幻协之后，她常常觉得"因为阅读量的不足，我跟你们格格不入"。于是，她拓展阅读了许多其他作品，使得她对世界的认识产生了一些影响。

而对于第十七任社长来说，令他印象深刻的是科幻协会的前辈的归属感。交大人节的时候，有四五个已经毕业的协会成员前来帮忙，他很是惊讶，也感到很温暖。科幻爱好者总会希望有这样的交流空间，也对这空间有着深切的眷恋。

除了交大的科幻协会，其他学校也有许多科幻社团，很多地区的科幻社团间多有联盟，以便一起组织活动。然而，高校的科幻协会联盟，似乎并不都能长久地维系下去，只有上海的科幻苹果核算得上是国内屹立不倒的一例，其他的则大都随着主办者的毕业渐渐消隐。

最初为了一起举办上海高校幻想节，几所高校科幻社团成立了这个联盟，取名为"科幻苹果核"。而今科幻苹果核挂靠于上海科协之下，获得了一些资金支持。苹果核的日常活动大多是在图书馆举办的读书会，常常请科幻作者来与科幻爱好者一起聊天交流，参与者也大多是科幻小圈子里的人，并不太多。

2019年冬天，上海科幻联盟科幻苹果核和交大幻协一起邀请科幻作者夏笳到交大举办讲座。其间，夏笳谈到《流浪地球》时说，所有科幻圈的作者都在观望《流浪地球》的电影化结果。但不论是夏笳还是科幻协会的三任社长或许都没有想到，电影会火成这样。

随着《流浪地球》的火热，国产科幻又一次冲入了大众的视野。资金的流入催热了版权转化与IP开发，给予了科幻小圈子一个可能的出口。但是

《流浪地球》的火爆对于科幻爱好者来说，却还没有太多切身的体会："长远来说，（这部电影的）火爆对科幻社团的发展肯定有好处，但短时间内还体现不出来。"

唯一的影响或许是他们以"流浪地球"为名的社团群在拒绝了十几个爱好者之后，不得不关闭了群名称搜索功能。

那么，科幻到底是什么，到底可以表达什么，又到底意味着什么呢？或许不同的人会有不同的理解与回答。

然而所有的作品与叙述，一切的幻想，都建立在人类的历史之上。在科技的洪流不断迈进时，科幻是物理与技术幻想的试验场，是人类爱憎的投射与映照，也是对于科技哲学的关照与反思。

科幻或许并非远在星空之上，而是蕴藏在怀抱着它的人的心中。

供稿：益友报社

作者：孟昊宇

绿格公益团：
于茫茫黄沙中播撒绿色，在祖国山河里奉献青春

团队白描

绿格公益团长期服务于"一带一路"沿线地区的荒漠化治理，他们躬体力行，助力荒漠化治理，召集三十余所高校的八百余名志愿者，固定黄沙共计两千余亩，种植治沙作物两千余株；他们深入调研，探究防风治沙新模式，在治理荒漠化的同时实现经济收益，助力精准扶贫；他们服务奉献，彰显实践育人功效，鼓励更多学子把青春融入祖国的山河，用专业所学服务国家发展战略。

2016 年成立以来，绿格从未停止努力的步伐，他们的事迹被新闻联播、教育部"一线采风"等三十余家媒体报道，获得四项国家级、两项市级、十二项校级奖项。他们把书本知识转化为实践能力，用青春为黄沙染上一抹绿色，用汗水给荒漠注入一泓清泉，将环境人的"绿水青山"理想践行在祖国大地上。

征途开始，初到民勤

每一个梦想的开始，都离不开一个或一群心怀信念和希望的灵魂。绿格的开始，也是如此。

2016 年夏天，刘智卓成立绿格公益团，并和他团队的六名成员一同奔赴甘肃省民勤县开展暑期社会实践活动。

泱泱华夏，河山万里，不同于江南的绿水环绕，在西北腹地，横亘着的是茫茫无际的黄沙大漠。绿格团队的一行人就在这种情况下来到了民勤，一个坐落在腾格里沙漠边缘的小小县城。黄沙环绕下，长条状的城镇布局里点缀的绿化、淳朴的民风，和着风沙声诉说着生存在这片土地上生命的

不屈和坚韧。

怀揣着满腔热情，绿格一开始的定位很简单——帮助当地人民开展治沙行动。绿格团队联系了当地的治沙协会，在他们的带领下联络到农户，开始进行治沙行动。机缘巧合，他们认识了当地的一位治沙人——曾叔。他承包了一大片沙漠，在沙漠中种植锁阳、梭梭等，以起到防风固沙的效果。刘智卓等人跟随曾叔来到基地参观，发现这里大有可为。借助基地的力量，展开治沙行动，这一想法在绿格团队成员的心中萌芽了。

通过第一次和民勤的接触，团队里的七个人真真切切地感受到民勤所处的现实困局，也坚定了要继续把这个项目做下去的决心。带着曾叔基地的启发，信念和希望的种子悄然在他们心中撒下。而绿格，这个尚未成熟的小团队，迈出了征途的第一步。

考验层出不穷，难凉赤子之心

每年暑假，绿格公益团都会组织到民勤开展治沙活动。从上海到民勤，从东部沿海到西北腹地，从绿树成荫到荒漠戈壁，迢迢千里，一路颠簸，只为在未来 14 天的实践活动中为脚下的大漠多扎几个麦草格子，多种几棵梭梭树。

舟车劳顿只是这 14 天里最早的考验。在此之后，水土不服、物资缺乏、环境简陋和沙暴肆虐是对每一位绿格成员的巨大挑战。

在 14 天中，绿格成员分为不同批次，分别住进村民家和沙漠基地中。处在沙漠边缘的村子条件比基地稍微好些。绿格成员们可以在厨房里自己做饭，有时寄宿家庭的叔叔阿姨也会搭一把手。当地房屋大多是一层的平房，成员只能在房间内打地铺睡觉。茅厕十分简陋，有成百只"嗡嗡"飞舞的苍蝇。受限于当地的生活条件，成员们只能定期进城洗澡；更多的时候，他们只能在辛勤劳动一天后，默默忍耐自己汗流浃背、蓬头垢面的模样。

条件更艰苦的基地则位于沙漠腹地，距离村子有近 40 分钟的车程。在这里，成员自己动手修建澡堂，抽取地下水以供生活，晚上只能在基地边的沙漠上扎帐篷。做饭的食材需要定期采购，往往以不易变质的蔬菜为主，吃肉也变成了一种奢求。

沙漠里，沙暴肆虐是常态。身处沙漠之中，才能真正体会到沙尘暴的可怕。顷刻之间，天色灰黄，大大小小的沙粒在大风的裹挟下从天边席卷而来。在村子里时，唯一的应对办法只有将屋子的门窗统统关上，静待风暴远去。而基地里的成员，则完全置身于沙尘暴当中。风中高速飞旋的沙子如暴雨般急骤地扑打在身上，带来阵阵刺痛，直到感官麻木、失去知觉。黄沙乱舞挡住视线，风声轰鸣充斥双耳，无法辨清方向，也听不见人与人的呼唤。唯一的掩体是自己扎的几顶帐篷，它们在铺天盖地的沙暴中显得弱小零落而无助。

"沙漠里的人深受沙尘暴的侵扰，也提醒着我们确实需要保护环境。"回忆起沙暴过后遍地狼藉的情景，绿格副团长苗馨宸如是说。

上下求索，直到风沙止步

五年来，绿格始终在探索治沙的有效方法。

第一年，绿格成员着手做麦草格子。看似简单的麦草格子，全由他们用双手一排一排的插进沙漠提前挖好的沟里，以方格形式依次排列下去，一连成十，十连成百，蔚为壮观。制做完成后，麦草方格里的沙土被夯实，即便刮风，沙土也不易被吹走，起到了防风固沙的作用。

随后的几年，绿格公益团逐步发现扎麦草格子的办法并不能长久地维持下去，时间久了原本的麦草格子就会被风吹来的沙粒完全盖住，需要重新制作。于是，他们开始在麦草格子的基础上种梭梭树。梭梭树的生命力非常旺盛，且根茎十分发达，可以高效锁住大规模的沙土。一棵棵梭梭树凝聚了绿格众人的心血，最终不负众望，如今已经形成具有规模的"交大林"。

梭梭树的种植成效卓著，但在渺无边际的大漠面前，仅凭绿格这个小小团队的力量还远远不够。如何让更多人尤其是当地人参与到防风治沙中来，是绿格一直思考的问题之一。

单独种植梭梭树，村民无法直接从中获益，参与的积极性不高。绿格需要探索的，不仅是自身治沙的方法，更是适合当地群众长久治沙的方法，因为他们才是这片土地的居住者、守护者。于是，绿格公益团把目光投向了肉苁蓉。

作为一味比较珍贵的药材，肉苁蓉的经济价值较高，当地也有很多农产品公司进行种植。特殊的是，肉苁蓉营寄生生活，必须依附在其他植物上。能否先种梭梭树，再在其根茎上嫁接肉苁蓉绿格成员们开始思考起来，并逐渐有了一条清晰的思路：用梭梭树固沙，以梭梭树养肉苁蓉，肉苁蓉可以收获、出售，帮助村民增加收入，从而吸引村民种植梭梭树，实现良性循环。防风固沙、脱贫致富，当公益形成了闭环，才能在未来产生更大的效益，持续不断地发展下去。

怀着如此信念，绿格成员开始紧锣密鼓地准备起来。

为了落实这一项目落地，绿格公益团首先在高校内展开研究。他们联系到肉苁蓉研究专家团队，在他们的帮助下，公益团对肉苁蓉种植嫁接技术、药理、药物有效成分等方面展开了初步的研究，并邀请教育部创业指导委员会专家委员对如何促进这一项目在当地落地进行指导。经过一年努力，一种种梭梭树嫁接肉苁蓉的治沙循环新模式就此诞生。2019 年暑假，绿格邀请了肉苁蓉嫁接方面的专家一同前往民勤，共同探索新模式的实际可行性。专家的建议在一定程度上帮助他们解决了肉苁蓉的生产问题。

当这种整体、系统的产业模式在民勤生根发芽、推广开来后，未来又是一片怎样的图景？绿格相信，风沙会逐渐止步，民勤会生机盎然，梭梭会铺满大漠，肉苁蓉会带来美好生活。"绿格的短期目标，就是在未来五年、十年继续把这项工作做下去，希望荒漠化能在我们手中有那样一点点的改变，相信无论多么微小都是值得骄傲和欣喜的！"五年一晃而过，绿格在治沙的道路中上下求索，治沙的梦想也越扎越深。梭梭护卫大漠，绿格亦然。

始于渺小，终于伟大

"你们为沙漠带来了怎样的改变？"类似的问题，绿格已经回答过无数遍。从实际情况来看，区区一个小团队，能做的事情的确很少。五年暑假，每次将近一个月的时间，一百多位团队成员，时间、人数、精力，种种限制明明白白地摆在绿格的面前。相比沙漠的广袤无垠，绿格扎下的麦草格子、种下的梭梭树确实渺小如同微末。

但是，行动的影响固然有限，精神的收获却无限。

从成立至今，绿格一直非常看重成员的公益服务精神。每一次招募新成员，除了适应极端环境的要求，绿格更看重的是队员与团队保持一致的初心——为公益行动全心付出热忱。跟随绿格深入腾格里沙漠，不仅是一次增长见识的机会，更是生命的体验与磨砺。团队成员完全依赖自己的动手能力，在相互扶持和鼓励中战胜挑战，为大漠带来绿意。如果缺乏一颗热爱公益的心，缺少坚定的信念，便无法在与世隔绝的沙漠中生活近半个月。

后来的许多个日日夜夜，看着基地曾叔、杨叔定期发来的植物生长照片，绿格成员时常梦回那片令人敬畏的无边沙漠，时常忆起洁净夜空下疲累但心灵赤诚的绿格少年。也许，这些纯粹，正是面对复杂时的力量。

在日益强调综合性的交大，交大学子不仅需要学术科研的突破，也需要人文素养和社会责任感的浸润。绿格希望他们的存在，能让更多的人去抬头看看自己之外的中国，看见原来祖国那么大，原来在祖国的土地上，除了上海的车水马龙，灯红酒绿，更有西北的飞沙走石，荒凉萧瑟。当真正看到沙漠里佝偻的身躯和治沙人手上的裂纹的时候，人们才深刻认识到祖国发展的不平衡不充分，也才明白原来"社会责任"就是如此尖锐且不可回避的一个词汇。

绿格公益团创始人刘智卓说："我希望有越来越多的人认识到个人发展和

祖国之间的紧密关系，但这份家国情怀的产生不是凭空的，必须以了解我们的祖国为基础，也必须在实践服务中不断茁壮成长。绿格恰好提供了这样一个去看一看，去做一做的机会。"

从最初的七人，到如今的八百余人，绿格成立五年以来不断发展，影响力不断扩大，从交大校园走向祖国各地。从清华、北大、复旦等高校的学生，到港澳台同胞、意大利留学生，还有许多小朋友、中年人，绿格面向的人群越来越广。绿格希望能以自己的行动号召和引领更多各行业、各层次的人，一同投身沙漠治理，共同承担社会责任，共同为公益事业献一份力。

未来，绿格还计划拓宽公益服务的范围，将这份未竟的事业继续开拓发展。还记得绿格的开始，和大部分人一样，几个平凡的人，做渺小的事，画五彩的梦，不同的是，他们携认真、坚韧的初心。一往无前。

始于渺小，终于伟大。未来，绿格还有无限的可能性。

供稿：益友报社

作者：张　欣　彭嘉庚

二十四节令鼓队：
满腔热忱传承文化艺术

团队白描

　　二十四节令鼓队是由上海交通大学马来西亚华人留学生创立的社团，于 2016 年 10 月 25 日正式成立，并在一年内迅速成长为交大三星级社团。在交大的各大活动中，如跨年活动、迎新晚会、校庆嘉年华等，都能看见他们的飒爽英姿。二十四节令鼓队用鼓声开阔了交大人的视野，更打出了知名度。作为新晋团体，他们受到友校邀请到复旦文化交流日参与演出，还远赴福建华侨大学进行公演，更有幸在第八届中国卫星导航学术年会"北斗之夜"将二十四节令鼓介绍给中国学术界的知名人士。一年里超过十次的演出，跨校、跨市、跨国，他们致力于把二十四节令鼓推向更多人的眼前，同时也用自己的方式提醒着所有人：在相隔几千公里的海外，有一群来自不同文化背景，却一样心怀华夏的华人。

满腔中华情，回归华夏土

　　鼓，是中华民族的声音，是龙的脉搏，是中华文化中源远流长的一环。或许"二十四节气"已经离当今快节奏的生活越来越远，但却有这样一群人，赋予了"二十四节气"新的生命，并在异国他乡融合当地文化将其发扬光大，形成了"二十四节令鼓"。

　　2016 年 10 月，上海第一支，也是唯一一支二十四节令鼓队诞生，由上海交通大学的马来西亚留学生创立。他们怀着满腔的热血，希望把二十四节令鼓这一年轻的中华艺术引入上海这个国际大都市。用新鲜现代的方式来接触祖辈留下的传统文化，让年轻一代更容易接受，何尝不是一种传承和发展？

　　留学生活本来就伴随着跌撞与坎坷，而为了办好二十四时令鼓社，团队只能咬着牙坚持。没有资金，没有资源，只有一心热忱与队友之间的鼓励和帮助。在最困扰的资金问题上，他们凭着执着的信念，得到了马来西亚留华同学会的大力支持。首次表演中，他们不负众望，气势磅礴、震撼人心的鼓声无不宣告着他们一往无前的志气。这群马来西亚留学生虽然不是土生土长的中国人，却有着不输给任何一位中国人的中华情。他们从刚开始的渺小无力迅速茁壮成长起来，迸发出最为强大的精神力量。

用心播种，真情耕耘

光明体育馆的操场上，铿锵有力的鼓声伴随着富有韵律的节奏传来。一群少年少女们正拼尽全身的力量，上下挥动着鼓棒，飒爽的动作整齐划一。一声震天动地的巨响划破天际，宣告着训练暂时告一段落，年轻的鼓手们终于停下来开始休息。站在鼓阵中央的少年长舒了一口气，脸上浮现出了灿烂的笑容。

他的名字叫刘丞庆，马来西亚籍华裔，二十四节令鼓队的领队。正是他和同在交大的马来西亚籍华裔留学生朋友一起促成了鼓队的建立，并始终秉持将二十四节令鼓所蕴含的马来西亚华人文化发扬光大的决心，用仅仅一年的时间打造出老师口中的"留学生招牌"。

刘丞庆早在马来西亚读华人独立中学的时候就开始学习打鼓了。来到交大后，他结识了许多同样来自马来西亚的华人留学生，并渐渐萌发了教授这些朋友节令鼓的想法。起初，整个鼓队只有丞庆具备相关基础。于是他就从零开始，以耐心包容的态度一点一点地传授打鼓的技巧与方法。日复一日的辛勤训练使这支队伍逐步成型，走上了越来越专业化的道路。

鼓队的第一批鼓是由马来西亚留华同学会资助的，在设计上颇有文化色彩。二十四节令的名字大大地刻印在鼓上，浑厚遒劲的字体气势十足。尽管鼓的周围还留有一圈毛边，做工稍显粗糙，但这些鼓早已与队员们朝夕相伴了一年的时光，上面留下了珍贵的印记：或是训练时的挥汗如雨，或是闲暇时的欢笑洒脱，它们是整个团队永远的记忆与念想。

"台上一分钟，台下十年功"。舞台上鼓声阵阵，引得观众连声喝彩，却不曾想到光鲜亮丽的背后隐藏着多少坚忍与付出。团队里的每一人在练习时都保持着严谨认真的态度，从不放过每一个动作细节，为了达到表演的最佳效果始终追求精益求精；而在筋疲力尽之余，他们还要面对来自社区、学生的噪声投诉，找寻有效的应对方法。不过，他们一直在攻坚克难的道路上相互扶持、共同努力。在休息时，他们往往会格外欢脱，有打有闹、有说有笑，一齐逗趣调侃、打气加油，如同一个大家庭一样紧紧地联系在一起，洋溢着友情的美好和青春的活力；接到投诉时他们总先不恼不羞地鞠躬道歉，再一次又一次地调整练习时间和地点，尝试在鼓面上放软垫，在练习时敲打空气，尽量把不利影响降至最低。这群鼓手坚信着，他们将以一颗真心和最坚毅的目光，在日积月累的努力中越走越远。

传承再创造，他们在路上

成立至今，交大二十四节令鼓队有过不少的交流经验。他们和新加坡的"惊鼓人"在上海相会，和其他世界级鼓手在华侨大学相遇，还和刚创立不久的天津大学二十四节令鼓队分享过创团的经验。他们在成长路上获得不少前辈的肯定和帮助，也毫不吝啬地给予新人鼓励和支持。他们欣喜地看到，自己迈出的第一步带给更多热爱二十四节令鼓的人信心和笃定，二十四节令鼓文化似乎在悄然间蔚然成风。"天下鼓手是一家"，在中国这片辽阔的土地上，越来越多的家人同行、前进，他们交流经验、互相切磋，他们有着共同的目标，为相同的使命不断努力，在发扬传统文化这条道路上坚定向前。

值得称道的是，二十四节令鼓队经过一年的历练，撕下了交大给予的"马来西亚表演团体"标签，开始面向全体交大人招新。这是一个全新的挑战，意味着上海交通大学二十四节令鼓队正式融入中国这片土地。当所有教学过程从头开始，语言不同、文化不同，眼前的路势必比之前更加崎岖。然而这又何妨？他们的初心和使命会始终如一——推广马来西亚华人艺术，赋予中华传统文化新内涵。

节令鼓队真诚地说道："每一个欢声笑语都应铭记，每一位知音听众都应珍惜。期待着又一个喜爱二十四节令鼓的人，我们希望是你。"他们从未忘记自己的根和魂，如今以昂扬积极的姿态回归中华的怀抱。他们期待着花开未来，让二十四节令鼓文化的芬芳远播华夏大地！

供稿：校团委

"全球挑战计划"实践团：
我们努力让世界更美好

团队白描

你是否知晓，在今天的非洲，仍有大量原住民住在茅草屋中，面临严峻的医药难题；你是否了解，世界上还有许多国家被贫穷和饥荒困扰，基础设施严重匮乏；你又能否想到，在不发达国家基础设施建设与科学文化交流中，中国面临着怎样的机遇与挑战？而这些，都是交大人在"全球挑战计划"中所直面的问题。自 2018 年起，上海交通大学发起"全球挑战计划"，十几个团队先后奔赴东南亚、非洲和中东欧等"一带一路"沿线国家和中国部分地区开展实践研究，为解决人类发展面临的普遍问题，提出交大方案，分享中国智慧，只为让世界更美好。

生了病只能是采摘草药，简单地煮水喝

在非洲大约 12 亿人的使用的药 80% 来自当地草药，却没有一部规范的用药指南。我们希望利用中国的经验和智慧，帮助非洲建立属于自己的药典。

药学院的傅磊教授今年年初带领实践团队去了素有"非洲屋脊"之称的国家——埃塞俄比亚，那里平均海拔近 3 000 米，属于世界上最不发达的地区之一，而他们要在那里开展一件具有开创性的工作——建立非洲历史上的首部《非洲药典》。

在被问及为什么想要做这件事的时候，实践团的同学们讲述了他们在当地村落的见闻："在我们路过埃塞当地的村落时，发现他们住在几乎是茅草搭成的房子里，牲口住的地方紧挨着主人的居所，条件非常简陋，可想而知，卫生状况也不会很好。

"我们在和村民的交谈中得知，村落中日常用药非常匮乏，这里的药物大量依赖进口，价格高昂，普通村民无力负担，平时得了小病，村民们只能采摘一些草药来治病，方法也只是简单地煮水喝。"

《药典》是一个国家记载药品标准和规格的法典，是保障药品质量的重要标准，非洲本土药物研发生产长期滞后，正是由于这种药品标准不规范、不完善导致的。

中国在中草药的使用上已经积累了两千多年的经验，《中国药典》从 1953 年首版到 2015 年第十版。授人以鱼不如授人以渔，他们希望可以利用中国的经验和智慧，帮助非洲建立属于自己的药典。

非洲常年疟疾肆虐。青蒿中有已知的抗疟成分青蒿素，而辣木在埃塞俄比亚被作为药物广泛使用已久，因此，实践团队决定从这两种植物入手，为《非洲药典》建立药用植物的分析操作规范和系统流程。

实践团的第一项工作是对两种植物进行化学提取，在研究中，他们遇到了许多没有预想到的状况，而且当地物资匮乏的程度比他们想象的要更加严重：很多常用的实验器材都不配备，已有的设备也多有破损。仅有的一台旋蒸仪，运行状态也不容乐观。于是，大家决定动手对其进行改造和优化：没有冷阱，用自来水实现冷却；没有真空泵，用油泵代替。

凭着扎实的专业基础和精湛的实验操作，团员们克服重重困难按计划完成了任务，项目合作方的工作人员也对此赞叹不已。

在研究期间，队员们还面临着对环境的不适应和心理上的压力，团队中一位女孩子突发疾病，高烧不退，在服用了自带的药物后仍不见好转，队员们紧急将她送往当地医院，经过几天治疗和悉心照料后才得以康复。而这些，直到这个女孩回家后，她的家人才知晓。

这次事件也让队员们发现，当地高水平医院的医疗设施也还有很多不足，药物和器械完全依赖进口，价格十分昂贵，这更加让他们认识到，在非洲国家让人们用上廉价、安全而有效的本土药物是多么重要的一件事。

"不畏非洲万里路，愿将丹心付药典"。2019 年年初，他们的团队已经通过两种代表性植物将药典的标准模板建立起来。

让中国基建与世界搭建起友谊的桥梁

"在'一带一路'倡议的成就背后，我们看到的是中国企业走出去的艰辛，看到的是在拼搏和奉献中升华的爱国情怀。"

船舶海洋与建筑工程学院的杨健教授今年暑假带领"丝路致远 BRIGHTeam"团队走上了丝路国家基础设施建设调研项目的第一站——巴基斯坦。

他们的团队在当地调研了多家中国驻巴企业分公司，针对企业遇到的风险进行识别并提出应对策略。在这一过程中，他们见到了许多奋战在项目一线的中国员工与巴方员工，也收获了许多中国企业在"一带一路"倡议下"走出去"的过程中产生的经验与感悟。

萨希瓦尔电站是巴基斯坦单机容量最大、技术最先进、环保指标最优秀的煤电项目，而承担这一项目建设的，是中国华能集团。当地负责人谈到企业面临的种种困难时感慨万分，形象地将其总结为"三大关卡"：天气关、语言关、文化关。

萨希瓦尔的天气素来有"3 月 30 度、4 月 40 度、5 月 50 度"的说法，极端天气是对员工身体的第一个挑战。当地员工多说乌尔都语，语言不通是第二个挑战。巴基斯坦是宗教国家，在礼拜、斋戒期间对工程进度产生影响，这是第三个挑战。

实践团队在萨希瓦尔电站认识了一位年轻的中国工程师颜驰，她大学毕业后选择不远万里来到巴基斯坦工作。这个决定对她来说是对自己的锻炼，但也离不开家人的鼓励和支持。工作两年来，她虽然已经适应了比较艰苦的工作环境，但还是会经常想家。

颜驰告诉实践团的同学们，在这里工作其实很容易获得幸福感，用自己的能力给别人带来价值，造福中巴两国人民，就会感到快乐。在这里，她感触最深的是中国员工勤劳奉献的精神，这种精神不光值得巴基斯坦人民尊敬，也值得国人敬佩和学习。以前她以为世界上最热的地方是非洲，实际上巴基斯坦会更热，夏天出汗不见汗，身体负荷大，加上项目工作环境相对闭塞，工作100天休20天，而为了安全他们几乎100天都不出门。

中国工程师们克服了种种困难，仅用22个月零8天的时间就完成了这一大型工程的建设，刷新了国内外同类型机组建设工期的最短纪录，创造了"萨希瓦尔速度"。他们的敬业精神也让实践团的同学们深受触动。

实践团队还调研了许多由中国企业承担的重大交通基础设施建设在进展中遇到的风险与挑战。例如由中铁二十局承建的拉卡公路，该项目曾因汇率贬值造成超过10亿人民币的损失，此外未预料到的税务问题也增加了企业支出，仅旁遮普省消费税一项就超过1亿人民币。

庆幸的是，中方项目团队通过不懈的努力，最终使得该项目实现了良好的创收。目前中铁二十局已在巴基斯坦扎根下来，公司将进一步投资建设工业园，以便中国企业入驻。

2020年巴基斯坦开通的首条城市轨道交通线路也是由中国企业负责主要建设任务。实践团队调研了这一项目的负责单位——中国铁路总公司及中国北方工业公司组成联合体的拉合尔轨道交通橙线项目部。

该项目在进展中同样面临许多挑战：巴基斯坦设计合作方缺乏地铁设计经验，反包巴方的土建工程更一度处于停工状态。项目最终能够克服困难完工验收，不仅得益于联营体无畏挑战的持续努力，更离不开国家的大力支持。

在这次调研之后，实践团的同学们深切体会到了中国企业"走出去"的不易，了解到"一带一路"倡议成果背后最有血有肉的艰辛与感动，也为中国企业在艰苦条件下取得的成就敬佩不已。

今后，实践团成员们还将沿着丝路继续前进，收获更多中国企业"走出去"的故事，见证更多的重大基础设施项目，为中国和世界搭建友谊的桥梁。

让中国文化向世界传递友好的声音

"一个中国学生不了解保加利亚，可以理解；但对于保加利亚学生，不了解中国是不可思议的。"

马克思主义学院的张濠老师今年暑假带领挑战计划实践团队前往保加利亚调研，在索非亚国家经济和世界经济大学交流时，该校国际关系部门的副教授安托妮娜·哈波娃的这句话给实践团队留下了深刻的印象。上海交通大学保加利亚研究中心就在该校的主教学楼内，那里随处可见挂历、云锦等富有中国元素的物品。

实践团队在保加利亚的探访考察中发现，大熊猫是那里最常见最典型的中国元素。在街头和各类商铺随处可见印有大熊猫卡通形象的物品箱、T恤、玩偶、钥匙扣等小商品。大熊猫正以各种各样可爱的卡通形象融入保加利亚人民的日常生活，成为他们认识中国、了解中国的一扇窗口。

除了熊猫，实践团在索非亚的街头巷尾还发现了许多中国元素的踪影，有穿着印有"抖音"标志T恤的小女孩、印有"狗年"汉字T恤的男生以及超市里摆放着印有中国汉字的高露洁牙膏。在一家中国人开的龙明商会里，老板告诉队员们，当地的人民最爱买的是来自中国的各类摆件和传统器物，其中包括十二生肖摆件、灯笼、油纸伞等等。

谈及与保加利亚年轻人的交流时，实践团的同学感慨道："保加利亚的年轻人对中国的了解已经远远超出了我们的想象。"

特别让同学们印象深刻的是保加利亚国民经济大学的学生 Kaloyan Stoychev，他在街头一看到来自中国的同学们，就非常热情地上前打招呼。在与他的深入交流中，同学们发现，他不仅了解中国的历史，喜欢中国的茶文化，而且知道微信、QQ、爱奇艺等中国应用程序，甚至还向实践团的同学们展示了他刚刚购入不久的小米手机。

在保加利亚的街头，同学们还见到了许多其他中国品牌的身影：华为的海报屹立在繁华街道，华为 p30 摆在手机店铺正中央位置，美的、海尔品牌错落于居民楼间。这些都让他们感受到了保加利亚人对"中国制造"的肯定，也体现出"中国制造"走向"中国智造"的巨大变化。

2019 年是中保建交 70 周年，实践团队师生还参观了保加利亚议会，深入了解两国文化交流与合作的情况。保加利亚作为前社会主义国家，对于中国文化有着天然的亲近感，近年来中保两国越来越密切的文化交流也为保加利亚的发展带来了新的发展机遇。同时，他们也看到：一个有着更加坚定的文化自信的中国，正向保加利亚，也向世界展示着中国文化的魅力，传递着中国友好的声音。

"为什么出国后就更爱国？"这个问题近年来引发了热烈的讨论，而在交大 125 年的历程之中，无数交大人用行动给出了这个问题的答案。

20 世纪，钱学森、杨嘉墀、吴文俊等老一辈交大人走出国门，看到国外的繁荣发达与中国的贫穷落后，他们决心学成归国，科技救国。今天，交大人走出国门，放眼世界，为祖国的蓬勃发展骄傲自豪，更担负起"人类命运共同体"的使命和担当。

"全球挑战计划"的意义在于培养青年学子"人类命运共同体"的担当意识，提升交大人的国际社会责任感和使命感。未来，期待更多的交大人加入"全球挑战计划"，为人类共同的未来贡献青春力量。这世界并不像我们期望的那样美好，但我们仍在为之不懈奋斗。

供稿：益友报社

作者：闻一婵　赵家鑫

研究生支教团：
永远年轻，永远热泪盈眶

团队白描

    1999 年，由共青团中央、教育部组织的中国青年志愿者研究生支教团正式成立。22 所高校，101 人，去往 5 省 7 县开展支教活动。2019 年，中西部 20 省 301 县，支教中小学校达 600 余所，有近两万名志愿者的身影。20 年来，全国近两百所高校公开招募派遣了 21 批研究生支教团成员，他们奔赴中西部贫困地区，助力基础教育事业发展，并且通过支教团，为高校参与西部发展搭建了桥梁。他们选择用一年的时间，做一件终生难忘的事。

任重道远，还需策马扬鞭

    第二十一届研究生支教团成员魏威，参与了广西壮族自治区柳州市鹿寨县鹿寨中学的支教项目。

    刚到鹿寨的时候，他被学校的硬件条件震惊：器材齐全，种类丰富，完全不像是个在偏远地区需要支教的学校。直到有一天，一个瘦瘦小小的男生跟他聊天的时候，才完全改变了他的看法。

    男孩问他："老师，为什么女生可以只吃一两饭吃一个素菜就够了，而我吃三两饭都还觉得很饿，要花好多钱？"魏威在学校教的是生物，而当这个孩委屈地站在他面前，提了一个跟生物有关系的问题时，他的心有点酸。除了安慰这个男孩，他真的不知道该做什么。

    虽然学校硬件条件上来了，但是当地仍存在许多问题。最普遍的是家庭经济问题。支教地的孩子们所在的原生家庭的情况差别很大，仍有部分同学吃饭需要精打细算，免费汤泡饭成为他们的日常。作为一名支教老师，魏威看在眼里，难过在心里。

另外，则是孩子们的心理问题。由于不重视心理建设，许多孩子还存在比较严重的心理健康问题。在魏威心里，育人要比教书更重要，要让同学们真的爱学，没有后顾之忧地学。这不仅仅是研究生支教团的责任，更是所有奋斗在一线的教育工作者们的目标。

带你走出大山，为你带来希望

在云南洱源的医院里，静静陪着班上同学打点滴的那一刻，第二十一届研支团成员刘智卓觉得心酸，却又真的想做点什么。

刘智卓的班里有个同学，因为地方医疗水平落后，动手术留下后遗症，经常疼晕过去急需送医院，但她十分抗拒来医院。不是害怕医生，也不是害怕打针，而是怕看病太贵，怕花钱，怕给自己的父母带来更多的麻烦。不仅她自己身体不好，她爸爸也患有慢性病。只要她还清醒着，她就不会喊疼，这种超出年龄的懂事让支教团的同学们觉得异常心疼。幸好，这个学生是建档立卡贫困户，否则为了治病，家里早就没钱了。

在刘智卓的协助联系下，一位好心人为女孩带来了一个季度 1 200 元的资助。钱不多，但能给女孩继续治病的机会，能给她带来更多的安全感，让她感受到更多的温暖。

在云南的支教生活并不容易，对刘智卓而言，有很多让他崩溃，想要放弃的瞬间。但正是因为有这样一件件温暖的事情，让他坚持做好支教这件事，为更多的当地学生带来温暖与光明。

支教一年，自教一生

熊峰，第十八届研究生支教团成员，回忆起自己的支教团生活，他能想到的最恰当的形容，是简简单单五个字——"最好的一年"。最后一节课的时候，全班同学，无论男生女生，都流着泪送别。他和伙伴们，带着自己的责任心、爱心、信心，将青春洒在祖国的滇南。

王艺辰，第二十届支教团成员，她在四川宜宾度过了她人生中印象最深刻的一年。学生到老师的转变，让她开始接受被叫作阿姨，学会勇敢地去做自己曾经不敢做的事，学会从他人的角度思考问题，并开始相信笑容所能传达的更多东西，感恩、珍惜现在拥有的一切。

在希望的田野上，追逐幸福与梦想

第二十一届研究生支教团成员郑朵霏，现已在内蒙古自治区鄂尔多斯市伊金霍洛旗红庆河镇纳林希里小学开展了两个多月的支教工作。

天很蓝，地很广，但是与大多数人的想象不同，内蒙古并不是遍地草原，学生们也从不骑马上学。每周，郑朵霏都会去乡村少年宫给孩子们上两节舞蹈课。虽然孩子们之前都没受过正规训练，韵律感也参差不齐，但他们对于舞蹈的热情都十分高涨。课间休息还没结束，就会有孩子问什么时候能继续练舞；每次播放舞蹈视频时，他们就都突然静默下来，微张着嘴，看着屏幕里的人翩翩舞蹈。

在蒙语里，"纳林希里"是希望田野之意，在孩子们闪亮的眼里，有一片希望的田野，名叫梦想。

张纳川是第二十二届研究生支教团成员，他将在2020年踏上支教的道路。他认为，支教团为大学生提供了一个观察、感受和思考当代大学生肩负的责任的契机。参与支教团，也是选择为改变当前教育发展不平衡不充分的现状贡献自己的力量。面对接下来的支教团生活，他期待着，也准备着。

习近平总书记给西部毕业生代表回信中曾言：

"好儿女志在四方，有志者奋斗无悔。希望越来越多的青年人以你们为榜样，到基层和人民中去建功立业，让青春之花绽放在祖国最需要的地方，在实现中国梦的伟大实践中书写别样精彩的人生。"

期待有更多的青年，未来能在西部的土地上发光发热，在青春岁月里留下一段终身难忘的回忆。

供稿：益友报社

作者：徐圆融　潘译文　张乐莹

益　友：
在交大，做有温度的校园媒体

团队白描

　　自 1985 年《益友报》创刊，至今相伴交大人 36 年。2014 年，微信公众号"益友 sjtu"开通。几十年里，益友创新团宣工作，关怀青年群体，坚持价值引领，始终秉持着"关注校园事，相伴青年人"的理念，注重"速度、深度、温度"三个维度。2020 年是益友一次又一次取得突破性进步的一年，粉丝数突破四万，在各级榜单上拔得头筹，蝉联"上海共青团十大微信公众号"称号。曾获上海市五四青年奖章，上海交通大学校内最高荣誉——校长奖、全国高校新媒体评选十佳原创内容奖等重要奖项。

　　未来，益友依旧在路上。

诉说青年心声，讲好交大故事

　　我们在交大，用自己的文字、影像和声音，诉说青年心声，讲好交大故事。

　　从刻板思维中跳脱出来，用生活化的语言去表达一个看上去很复杂和深奥的东西，已经渐渐地成为每一个益友人的生活日常。走出舒适圈、放飞想象力这样的事，每天都在发生。

　　我们或许是全交大跑得最快的记者，永远奔赴在大型现场的第一线，为世界各地的交大人带来最新报道。深夜改稿，早起采访，在校园内平平常常的生活中，益友带领交大人，一起探寻那些最温暖的故事。

　　在发掘新闻的过程中不断扩大对生活的体验，沉淀自己内心微小的感触，是益友工作最大的妙处，使我们不断地离开自己原本在社会上所占据的坐标点，去站到他人的位置、观察他人的世界，也在通过一次次思想碰撞不断地开发自己的可能性，同时知道天地很大，自己很小，万物皆珍贵。

每年年末，我们深入追踪年度人物候选人，用深入细致的观察，发现交大人榜样的力量；我们同样以记者的眼光去记录。

我们努力发现交大校园内的温馨与幸福的故事，用细腻的笔触定格他们过去青涩、当下甜蜜和未来美满的瞬间。

我们带你去听，去闻，去用浪漫和温暖的话语，描述每一口深夜的慰藉。熟悉的小店背后的动人故事，甜而不腻，回味无穷。深夜的思源门，烤制烧饼的香味，一份甜品的满足，糖葫芦和栗子的温情；带你探秘七餐和玉兰苑，最不舍的记忆是楼下小红亭。

交大是个如此温暖的地方，有太多太多的爱等待着我们一起去品味。从520狗粮满满的交大爱情故事到思源门口的糖葫芦的温情，从双十一忙碌的快递小哥与同学们的趣事到交大人的特色摔跤"炫富"，从探寻各色交大美食的交大"幸福肥系列"到"考试周之光"的DJ打印店老板，我们希望用走心、暖心的原创故事，唤起青年人的情感共鸣和价值共振。

交大是个如此善良的地方，有太多太多的美好等待着我们一起去镌刻。从加起来122岁的菁菁堂刚刚退休的经理到抱着吉他跳湖救人的小哥哥，从登上吐槽大会的庞博到以地为纸的交大保洁师傅，我们用心发掘我们身边的榜样，用笔尖划出的痕迹和镜头闪过的光影铭刻每一个交大人的闪光时刻。

"益友"从何而来

"益友"这个名字的背后也有许多有趣的故事。

我们常开玩笑说自己是"新媒体民工"，一篇篇推送成稿背后的辛苦可能只有我们自己知道。每周一晚逸夫楼305的选题会，常常开到大爷锁门才结束；有同学开玩笑说，"每次发初稿在审稿群之后，最怕看到的就是学姐私戳的一长串语音"；没有好思路时对着电脑一发就是一下午的呆；当然也有不管写什么阅读量总是低迷的情况，自我否定充满了整个身体，脑海不断回响"完蛋了益友要败在我手里了"的时刻……

但辛苦归辛苦，我们心里的获得感也比谁都强。选题会上讨论出一个好选题时的激动，已经不能用眼里放光来形容，恨不得手舞足蹈、大声尖叫；还记得当第一篇"朋友圈爆款"发出时，编辑部的小伙伴们课都不好好上，就盯着阅读量，估算着这篇什么时候能破万，什么时候能破五万；当本科生毕业典礼的报道发送出去的那一刻，我双脚冰凉手都是抖的，但在朋友圈看到夸赞，心里却哈哈傻笑；还有精心撰写的稿件获得受访者的肯定时，总是最开心的时候……

这些纯粹的快乐支持着我们一路走来，从小朋友到编辑部主任再到主编。让这样的快乐再多一些，和更多的团队成员一起分享这样纯粹的快乐，这是益友坚持做校园媒体的动力和初心。

益友是不折不扣的校园媒体。作为校园媒体，我们承担了更多的责任感，读者希望在这里能看到比深度更加深入的思考，比有趣更有意思的报道，比温暖更温情的关怀，这也是我们一直努力的目标和方向。

感谢同学们一路以来的包容和支持，也希望益友的明天会更好。

供稿：益友报社

作者：徐圆融　杨　浩　张乐莹　潘译文